Chanson verse
of
the early Renaissance

CHANSON VERSE

OF

THE EARLY RENAISSANCE

VOLUME II

Edited by
BRIAN JEFFERY

Tecla Editions, Preachers' Court, Charterhouse,
London, EC1M 6AS, England

PRINTED IN SPAIN BY ARTES GRÁFICAS SOLER, S. A., JÁVEA, 28, VALENCIA (8)

I.S.B.N. 0 9502241 1 1

DEPÓSITO LEGAL: V. 3.241 - 1976   I.S.B.N. 84-399-5991-5

PREFACE

In 1971 I published a first volume of Chanson Verse of the Early Renaissance, which was a complete edition of the earliest known printed collections of French chanson verse, up to about 1530. The present book, a second volume, is a complete edition of six more such collections, taking us up to the 1540s, to a time when chanson verse had passed from the virelais of the early century, through the strophic songs of the 1520s, on to the single-stanza quatrains and cinquains of the 1530s; when a printed chanson collection itself was no longer a tiny plaquette but a huge omnium gatherum. Once again, this book is not an anthology, but a complete edition of the collections which are included; once again I hope that its poems may illuminate French literary and musical history and also serve for actual performances.

I am grateful to the staff of the libraries concerned; to Oxford University, which awarded me the Tovey Memorial Prize in 1974 for work on this volume; to the Leverhulme Trust, which awarded me a research fellowship for work on the Renaissance chanson; to the British Academy, which awarded me a research grant; and to many friends and colleagues for their help and profitable discussion.

CONTENTS

SIGLA USED IN THIS EDITION

The sigla used for the collections edited in volume I were as follows, in the order in which they appear:

90(a)
Fragment A
90(b)
53
11
12
Fragment B

8(a)
8(b)
8(c)
14
16
17

Volume II contains six collections, for which the sigla used are:

La fleur 110
Nourry
1535
1537
1538
1543

For other bibliographical indications, see volume I, pp. 260-3.

INTRODUCTION

Scope of this edition

T H I S book is an edition of six collections of chanson verse in French published in the first half of the sixteenth century. It is designed to follow my *Chanson Verse of the Early Renaissance* [volume I], London, 1971. The two volumes between them provide a complete edition of all known printed collections of chanson verse published in France from the earliest ones in about 1515 up to the 1540s.

This enormously varied and lively poetry, most of it now published for the first time since the Renaissance, represents a comparatively unknown side of French literary history. Today it is of especial interest as literature, when we have perhaps more taste for the vigorous and earthy current that much of it represents. Musically, the chansons of that time are now being made available and performed more and more: this is the poetry that was set to music in those chansons, and very often the full text is available only in these collections.

Every effort has been made to give all the information relevant to establishing the texts. All other known sources of the poems have been consulted, and all the significant variants (but not merely orthographical ones) from other printed chanson collections have been recorded. Let me make it quite clear, however, that this edition does not set out to give all the known information about every chanson. To list all the known musical settings of a single poem, and their relationships one with another, would often provide material for a whole article, and I have not considered it the function of this edition to attempt such an enterprise. The information that is given about musical settings and later versions, therefore, is not intended to be exhaustive but only to provide pointers to further sources of information.

The editorial method is the same as in volume I, where it is explained on pages 35-6.

The collections

The collections in volume I bore no date, and can be dated only roughly. The first two in the present edition, **La fleur 110** and **Nourry,** likewise bear no date, but they can be dated more precisely: **La fleur 110** not before May 1527 and probably within a short time after that date, and **Nourry** in 1533 or the first half of 1534. The other four collections in this volume all bear a date of publication.

La fleur 110 and **Nourry** both stand in the tradition of the collections in the second part of *Chanson Verse of the Early Renaissance,* volume I. Many of the poems in **La fleur 110,** indeed, are found in that second part; to these it adds some new ones, including for the first time two by Clément Marot. **Nourry** also takes over some of the same poems, and goes a step further by including eight poems by Marot and naming him on the title-page. But neither of these collections seeks to break new ground: they still stand in the tradition of publishing which had been built up in the field of chanson verse by the time they appeared. They contain 48 and 37 poems, respectively.

With the appearance of **1535,** the situation changes. This collection is far larger than any that had appeared before it, containing 218 chansons. Its title-page promises not only new chansons but also 'plusieurs aultres retirées des anciennes impressions'. And in fact it draws on many sources. There are poems by Marot scattered through it; poems as modern as any in **La fleur 110** or **Nourry;** poems taken apparently straight from the song-books of Attaingnant; and two whole sections of older poems. One of these sections appears to have been taken from **90(a),** a book which I edited in volume I, or from a collection closely related to it, for the chansons are practically identical textually and appear in nearly the same order. The other section is probably the most valuable part of **1535,** for it consists almost entirely of virelais, by that time a very old form, and this section certainly comes from an older source or sources which is (or are) now lost. The poems in this section are of the type familiar to us from the two monophonic chansonniers, the MS de Bayeux and MS Paris 12744; some of them, indeed, are found in those MSS while others are unique to **1535.** The source from which **1535** took them, whether it was a printed collection or a manuscript, has disappeared. And since the compositor of **1535** demonstrably copied faithfully in that part which he derived from **90(a),** it is no exaggeration to say that this other section of **1535** represents a reliable, important, and hitherto unrecognized source of French popular poetry from a period long before the date when this collection was printed.

1537 is a new edition of **1535,** omitting six chansons but adding fourteen new ones. Although it has so nearly the same contents as **1535,** the order of the poems is very different. **1538** devotes a whole section to Clément Marot, but otherwise contains poems which were already in **1535** and **1537,** adding to them twenty-six chansons of which fourteen are known from earlier sources and twelve are new. **1543** is a new edition of **1537,** this time preserving exactly the same order but omitting three chansons and adding two of its own.

There can be no doubt that **1537, 1538,** and **1543** are in line of succession from **1535** and that their editors did not go back to the original sources. This can be demonstrated by textual evidence. For example, a chanson in **1535,** no. 158, is known already from **90(a),** no. 2. In **90(a)** it is complete. **1535,** however, omitted a line by homoeoteleuton, and when the chanson reappears in the three later collections, the line is lacking, showing that these versions are related not to earlier collections but to **1535.**

Clément Marot

The first poet of this age to become celebrated for his chanson verse was Clément Marot, and these collections reflect his growing popularity. Before him, chanson verse was usually anonymous. It was altogether exceptional for a poem to come down to us with the name of its author. To a large extent, this body of poetry was popular, with the vigour but with the formal imperfections of a popular origin. Marot took this chanson verse, refined it, and made it his own. In the process much was lost, but there can be no doubt of his success in his own day. His chansons supplanted at a stroke the old virelais and rondeaux which might still be published in miscellaneous collections as late as 1543, but which by then belonged firmly to the past. His chansons were gathered together in his *L'Adolescence Clémentine,* first published in 1532.

In volume I of the present edition there were no poems known to be by him. In **La fleur 110** there are two (without attribution); in **Nourry** there are eight and his name is mentioned on the title-page; in **1535** there are fifteen; and in **1538** there are thirty-two printed as a whole separate section devoted to his chansons.

The two poems by Marot in **La fleur 110** are 'Dieu gard de mon cueur la tresgente' (no. 9) and 'Secourez moy, ma dame par amours' (no. 44). The first is corrupt but is the earliest known version of the poem. The second gives the first stanza of *L'Adolescence Clémentine* but then a completely different stanza.

Nourry, which was published in 1533 or 1534, acknowledges Marot by naming him on the title-page, saying that there are 'aulcunes de Clement Marot de nouveau adjoustées'. The eight chansons by Marot are:

8. Dieu gard de mon cueur la regente
26. Changeons propos, c'est trop chanté d'amours
28. Jouyssance vous donneray
29. J'attens secours de ma seule pensée
30. Celle qui m'a tant pourmené
31. Ma dame ne m'a pas vendu
32. Dont vient cela, belle, je vous supply
33. Tant que vivray

All of them follow the text of *L'Adolescence Clémentine.*

1535 contains fifteen chansons by Marot:

1(a). Martin menoit son pourceau au marché
2. Si vous voulez faire une amye
26. J'ay contenté / Ma voulenté / Suffisamment
27. Long temps y a que je vis en espoir
53. Secourez moy, ma dame par amours
54. Languir me faitz sans t'avoir offencée
59. Joyssance vous donneray

16

62. D'où vient cela, belle, je vous supplie
63. Amour et Mort me font oultraige
70. Changeons propos, c'est trop chanté d'amours
73. J'attens secours de ma seulle pensée
82. Plaisir n'est plus, je veis en desconfort
204. Amour au cueur me point
205. L'espousé la premiere nuict
213. D'ung nouveau dard je suis frappé

Ten of these give either only one stanza or else the text of *L'Adolescence Clémentine*. But in five cases (nos. 26, 27, 53, 54, and 82) **1535** gives the first stanza as in *L'Adolescence Clémentine*, and then adds completely different stanzas, just as had been done in the **La fleur 110** version of 'Secourez moy, ma dame par amours'. Almost certainly these new stanzas are not by Marot, because in **1538** they are replaced by the authentic versions of *L'Adolescence Clémentine*.

1538 acknowledges Marot's importance by printing a special section at the beginning, with its own title-page, consisting only of his chansons. There are 32 of them: they are in fact the first 32 chansons in *L'Adolescence Clémentine*, in the same order. They could very well have been taken from any edition of *L'Adolescence Clémentine* and there is no reason to believe the apparent claim of the title-page that Marot himself revised them for **1538**. What this section of **1538** shows is an awareness of Marot's importance in the genre.

The function of the printed chanson collections

The function of these collections seems to have changed with time. In volume I and in **La fleur 110** and **Nourry,** all poems without exception have more than one stanza, and they contain more text than nearly all known musical sources. That is, they have every appearance of having been designed to supplement those musical sources in some way, to provide more text than was there available. And when we are able to check their extra text against other sources, such as the MS de Bayeux or MS Paris 12744, that extra text is, in general, good and reliable.

With **1535,** this is no longer always the case. It seems that rather than design a book which should supplement other sources, on the contrary sometimes the editor of **1535** went to those other sources for his material. The process is the other way round. It is almost certain, for example, that nos. 1(a) and (b) and nos. 192-212 in **1535** are taken from Attaingnant's *Trente et une chansons musicales* (1534), and nos. 64-71 in **1535** from another of Attaingnant's collections. These poems give no more text than does Attaingnant, and so no longer have the old useful function of supplementing a musical source. Instead, it seems that **1535** may have been designed more as a literary collection, for people to read and not to sing from; anyone wishing to sing would find in **1535,** in the case of these poems, no more text than he would find in Attaingnant.

In other cases, as we saw, **La fleur 110** and **1535** have taken the first stanzas of poems, probably from musical sources, and have added new stanzas, thereby showing that the idea of supplementing was not dead but was interpreted in a new way. This process can be demonstrated in the case of the one poem in **La fleur 110** and five in **1535** where the first stanza is by Marot but the remainder is not. A demand for extra text has been satisfied, but it is not the extra text that Marot himself wrote.

If, then, it can be demonstrated that **La fleur 110** and **1535** added new text to pre-existent first stanzas in the case of Marot's poems, in how many other cases is this also true? One other case is known, the anonymous 'Est il conclud par un arrest d'Amours', of which one version is in volume I, pp. 208-9, while **La fleur 110** (no. 16) keeps the same first stanza but adds new text. Apart from these cases, the practice may possibly be frequent, but we cannot tell for sure. Certainly it should be borne in mind as a strong possibility that many poems have genuine first stanzas followed by newly added later ones; but also it must be remembered that there is no evidence of this practice before **La fleur 110.** None of the collections edited in volume I shows any evidence for it; the earliest evidence is in **La fleur 110.** Nor does it apply to that part of **1535** which reprints demonstrably older chansons, that is to say from no. 118 to no. 191.

The poems

A most interesting review of volume I of this edition was published by M. Georges Delarue in *Le Monde Alpin et Rhodanien*, II (1973), pp. 51-65. M. Delarue is a disciple of P. Coirault, who indeed once owned the book edited in volume I as **90(a)**. He points out that certain of the poems stand definitely in the folk tradition. For example, **53**, no. 34, 'Sus les pons de lyesse', corresponds closely to a song collected in the Landes in 1883. In both, a girl recalls her love for a scholar ('ung clerc d'escolle'; 'un regén d'escole') and fears that if he returns he will be hung ('Car se plus y retourne, Il en sera pendu'; 'Mé se jamé tournéue, Qu'en s'rë lou bien pendut'). The correspondence of so many details is inescapable.

Similarly, **12**, no. 2, 'Je my levay par ung matin', has three descendants noted by M. Delarue, all collected in the 1880s in the Nièvre, the Yonne, and the Landes. In all of them the *ceinture* is very important, an ancient traditional token of betrothal. And **53**, no. 7, 'Nous sommes de l'ordre de Saint Babouin', survives to the present day as 'Nous sommes de l'ordre de Saint Bernardin'.

Something was already known about such correspondences: for example, 'A vous point veu la Peronnelle' was known to have been collected also in the nineteenth century. But it is good to have here a more solid body of evidence, showing more firmly that some of our chansons belong to a line of poetry which today is the province of ethnomusicologists. Many of the chansons in the present volume II, for example 'Quant j'estoye petite garse' and 'Nostre chamberiere se lieve de matin' in **Nourry,** nos. 20 and 21, certainly have every appearance of belonging to this same tradition. This raises, of course, new questions. How is it that these songs were printed in these books? Do they owe their place there to art settings of them, as for example may be the case with 'Nous sommes de l'ordre de Saint Babouin', set by Compère? Are they all originally folk songs, or are some of them 'art' songs which were later taken up by the populace? These questions cannot be answered here, but the existence of the parallel versions collected in the nineteenth century shows that some chansons in this edition have a very important place in the history of French song — not merely in the history of art song in the pre-Marot period, but a much more central place within the overall tradition of French song.

At the opposite extreme from these rich and mysterious poems, we have the *poèmes de circonstance* connected with specific historical events. They are, for example, the anti-Reform song about the defeat of a force of Lutherans in 1525 (**La fleur 110,** no. 38), or the group of songs in **1537** about the siege of Peronne in 1536. 'Hedin fut assaillie' (**1537,** no. 9) is by a named poet, Jehan Chaperon, a soldier and poet who published other poems that have survived. These poems are topical, but their style is perennial and international. The style reappeared, for example, a half century later in Elizabethan historical ballads such as 'Lord Willoughby':

> The fifteen day of July,
> With glistering speare and shield...

And one of them at least, the doggerel 'O noble seigneur de Vendosme' (**1543,** no. 192), reminds one irresistibly of another kind of historical verse that was published more than three hundred years later: the poems of Macgonagall. A rich source for this kind of verse is *The Common Muse,* edited by V. de Sola Pinto and A. E. Rodway, London, 1957 (repr. 1965).

Volume I of this edition contained no poems that did not have several stanzas. Nor do **La fleur 110** or **Nourry.** But **1535** breaks new ground by introducing many poems that are nothing but single stanzas: possibly sometimes the first stanzas of poems of which the rest is lost, but almost certainly nearly always single stanzas that are complete in themselves. These cinquains, sixains, dizains, and so on, fill the pages of the collections that were published from the 1540s on. They were an amusement in which many poets of the time indulged: Marot, Des Périers, Saint-Gelais, King Francis I, and a host of minor and anonymous figures. As poetry, their worth is slender. They served apparently as a dilettante poetic occupation, and musically they served to provide texts for the hundreds of chansons that were composed in the middle years of the century.

A stage more interesting than these are the new strophic songs that continued in the tradition started by **8(a)** and the other collections in the second part of volume I of this edition. The poet who above all took them over was Clément Marot, but there are also good anonymous strophic poems in this edition.

We are left with the older mysterious semi-popular songs of the kind associated with the two monophonic MSS, the MS de Bayeux and MS Paris 12744. Many of these, already in volume I of this edition, were reprinted in **1535,** together with a whole group (nos. 118-154) not known in earlier chanson collections. The melodies which survive for some of them in the two MSS have every appearance of being to some extent traditional melodies which were set in art settings by the composers of the day, just as the English virginalists made complex keyboard settings of the English folk songs of their day. But the precise extent to which the poems themselves stand within a popular tradition is hard to define.

The chanson verse in the present two volumes, then, is widely varied, including folk song, art song, historical poems, and society divertissements. It includes material for the literary historian, for the musicologist, and for the ethnomusicologist. Its very variety, and the sheer impossibility in many cases of creating clear categories, indicates that we should not try too hard to make divisions between these various disciplines and their material.

La fleur des chansons. / **Les grans chansons nouvelles** /
qui sont en nombre Cent et dix, / **où est comprinse**
la chanson du roy, / **la chanson de Pavie, la chanson**
que / **le roy fist en Espaigne, la chanson de Romme,** /
la chanson des Brunettes et Te remutu, et / **plusieurs**
aultres nouvelles chansons, lesquel= / **les trouverés**
par la table ensuyvant. / [Woodcut of four men
singing]

Chantilly, Musée Condé, IV D. 50.
In-8.º c. 8'5 × 12 cm.; 32 ff. sign. A⁴-H⁴. 22 lines per page.
Black-letter.

Despite its title, this collection contains not 110 chansons, but only 48. In addition, it names in its *Table* seven
others which are not in fact in the only known copy,
making a total of 55 named chansons — exactly half the
'Cent et dix' of the title. The words 'Cy finissent plusieurs
belles chansons nouvellement imprimées' at the end of the
book prove that no chansons are missing.

The only known copy is now at Chantilly, in the Musée
Condé. It bears inside it the note 'Vente Brunet no. 350',
and therefore is presumably the copy that once belonged
to the bibliographer J.-C. Brunet. That copy was sold at
the death of Brunet and is to be found listed as no. 350
in the *Catalogue des livres ... de feu M. J.-C. Brunet,*
volume I, Paris, 1868, p. 71.

There is however some evidence that a second copy
once existed which is now lost. As I mentioned in *Chanson
Verse of the Early Renaissance,* volume I, p. 232, it seems
that a second copy was known to Percheron in 1863, who
used it to supply a missing line in 'L'aultre jour parmy
ces champs'. Moreover, Picot in his *Fichier* writes that that
same chanson is to be found in 'La Fleur des Chansons, B,
no. 32'. On other occasions when he refers to this book, he
specifies 'A': it seems that he knew a now lost second copy.

That second copy could be the one that was sold in
the Lignerolles sale in 1894. It is no. 1334 in the *Catalogue*

des Livres ... de feu M. le comte de Lignerolles, volume II, Paris, 1894, p. 146, and according to a copy of that *Catalogue* in the Bibliothèque Nationale was sold on that occasion for 1060 francs. Picot, in his *Chants historiques français,* Paris, 1903, p. 11, says that it is in fact the Chantilly copy, but that is not conclusive.

If a second copy existed, it may have contained the seven chansons that are listed on the title-page of the Chantilly copy but are not in the text. If any reader of this book knows the whereabouts of a second copy, the present editor would be delighted to know of it.

The book was reprinted as part of volume 13 of *Les Joyeusetez, Facecies et Folastres Imaginacions de Caresme-Prenant, Gauthier-Garguille...*, Paris, Techener, 1833, and was also issued separately. A later reprint was made by Duquesne at Ghent in 1856; since it reproduces all but a few of Techener's errors, it seems to derive from Techener and not from the original.

Techener's reprint is very close to the text of the Chantilly copy and seems to derive from it. In that case, it takes the history of that copy further back, for Techener states on pp. VI-VII: 'Il y a dix-huit ans qu'on ne l'a vu passer dans les ventes, et c'est seulement en 1828 que nous avons pu nous le procurer à Londres. L'exemplaire dont nous reproduisons aujourd'hui le fac-simile, fut vendu chez M. Langs 150 francs.' Brunet, in his *Manuel du Libraire,* II, Paris, 1861, col. 1287, goes even farther back: 'Vend. 45 fr. en mars 1815; 5 liv. 14 sh. Lang, ensuite porté à 350 fr. dans le Bulletin de Techener, et serait encore plus cher aujourd'hui.'

La fleur 110 contains twenty-two chansons that were in the earlier printed chanson collections, all of them in the 'second' generation of collections that I edited in volume I of this edition, pp. 185-258. In addition, it contains six chansons referring to historical events, two chansons by Clément Marot, one by Francis I, and seventeen others. The poems by Marot and Francis I are the only ones whose authors are known.

The *Table,* which lists most but not all of the chansons in the book (and also seven others), occupies ff. A verso — Aii; the chansons occupy the whole of the rest of the book. The woodcut on the title-page is a reversed copy of an illustration that appears in Andrea Antico's *Canzoni nove*, Rome, 1510, and it appears also in *Chanson nouvelle de la prinse de Tharantaise* (only known copy in Paris, Bibliothèque Nationale, Rés. p Ye 216; see **1537**, no. 6 below) and, according to Seymour de Ricci's Fichier in the Bibliothèque Nationale, also in certain editions of Rabelais.

The collection bears no date, but clues can be obtained from the historical poems, which are as follows:

No. 2, 'Aidez moy tous à plaindre, gentilz avanturiers', a song about the Battle of Pavia in 1525.

No. 3, 'Si la fortune et la diversité', by Francis I, about his captivity in Madrid, whence he was freed in February 1526.

No. 12, 'Parlons de la deffaicte', about the capture of Rome in May 1527.

No. 26, 'O noble roy de France', about the Battle of Pavia in 1525.

No. 38, 'Meschans Lutheriens mauldis', about fighting in Lorraine in 1525.

No. 42, 'Tous compaignons avanturiers', about an expedition by sea in 1509.

Four of these (nos. 3, 12, 26, and 38) are given especially long titles in the text. Four of them (nos. 2, 3, 12, and 26) are among the six especially listed on the title-page. And three (nos. 12, 26, and 38) are marked especially in the *Table* with the sign ℭ. They were clearly considered important, which means that the events which they describe had probably taken place quite recently. So on the evidence of these chansons, we may say that the collection appeared not before May 1527 (the date of the last historical event), and probably within a short time after that date.

La fleur 110 combines the old and the new and so illustrates the transition to a new period in chanson history. The old is found in the 22 chansons known already from the earlier collections. The new consists of two poems by Clément Marot, one by Francis I, new historical chansons, and other chansons that had not appeared before. It is already known that the earliest versions of some of Marot's chansons are to be found not in his *L'Adolescence Clémentine* of 1532, but in Attaingnant's song-books. In **La fleur 110** we have perhaps the earliest versions known of Marot's 'Dieu gard de mon cueur la tresgente' and 'Secourez moy, ma dame par amours'. New also is the poem by Francis I, 'Si la fortune et la diversité': despite the corrupt first line, **La fleur 110** is the earliest known source for this poem, together with Attaingnant's *Trente et sept chansons musicales* of 1529 (which gives the correct first line). The collection has 48 chansons, and thus points the way to the later larger chansonniers. As we saw, the title even states that there are as many as 110 chansons; this is untrue, but even so, 48 is a comparatively large number. Finally, like the collections of the 1530s and 1540s, **La fleur 110** looks like a carefully produced book and no longer a mere *plaquette*: for example, instead of a mere title and list of contents on one page, it has a separate title-page with a woodcut, followed by a separate *Table* on the next two pages.

Comparison with other sources shows how the editor went to work. The first ten chansons are not found in any earlier collection (except for some in *Viviant*), and so they justify the claim that the book's songs are 'nouvelles'. Gradually chansons appear that are familiar to us from the group **8(a), 8(b), 8(c), 14, 16,** and **17.** Not one is from the other principal group, the earlier **90(a), Fragment A, 90(b), 53, 11, 12,** and **Fragment B.** Nos. 28-32 are the same as **16,** nos. 3-7. An apparent relationship to **8(c)** turns out on examination not to hold water, for several of the poems in common vary widely in the details of their text; this suggests that perhaps **La fleur 110** and **8(c)** are both late collections but are not directly related. Four chansons (nos. 25 and 34-36) appear to be from **14,** as well as three titles (nos. *51-*53) listed on the title-page but not in the text. It seems that **8(a)** and the others were considered recent enough to be used as quarries, while the earlier group (**90(a),** etc.) was considered out of date.

The editor of **La fleur 110** was an intelligent man who corrected his originals. Thus, in 'Au boys de dueil' (no. 30), realizing that Narcissus was male and not female (a common medieval error), he corrected the offending words from *d'elle* to *par lui.* 'De mon triste desplaisir' (no. 40) was in earlier versions 'De mon triste et desplaisir', using *triste* as a noun; the editor of **La fleur 110** eliminated this very rare use by removing the *et,* thus turning *triste* into the more common adjective. Moreover, he is more specific. He gives details about the composition of the historical chansons; and the song in Savoy dialect, 'Aymez moy, belle Margot', which in **16** and **17** had been called merely 'Chanson nouvelle', here appears as 'Chanson en savoysien'. Politically, he is traditional, nationalistic, royalist, and Catholic. He supports the murderous slaughter of a group of poorly armed peasants by the Duc de Lorraine; he includes not only a song by Francis I but also two songs about him; and the moral that he draws about the occupation of Rome is that what is needed is French intervention. He is for God, king, and country, and against the Reform.

Contents:

1. Ces facheux sotz qui mesdient d'aymer
2. Aidez moy tous à plaindre, gentilz avanturiers
    Title on title-page: La chanson du roy [or La Chanson de Pavie; see the notes to this poem]
3. Si la fortune et la diversité [Francis I]
    Title in text: Chanson nouvelle faicte et composée par le roy nostre sire, Françoys premier de ce nom, luy estant à Madrige en Espaigne
4. Je veulx prendre congé d'amours
5. Les chevaliers preux de la table ronde
6. Pour avoir fait au gré de mon amy
7. Helas, je suis si trestant amoureux
    Refrain: *O temptation!*
8. Qui vo oy una chanson
    Title in text: Chanson en savoysien
    Refrain: *Rossignolet!*
9. Dieu gard de mon cueur la tresgente [Clément Marot]
10. Gentil fleur de noblesse
11. Je demeure seulle esgarée
12. Parlons de la deffaicte

Title in text: Le chanson de Romme nouvellement faicte delà les mons au camp du marquis de Saluces

Title on title-page: La chanson de Romme

13. En mes amours je n'ay que desplaisir
14. Elle s'en va, elle est presque perie
15. Le cueur est mien qui oncques ne fut prins
16. Est il conclus par ung arrest d'Amours
17. Vivray je tousjours en soucy
18. Puis qu'en amours a si beau passe temps
19. Fortune, laisse moy la vie
20. D'amours je suis desheritée
21. C'est boucaner de se tenir à une
22. Une bergerotte

Refrain: '*Et l'amy Baudichon*'

23. Ma bien acquise, je suis venu icy
24. Pouvres amoureux qui vont de nuyt
25. Tous les regretz qui jamais furent au monde
26. O noble roy de France

Title in text: La chanson nouvelle faicte par les avanturiers estans à la journée de Pavie du noble roy de France, sur le chant 'Gentil fleur de noblesse'

Title in *Table:* La chanson du roy touchant la journée de Pavye

Title on title-page: La chanson de Pavie [or La chanson du roy; see the notes to no. 2 above]

27. Pis ne me peult venir
28. Qui la dira, la douleur de mon cueur
29. Je me repens de vous avoir aymée
30. Au boys de dueil, à l'ombre d'ung soucy
31. Je my plains fort, amours m'ont rué jus
32. Amy, souffrez que je vous ayme
33. L'on faict, l'on dict en parlement

Title in text: Chanson nouvelle sur le chant 'Helas, dame que j'ayme tant'

Title in *Table:* Les brunettes

Title on title-page: La chanson des brunettes

Refrain: *Les brunettes portent le bruyt*

34. Puis qu'ainsi est que je n'ay plus d'amye
35. Je my levay par ung matinet que jour n'estoit mye
    Refrain *Qu'on luy demande, allez luy demander /
    S'elle a pour moy son huys fermé*
36. J'ay trop aymé le temps de ma jeunesse
37. Aymez moy, belle Margot
    Title in text: Chanson en savoysien
38. Meschans Lutheriens mauldis
    Title in text: La chanson de la deffaicte des Luthe-
    riens, faicte par le noble duc de Lorraine et
    ses freres, avec l'ayde de leurs amys Françoys
    et Guerdoys, sur le chant 'O bons Françoys
    loyaulx et preux'
39. Viendras tu, belle, ton amy secourir
40. De mon triste desplaisir
    Title in *Table:* De mon triste et desplaisir
41. De bien aymer je te jure
42. Tous compaignons avanturiers
43. Pour avoir mys la main au bas
44. Secourez moy, ma dame par amours [after Clément
    Marot]
45. Voicy la mort, voicy la mort
    Title in text: Chanson nouvellement faicte par une
    dame d'Avignon
    Refrain: *Je meurs, helas, je meurs, / Puis qu'i fault
    que vous laisse*
46. A qui diray ma plainte
47. *Langueo* d'amours, ma doulce fillette
    Title in text: Chanson nouvelle en latin et en fran-
    çoys
48. Entre Paris et La Rochelle
    Title in text: Chanson villaine
    Title in *Table:* Te remutu, gente fillette
    Title on title-page: Te remutu
    Refrain: *Te remutu, gente fillette?*

Seven other chansons are named in the *Table* but are not
in the text of the only known copy, viz:

*49. Ne suys je pas [bien malheureux]
*50. Marguerite, Mar[guerite?]
*51. *Confiteor* à vous [ma dame]

*52. L'aultre jour parmy [ces champs]
*53. J'ay eu long temps [grant envye]
*54. Les regretz que j'ay
*55. Nous estions tous troys galans

1. Ces facheux sotz qui mesdient d'aymer
       Sans en avoir la congnoissance,
       Je vous jure ma conscience
    Qu'ilz ont grant tort d'ung tel plaisir blasmer.

    Si ne veullent ou ne sçavent aymer
       Et d'amours n'ont la congnoissance,
       De leur mal prenent patience
    S'ilz ont laissé le doulx et pris l'amer.

    Ou aultrement, s'ilz veullent diffamer
       Et à blasmer prendre plaisance,   10
       Certes, tel est mon ordonnance:
    Qu'on les fasse tous getter dans la mer!

This chanson, with which the editor of **La fleur 110** chose to open his collection, became very popular in its time. It appears also in **1535, 1537, 1538,** and **1543.** The first known musical setting, an anonymous version *a 3*, was published by Attaingnant in his *Quarante et deux chansons musicales* of 1529, and was soon followed by arrangements for lute solo, for lute and voice, and for keyboard; see Heartz for references and for modern editions. Many other versions and arrangements of it, as well as contrafacta and new compositions derived from it, are known from the mid-sixteenth century; see Brown, 'Catalogue', no. 46, for references.

The version in the later collections is different and evidently corrupt. Here it is, from **1535,** no. 95:

       Ces fascheux sotz qui mesdient d'aymer
          Et n'en eurent de leur vie la congnoissance,
          Je vous jure ma conscience
       Qu'ilz ont grant tort d'ung tien plaisir blasmer.

> S'il est ainsi qu'il y ait de l'amer,
>> Ung peu de joye a bien telle puissance,
>> Donner au cueur rejouyssance,
> A ung moment peult tout mal consommer.

---

6 original adds *eu* after *n'ont;* omitted here for the sake of the metre.

2.   CHANSON NOUVELLE

Aidez moy tous à plaindre, gentilz avanturiers!
Aydez le moy à plaindre le noble roy françoys.

C'est ung tres noble sire, par tout a triumphé,
Le nonpareil en armes tant à cheval que à pied.

Le jour sainct Mathias, ce noble chevalier,
Avanturiers estoyent en armes ce jour pour diffiner.

Nous le devons bien plaindre, le noble roy françoys,
Sur tous seigneurs du monde plus gentil et courtoys.

Maudictz soyent les traistres qui l'ont abandonné,
En faict de villennie tousjours si sont monstré.   10

O la faulse canaille! ilz ont le roy trompé,
Au point de la bataille n'ont point voulu frapper,
Le noble roy de France ilz ont abandonné.

Monsieur de la Palisse, la Trimoille aussi,
Estoyent nobles gensdarmes, noblement ont frappé.
Pour toute recompense ilz ont leurs jours finé.

Avanturiers en France et aussi lansquenetz
Entrerent en bataille, vaillamment ont frappé.
N'est ce pas grant dommaige? ilz y sont demeurez.

Princes, seigneurs de France, et nobles chevaliers,   20
Ayez en remembrance les nobles trespassez!
Ayez en souvenance le noble roy françoys.

Gentil duc d'Albanie, si fusse à la journée,
Le noble roy de France n'y fust pas demeuré.

This song tells of the Battle of Pavia, which was fought on 24 February 1525 between the French and Imperial armies. The young king Francis I was taken prisoner, and remained in captivity in Spain for a year.

The title-page of **La fleur 110** mentions that the collection contains two chansons called 'La chanson du roy' and 'La chanson de Pavie'. No. 2 and no. 26 are both about the king and both about the Battle of Pavia, and there is no way of telling to which of these chansons each title was meant to apply.

Also in **Nourry, 1535, 1537, 1538,** and **1543.**

The stanza-division is that of **La fleur 110** and possibly reflects the form of a musical setting.

The poem is in Leroux de Lincy's *Recueil de chants historiques françois,* II, pp. 88-9, and is listed in Picot's *Chants historiques français,* pp. 33-4.

---

1 etc. *avanturiers:* adventurers, freebooters, soldiers.

2 etc. *le noble roy françoys:* either 'the noble French king' or 'the noble King Francis'.

5 *le jour sainct Mathias:* St. Matthias' Day: 24 February.

6 *diffiner:* end, bring to an end (Huguet). **1535** has *defier.*

14 *Monsieur de la Palisse:* a famous soldier who died at the Battle of Pavia. The subject of a number of songs. *(Biographie universelle).*

La Trimoille: Louis de la Trimouille, a French nobleman who died at the Battle of Pavia.

17 *lansquenetz:* German soldiers fighting for Francis I (from German *Landsknecht*).

23 *duc d'Albanie:* a Scot named John Stewart, Duke of Albany, in the service of Francis I; at the time of the Battle of Pavia, he and his army were fighting elsewhere in Italy *(Nouvelle biographie générale,* Paris, 1862).

3 *tres:* editorial, added for the metre / 5 **1535** *Mathieu* / 6 **1535** *defier* / 10 **1535** *se* / 12 original *frappe* (i. e., *frappé*); altered for the sense / 17 *et:* editorial, added for the metre.

3. CHANSON NOUVELLE FAICTE ET COMPOSÉE PAR LE ROY
NOSTRE SIRE, FRANÇOYS PREMIER DE CE NOM,
LUY ESTANT À MADRIGE EN ESPAIGNE

Si la fortune et la diversité
Se rejoingnent, voyez l'adversité
En triumphant sur la prosperité
   Estre vaincue.

Voyez aussi que la verité nue
En ferme cueur n'est jamais abatue
Par trahison, que enfin est congnue
   Avec le temps.

Dont je me tiens du nombre des contens
Bien que je n'aye eu ce que je pretens,   10
Si congnois je la fin que j'en actends
   En ma pensée.

Que par prison rien n'en est offensée;
Car estant libre, elle est recompensée,
Faisant la fin d'estre recommencée
   Pour me finer.

Car l'on ne peult l'esperit confiner
Soubz nulle loy, ny son vouloir muer,
Mais à la preuve l'on le peult affiner
   En peine dure.   20

Que est plaisante à celluy qui l'endure,
Car la menasse est celle qui l'asseure;
Cueur resolu d'aultre chose n'a cure
   Que de l'honneur.

Le corps vaincu, le cueur reste vaincueur,
Le travail est l'estime de son heur,
Ce seul vouloir ne congnoist nul malheur
   Qu'il ne mesprise.

> Donc je concludz: heureuse est l'entreprise
> Que rend Fortune indigne de surprise   30
> Par fermeté qui vault bien qu'on la prise;
>   Or en jugez.
>
>   [Francis I]

This poem by Francis I, written during his captivity in Spain, was published by A. Champollion-Figeac in *Poésies du roi François Ier...*, Paris, 1847, pp. 49-50, from MSS in the Bibliothèque Nationale. Both versions are imperfect; in line 7 for example Champollion-Figeac is better, and in line 18 **La fleur 110.** I have not recorded the many differences in detail in Champollion-Figeac.

The poem is in Leroux de Lincy's *Recueil*, II, pp. 94-5, and is listed in Picot's *Chants historiques français*, pp. 39-40.

An anonymous musical setting *a 4* was published by Attaingnant in his *Trente et sept chansons musicales*, 1529 (Heartz 9).

1-2 Champollion-Figeac *Si la nature en la diversité / Se resjouyst, voyez l'adversité / 2 rejoingnent:* **La fleur 110** reads *rejoinct;* altered for the metre / 5 *nue:* **La fleur 110** reads *mue;* altered following Champollion-Figeac for the metre / 7 *enfin:* **La fleur 110** reads *en luy;* altered following Champollion-Figeac for the metre / 11 *que j'en actends:* **La fleur 110** reads *que j'entens;* altered following Champollion-Figeac for the metre / 25 *vaincu:* **La fleur 110** reads *vain:* altered following Champollion-Figeac for the metre.

> 4. Je veulx prendre congé d'amours,
>   Car nuyt et jour suys en soucy,
>   Peine, tourment, dueil, et ennuy,
>   Car pour ung bien mille douleurs.
>
>   Compter ne saroys les faulx tours
>   Que par amours j'ay jours et nuyt
>   Receu, car j'ay pour ung deduyt
>   Mille regretz qui sont trop lours.
>
>   Il me fault faire comme l'ours
>   Qui par courroux et par despit   10

Ronge ses ongles; ung tel respit
J'ay quant je voys tout plain de tours.

Hector, Sanson, aussi plusieurs,
S'ilz eussent estez assaillis
Comme moy, le cueur leur eust failli;
Car trop fervant je suis en pleurs.

En brief me fault finer mes jours;
Ilz seront cours sans cas ne sy
Si ne pourvoye à ce mal cy;
Pourquoy je prens congé d'amours.   20

Also in *Viviant,* no. 16, with minor variants.
The final syllable of *ongles* in line 11 is not counted in the scansion, nor the final *-e* of *Comme* in line 15. The enjambement in lines 6-7 is unusually strong. The rhymes, unusually, remain the same throughout the poem.

---

7 *deduyt:* pleasure.
9 The image of the bear is found also in 'Hé l'ort vilain jaloux' (see volume I, p. 84).
15 original *faillis.*
16 *fervant:* 'fervent, hot, ardent...' (Cotgrave).
18 *sans cas ne sy:* 'nettement, sans discussion' (Huguet).

5.   CHANSON NOUVELLE

Les chevaliers preux de la table ronde
Sont et seront, tant qu'ilz vivront au monde,
Prestz en tous lieux pour secourir les dames
... ...
D'ung vray desir et volunté parfonde.

Si Malle Bouche, que le grant Dieu confonde,
Les veult blasmer par sa langue immonde,
Alors verrés soubdain courir aux armes
Les chevaliers preux de la table ronde.

Ilz sont gentilz et de doulce faconde;   10
Leur haultain bruyt par tout pays redonde;
En hardiesse couraigeux, francz, et fermes,
Comme pilliers sans craindre nulz alarmes;
Car amour tient en vigueur floribonde
Les chevaliers preux de la table ronde.

Also in *Viviant*, no. 17, and **1538,** without significant variants.

The poem looks like a corrupt rondeau, a line rhyming in *-a(r)mes* being missing between lines 3 and 5, and it is on that assumption that I have inserted a line of dots. By this date, the rondeau was an old-fashioned form; the subject-matter of this one is also old-fashioned; and so if this poem is not in fact a much older one, then it is a conscious piece of antiquarianism. The only other rondeaux in these collections are 'A tout jamais, d'un vouloir immuable' by Jean Marot (see volume I, pp. 74-6) and the Rondeau de la Verolle in **1538,** no. 266.

---

9 *sont:* original *seront;* altered for the metre / 10 original *leurs.*

6.   AULTRE CHANSON

Pour avoir fait au gré de mon amy,
Est il raison que je soye diffamée,
Ma renommée de beaulté separée,
Et mon las cueur de tous plaisirs banny?

Dangier cruel, mon mortel ennemy,
Souventesfois en maintz lieux m'a blasmée;
Mais c'est à tort, car jamais femme née
N'eust tant de maulx que j'ay et de soucy,
Pour avoir fait, &c.

Tous les regretz d'Elene n'est que ris,   10
Ny la guerre pour elle demenée;
Ce n'est qu'esbas du souspir de Medée;

Considerez le dueil auquel je suis,
Pour avoir fait, &c.

Semyramis qui tant ayma son filz,
Messaline ainsi desordonnée,
Onc n'eut bon temps; mais moy infortunée
En deshonneur à grant tort je languis,
Pour avoir fait, &c.

Vrais amoureux qui entendez mon cry,   20
Souvienne vous de Dido la tresbelle,
Car comme elle et Lucresse cruelle
La mort je quiers, mais elle ne veult venir,
Pour avoir fait, &c.

Also in *Viviant,* no. 19, with only small variants.

A woman's song. Like other chansons of the time, this one mixes medieval allegory and classical imagery. In line 5 Dangier is personified; and then in quick succession we have Helen and the Trojan War; Medea (who disastrously loved Jason); Semiramis (who is supposed to have had incestuous relations with her son); Messalina (wife of the emperor Claudius, executed for her profligacy); Dido; and Lucretia, who is presumably called *cruelle* (perhaps for the rhyme?) because she killed herself.

The refrain is abbreviated after each stanza in the original; the abbreviation also appears after line 4. Each time, the words *Pour avoir fait...* fit neatly into the sense of the stanza. The rhyme-scheme remains the same throughout, differing slightly only in the last stanza.

An anonymous musical setting is in the MS de Bayeux, f. 36. Two anonymous musical settings are in Antico's *Chansons à troys,* Venice, 1520; and for two other settings, one anonymous and one by Gascongne, see Lawrence F. Bernstein, '*La Courone et fleur des chansons a troys*', *Journal of the American Musicological Society,* 26 (1973), p. 11.

4 original *plaisir* / 8 *et* added from *Viviant,* for the sake of the metre / 10 *d'Elene:* original *d'elle;* altered for the sense / 13 original *Considerer;* altered for the sense.

7.   CHANSON NOUVELLE

Helas, je suis si trestant amoureux
Que vrayement je n'atens que la mort.
Mettre me puis avec les langoureux,
Car en moy n'a ne soulas ne confort.
         Dont ne cesse
         Par tristesse
    Chanter en piteux son:
      O temptation!

Helas, amours, helas, que t'ay je faict?
Pour quoy ainsi me traictes rudement?   10
Tu le sces bien, veu que tu m'as deffaict
Tout à ung coup pour servir loyaument.
         Mon corps, mon cueur
         Dit par douleur
    En tribulation:
      O temptation!

Vivent aymans qui sont les bien aymés!
Ceulx qui ne sont, de vivre n'ont talant.
Donc je conclus que n'aymeray jamais
Quoy que l'on die, de faict ne de semblant,   20
         Car je congnoys
         A ceste foys,
    Tout n'est qu'abusion:
      O temptation!

Also in *Viviant,* no. 20, with only small variants.

---

2 *vrayement:* from *Viviant.* **La fleur 110** reads *vrayment.* Altered
for the metre.

8.   CHANSON EN SAVOYSIEN

Qui vo oy una chanson
Qu'a bon son, ce dist ton,
Que fut faicta en ung vellago?
    Rossignolet!

Que fut faicta en ung vellago;
C'est d'ung genty compaignon, ce dist ton,
Que s'en va veyre sa mya.
    Rossignolet!

Que s'en va veyre sa mya;
Ou s'en va à chamberia tout de pia,   10
Salua la compagnia.
    Rossignolet!

Salua la compagnia:
'Sere, Dieu vo don bon jour, et à vous
Et à vostra bella filla.
    Rossignolet!

Et à vostra bella filla.
Je ne venin pas seian sey dedan
Ne par chanta ne par rire.
    Rossignolet!   20

Ne par chanta ne par rire,
Mais vous venin demanda sie vo pla
La plus bella de voz filles.
    Rossignolet!

La plus bella de voz filles;
Vo luy darey cent escu et non plu,
Sera par son mariago.
    Rossignolet!

Sera par son mariago;
Una cotta de turquin dau plu fin   30
Tailla sur lo personago.
  Rossignolet!

Tailla sur lo personago;
Una charua de bo blanc tutavant
Pour faire son laborago.
  Rossignolet!

Pour faire son laborago;
Je suis genty compaignon, ce dist ton,
Je gagnary bin sa via.
  Rossignolet!   40

Je gagnary bin sa via;
Je joyo bin dau baton, ce dist ton,
De l'arbaleta jolya.
  Rossignolet!

De l'arbaleta jolya;
Je chasseri au pingon qui son bon,
Sera per mey per ma mya.'
  Rossignolet!

This chanson and no. 37 below are both in Savoy dialect. This one makes fun of a grotesque villager asking a father for his daughter's hand in marriage. He hasn't come 'ne par chanta ne par rire'; he specifies exactly how much the dowry shall be; and he boasts of his own accomplishments. The use of dialect is just one more means to the comic effect.

The second line of each stanza ends with a three-syllable group.

9.   CHANSON NOUVELLE

Dieu gard de mon cueur la tresgente,
Gente de corps et de fasson.
Son cueur tient le mien en sa tente,

Tant est prins d'ung ardant frisson.
Son a poussé sur ma chanson,
C'est de voix de harpe doulcete;
Tel espoir qui soyt marrison
Songer my faict en amouretes.

La blanche columbete belle
S'en va sonnant, criant, breant,   10
Mais dessoubz la cotelle d'elle
My gette ung oeil friant, riant,
En my consumant et sommant
La douleur qui my face efface,
Dont suys le reclamant amant
Qui pour aultruy passe et trespasse.

Dieu des amans, d'elle me garde,
En gardant donne moy bon heur,
En le me donnant prens ta darde,
En le dardant navre mon cueur,   20
En le navrant je seray seur,
A seur je prendray accointance,
En accointant son serviteur,
En servant j'auray joyssance.

[Clément Marot]

Also in **Nourry** and **1538. La fleur 110,** if it indeed dates from
c. 1528, is the earliest known source, and for that reason I give the
unamended text even though it is certainly corrupt. The next known
source is a musical setting *a 4* by Claudin de Sermisy published by
Attaingnant in his *Vingt et huit chansons,* 1532 (Heartz 31). The
version in **Nourry** begins 'Dieu gard de mon cueur la regente' and
varies in some details. The version in **1538,** no. 3, follows closely
Marot's *L'Adolescence Clémentine,* 1532, except that in line 4 it
reads *est prins* instead of *et plus* and in line 21 *tiendray* instead of
tiendras.

10. Gentil fleur de noblesse
Où mon cueur se resort,
Par vostre gentillesse
Donnés moy reconfort!
Vostre amour si me blesse
Nuyt et jour si tresfort;
Vous my tenez rudesse;
Las, vous avez grant tort.

Vous estes belle et gente
Pour gens de bien servir,
Et avés la science
De les entretenir.
D'une chose vous prie
S'il vous vient à plaisir:
C'est que soyés ma mye,
Je seray vostre amy.

'O chevalier, beau syre,
Pour Dieu deportez vous.
En toute compaignie
Vous me priez d'amours;
Vous aymez sans partie,
Sachez en verité;
Si aultrement vous disoys
Vous seriez abusé.'

Je vous cuidoys tenir, belle,
Pour ma dame par amours,
Sans vous estre rebelle,
Mais vous servir tousjours.
Vous fussiés ma maistresse
Et fusse vostre servant;
Mais j'aperçoy, la belle,
Que m'allés refusant.

Je m'en voys en la guerre
En estrange pays,

Loing de mes amourettes,
Pres de mes ennemys,
Abandonner ma vie
Pour vivre ou pour mourir,
Pour l'amour de vous, belle,
Dont je ne puys jouyr.   40

'O chevalier, beau syre,
Ne vous courrouce pas.
Quant viendrés de la guerre
Repassez par deçà;
Manderay à mon pere
Et à ma mere aussi,
Et ce qu'il en diront,
Je le tiendray à dit.'

Je m'en voys au boucage,
Là sus au boys ramé   50
Où feray penitence,
Car il m'est enchargé.
Plus n'aymeray ces filles,
Elle m'ont abusé,
Mais serviray Marie,
C'est la mieulx à mon gré.

This is a version of an old song which is in the MS de Vire (Paris, Bibliothèque Nationale, MS n.a. fr. 1274). See A. Gasté, *Chansons normandes du XVe siècle*, Caen, 1866: 'Manuscrit de Vire', no. 7. It is the timbre for **La fleur 110,** no. 26, and for **Nourry,** no. 19. See Brown, 'Catalogue', no. 139.

The piece is used in a fricassée published in Brown, *Theatrical Chansons,* no. 20.

In the present version, the final stanza seems to be unrelated to all the rest.

Also in **Nourry, 1535, 1537, 1538,** and **1543.**

---

2 *se resort:* goes, repairs.
18 *deportez vous:* cease, forbear.

21 *sans partie:* without return (Godefroy) (i. e., without your love being recompensed).

25 This line has one syllable too many.

48 'I shall obey' (Huguet).

52 *enchargé:* commanded.

11. Je demeure seulle esgarée...

See volume I, p. 208.
This poem is the model for **1535,** no. 133, q.v.

---

9 **La fleur 110** adds *je* before *le.*

12.   LA CHANSON DE ROMME
        NOUVELLEMENT FAICTE DELÀ LES MONS
          AU CAMP DU MARQUIS DE SALUCES

Parlons de la deffaicte
De ces pouvres Rommains,
Aussi de la complaincte
De nostre pere sainct.

Le vice roy de Naples
Par ung lundy matin
Appella le duc Charles,
Sans faire grant hutin;
Disant en la maniere,
A bien petit de plaict: 10
'Suyvons tous la baniere,
Car voicy nostre faict!'

Bourbon sans nul desordre
Si mist son cas à point,
Gensdarmes mist en ordre,
Chescun la lance au poing.
'Or marchés donc, gensdarmes,

Sur tout ne creignés rien.
N'ayés peur des alarmes;
Vous feray gens de bien.'   20

Oyant ceste parolle,
Lansquenetz, Espaignolz,
A chescun le cueur volle
Pour avoir bruyt et loz.
Adoncques meintes places
Par tout ont assiegé,
Des ducas à grant taxes
Ont eu pour deslogé.

Tout droit devant Florence
Si se venoyent getter,   30
Pour piller leur finance,
Si l'eussent peu gruper.
Le marquis de Saluces
Avecques son armée
Leur eust chassé les puces,
Si les eust peu apper.

Au grant palays de Romme
L'embassade arriva,
Qu'au pape dist en somme
Que ja mal il n'aura,   40
S'il vouloit faire trefve
Pour dix ou douze moys,
En gettant hors de Naples
Tretous les bons Françoys.

Le sainct pere l'accorde
Et ses bulles sella,
De grans seaulx et de corde
Bien fort les cordela.
Puis manda à grant haste
Monsieur de Vauldemont: 50
'Gardés vous de la teste,
Allez oultre les mons.'

45

Bourbon vint devant Romme,
Si amena ses gens,
Leur contant ainsi comme
Il entreroit dedans,
En leur baillant couraige,
Leurs promettant grans dons,
Et aussi le pillaige
Pour pouvres compaignons.   60

Le pape si fist mettre
En armes les Rommains,
Les priant de combatre
Contre ces ordz villains.
Là pour longue espace
Fut fort bien combatu;
Espaignolz en la place
Demouroyent vaincuz.

Quant Bourbon vit l'affaire
Aller si meschamment,   70
'Il n'est temps de retraire',
Dist il tout haultement.
Monta sur la muraille
En disant: 'Suyvés moy!
Ne m'en chault quoy qu'il aille,
Tout est mien, sur ma foy.'

En celle assemblée
Y demeura beaucop
De gens de renommée
Abatus par grans cop.   80
Bourbon, quoy que l'on die,
Il fust blessé à mort;
D'ung cop d'artillerie
Fust son dernier remort.

Les Rommains ont la fuitte,
De ce n'en doubtés pas;

Espaignolz si les luitte,
Les tuant sans compas.
Au chasteau de sainct Ange
S'en fuyent par monceaulx   90
Le pape comme estrange
Et tous ses cardinaulx.

'Helas, se dist le pape,
Que m'est il advenu?
Je vouldroys estre en terre
Quant me voy detenu
Par gens tant detestables,
Pires que mamelus.
Ilz sont bien miserables,
Jesus les rue jus!   100

O noble roy de France,
Regarde en pitié
L'eglise en ballance;
Las, elle en a mestié.
Metz la hors de souffrance,
Pour Dieu, ne tarde plus,
C'est ta mere, ta substance,
O filz, n'en faictz reffus.'

This song tells of the capture of Rome in May 1527 by Charles, duc de Bourbon (1490-1527). A traitor to Francis I, and ignoring a truce between Rome and the Emperor Charles V, it was with his own army that he captured it. He himself mounted the wall during the siege, was mortally wounded but ordered that his death should be kept secret from the troops (hence the words *quoy que l'on die* in line 81). Rome was sacked by his troops. (*Nouvelle biographie générale*). The marquis de Saluces was at the time commander of the French army in Italy.

In the last stanza, it is not clear whether the Pope is still supposed to be speaking. Because of the words 'O filz' in line 108, I have assumed that he is, and have accordingly included the last stanza in quotation marks.

47

This chanson was also published separately as *La Chanson de Rome,* of which the only known copy, without place, date, or name of printer, is in Paris, Bibliothèque Nationale, Rés. Ln²⁷ 2688, with orthographical variants only. It is in Leroux de Lincy's *Recueil,* II, pp. 99-103, and is listed in Picot's *Chants historiques français,* p. 50.

---

8 *hutin:* noise.

10 without much fuss.

27 *à grant taxes:* of high value?

28 *deslogé:* i. e., *desloger:* for success in besieging?

32 *gruper:* seize, grasp.

36 *apper:* i. e., *happer,* 'catch'.

48 *cordela:* tied up.

51 *taste:* battle, engagement?

84 *remort:* 'tapage, vacarme' (Huguet).

88 *sans compas:* 'sans mesure' (Huguet).

89 *chasteau de sainct Ange:* the castle of St. Angelo, where the Pope did in fact take refuge.

93 *se:* i. e., *ce.*

98 *mamelus:* mamelukes.

104 *mestié:* need.

13.   CHANSON NOUVELLE

En mes amours je n'ay que desplaisir;
Tout ce me faict Envie, que Dieu mauldie,
Et Faulx Rapport, meslé de Jalousie,
Qui ont voulu desvier mon desir.

En une seulle j'ay mis tout mon plaisir
Qu'est de vertus et de beaulté garnie;
Les mesdisans, qui l'ont de moy bannie,
Ne l'ont pas peu de mon cueur dessaisir.

Ilz m'ont donné de vivre bon loysir
En languissant le surplus de ma vie   10
Son serviteur, il fault que je le dye,
Car je ne puis en aultre lieu choisir.

Qui me mettroit en une tour moysir
Et elle fust au parfond d'Ytalie,
Sans moy bouger je luy tiens compaignie,
Elle et mon cueur vont ensemble gesir.

Et si la mort me vient ung jour saysir,
Le corps mourra, le cueur ne mourra mye,
Ou il fauldroit qu'elle mourust, ma mye,   20
Car il entra en elle sans yssir.

Also in *Viviant,* no. 2, with small variants.

---

2 *me* from *Viviant;* not in **La fleur 110.**

14. Elle s'en va, elle est presque perie,
     La grant amour dont la soloys aymer.
     Mais je congnois que son cueur trop amer
     Si m'entretient en trop grant resverie.

     Ung beau semblant remply de tromperie,
     Elle m'a faict maintesfoys presumer
     Que dans son cueur le mien vouloit fermer;
     Mais plus que vent, cueur de femme varie.

     Ung noble cueur qui est sans facherie,
     Il doibt aymer sans de crainte s'armer,   10
     Et obeyr sans que nul sceust blasmer
     Au bon vouloir de l'amant que l'on prie.

Also in **1538,** no. 246.
There exist other chansons beginning 'Elle s'en va'. One of them,
for instance, was set to music *a 4* by Claudin de Sermisy and
published by Attaingnant in his *Trente et une chansons musicales,*
1529 (Heartz 14); modern edition in *CMM 20.* Others are listed by
Daschner.

15.   Le cueur est mien qui oncques ne fut prins...

See volume I, pp. 190-91. The present version omits the second stanza of that version and replaces it with two evidently corrupt stanzas. Also in **1535, 1537, 1538,** and **1543,** which all follow the earlier version.

16.   CHANSON NOUVELLE

Est il conclus par ung arrest d'Amours
Que desormais je vive en desespoir?
Et sans mercy jamais n'avoir secours
Bien que en amour feisse mon debvoir?
    C'est Jeunesse
    Qui ne cesse
Me couvrir de noir,
    Par tristesse
    Et rudesse,
Comme l'on peult veoir.   10

Mort sus mes piedz, comme ne suis je pris?
En grant douleur que ne suis je transi?
O pouvre cueur, que n'es tu fendu
De la douleur que as souffert jusques icy?
    Par contrainte
    Suis attainte
De chantter cecy;
    Or sans fainte
    Je augmente
La douleur de my.   20

Le cigne chante predestinant sa mort
Et le phenix brusle du feu qu'il faict;
Aussi fay je, dont ma mye en a tort,
Combien que d'elle ma mye je en ay faict.
    Las, ma mye,
    Je vous prie

> Que mon cueur rendez
>> Ou qu'il meure
>> Sans demeure,
> Puis que le voulez.   30

A version of this poem was in **8(c)**, no. 5, and may be found in volume I, pp. 208-209. The first stanza differs in many details, and the second and third stanzas are completely different. As I pointed out in volume I, the other version is probably the older of the two, though this one seems to be an aesthetic improvement.

Also in **1538**, no. 247, following the version of **La fleur 110**.

---

4 *Bien:* original has *Combien;* altered for the metre.

17. Vivray je tousjours en soucy
     Pour vous, ma tresloyalle amye?
     Si vous n'avés de moy mercy
     Je languiray tousjours sans cesse.
>> Vostre beaulté
>> M'a arresté
>> Pour son servant;
>> De tresbon cueur
>> Son serviteur
>> Me voys nommant.   10

     Je l'ay aymée et l'aymeray
     Pour le grant bien qui est en elle,
     Et jamais je ne l'obliray
     Par quelque chose que ce soit.
>> Car son maintien
>> Et entretien
>> Est si plaisant
>> Que langoreulx
>> Seroit joyeulx
>> Incontinant.   20

Ung jour luy dis tout doulcement
S'elle vouloit estre m'amye;
Elle m'a dit tout en riant:
'Il vous vauldra, je vous affie;
    Mais bien discret,
    Saige et secret
    Soyez tousjours;
    Vous parviendrez
    Et joyrez
    De voz amours.'   30

A musical setting *a 4* by Claudin de Sermisy was published by Attaingnant in his *Chansons nouvelles en musique* of 1528 (Heartz 2) (modern edition in *CMM 20*), and later in other collections and other arrangements; see Heartz for references and modern editions, and Brown, 'Catalogue', no. 403.

Also in **1535, 1537, 1538,** and **1543.** There, the third stanza is omitted, and some changes have been made in the remaining two stanzas. Here are the variants from **1535,** no. 66: 2 *tresbelle maistresse,* 9 *Pour* for *Son,* 11-20:

Je l'ay aymée et l'aymeray
Pour les grans biens dont est garnie
Et jamais ne la changeray
Pour quelque chose qu'on en dye.
    Son entretien
    Et son maintien
    Est si plaisant
    Q'ung amoureulx
    Sera joyeulx
    Incontinent.

---

2 and 7 original *par;* altered following **1535** / 13 *je* not in original; added for the metre / 25 *bien* not in original; added for the metre.

18. Puis qu'en amours a si beau passe temps,
     Je veulx aymer, chanter, dancer, et rire
     Pour resjouyr mon cueur que deult martyre;
     Velà le point et la fin où je tends.

     Si j'ay l'amour de celle où je pretens,
     Croyez qu'ennuy (ne soucy, qu'est le pire)
     N'aura jamais puissance de me nuyre,
     Car je seray du nombre des contens.

Also in **1535, 1537, 1538,** and **1543,** with only slight variants.
A musical setting *a 4* by Claudin de Sermisy was published in
Attaingnant's *Trente et une chansons musicales,* 1529 (Heartz 14);
modern edition in *CMM 20.* See also Brown, 'Catalogue', no. 348.

---

1 *beau: grant* in Attaingnant.
3 *deult:* hurts.

19. Fortune, laisse moy la vie,
     Puis que tu as prins tous mes biens
     Je te declaire qu'ilz sont tiens:
     Mest doncques fin à ton envie.

     Helas, n'es tu point assouvye
     De tourmenter moy et les miens,
     Qui n'ont vers toy mesfaict en riens?
     Mest doncques fin à ton envie.

     'Helas, je fusse bien ta mye,
     Mais tu my traictes rudement,   10
     Et je te ayme parfaictement;
     Par toy je fineray ma vie.'

A version of this poem was in **8(c),** no. 1, and may be found in
volume I, p. 206. The differences are considerable, and so I have
printed the full version as given in **La fleur 110.** Comparison of the

two versions appears to demonstrate that this is an attempt to remedy an incoherent original.

Also in **1535, 1537, 1538,** and **1543,** which all follow the version from **8(c).**

> 20. D'amours je suis desheritée,
>   Complaindre je ne sçay à qui;
>   Helas, j'ay perdu mon amy,
>   Seullette suis, il m'a laissée.
>
>   Je luy avoys m'amour donnée,
>   Mais par la mauvaistié de luy,
>   Helas, il s'en est dessaisy;
>   Trop rudement il m'a laissée.
>
>   Je my tenoys toute asseurée
>   De avoir faict ung bel amy;   10
>   Helas, j'ay lourdement failly
>   De m'estre si mal adressée.
>
>   Helas, je fuz mal conseillée
>   Quant à l'aymer me consenty;
>   Helas, je luy fis jeu party,
>   Dont il m'a mal recompensée.
>
>   A l'appetit d'une affetée
>   Qui sans cesser mesdit d'aultruy,
>   Helas, je suis mise en oubly,
>   Et de luy bien mal estimée.   20

A version of this poem was in **17,** no. 15, and may be found in volume I, pp. 257-8. The differences are considerable, and so I have here printed the full version as given in **La fleur 110.**

Also in **1535, 1537,** and **1543,** which give a confused version of that in **17.**

The rhymes remain the same throughout the poem.

---

15 *je luy fis jeu party:* I played fair with him.

21. C'est boucaner de se tenir à une...

See volume I, p. 188. Also in **1535, 1537, 1538,** and **1543.**

22. Une bergerotte...

See volume I, pp. 210-11. Also in **1538,** no. 255.

23. Ma bien acquise, je suis venu icy...

See volume I, pp. 188-90.
Also in **1535,** which reads in l. 16 *De vous avoir laissé* and in l. 31 *Je t'ay bien servy.* Also in **1537, 1538,** and **1543.**

---

16 **La fleur 110:** *De quoy tu l'as laissé* / 33 **La fleur 110:** *en tout parfaictement.*

24. Pouvres amoureux qui vont de nuyt
    Sans de dame le saufconduyt
    Sont en grant dangier de la mort,
    Homme qui n'y prendroit plaisir.

    Aucunesfois sus la minuyt
    My vient au cueur quelque remort
    Que de douleur, que de tourment
    Que j'ay au cueur.

    Il me fauldra evanouyr,
    Le cueur my bat, et my debat,   10
    Amours m'ont mys du tout à plat,
    Il me fauldra bien tost mourir.

    Si me convient par vous mourir,
    Je me feray ensepvelir

Là où vous demeurez;
Et si feray mon cueur pourrir.

Tous ceulx qui my verront gesir
Comment l'avez dechassé
Pleurant, chantant, piteusement,
Liront atant, reconfortez à son huys.   20

This imperfect and incoherent poem resists all attempts at
emendation.

---

1 *qui vont de nuyt* is repeated in the original / 14 *me* not in
original; added for the sense.

25.   Tous les regretz qui jamais furent au monde...

See volume I, pp. 222-3.

26.   LA CHANSON NOUVELLE FAICTE PAR LES AVANTURIERS
ESTANS À LA JOURNÉE DE PAVIE DU NOBLE ROY DE FRANCE,
SUR LE CHANT 'GENTIL FLEUR DE NOBLESSE'

O noble roy de France
Tant aymé et requis,
Des nobles la substance,
De vaillance le pris,
Ung chascun te guemente
En te plaignant tresfort;
Prens du cas patience,
En prenant reconfort.

Ce fut devant Pavie,
Là se fist la journé;   10
D'Espaignolz trente mille
Y avoit, tous armé;

De lansquenetz grant suyte
Y furent amené,
Oultre ceulx de Pavie
Qui dessus ont donné.

Dessus les bons Françoys
Se sont venu getter,
Preparant leurs harnoys
Pour du tout les grever,   20
En usurpant leurs droys
Qu'avoyent en la duché;
Dieu souffrant et courtoys
Le leur vendra bien cher.

Le roy en la bataille
Si n'a point reculé,
Frappant d'estoc et taille
Sans nully espargner;
Mais affin que ne faille
Je vous dis verité: 30
Troys chevaulx de paraige
Soubz luy furent tué.

Dieu vueille avoir l'ame
Des nobles trespassez
Qui ont passé la lame,
Dont leurs jours ont finez.
Ç'a esté sans diffame,
Car bien si sont portez;
Prions Dieu, nostre dame,
Qu'i les vueille saulver.   40

La fleur de noblesse
Y monstre son effect
Si tresfort qu'en la presse
Ont estez prins de fect.
Maudit soit qui ne cesse
Procurer trahison;

C'est d'envie le sexe
Qui promet ce guerdon.

Qu'a faict la chansonnette?
Ce sont gentilz galans   50
Qu'estoyent en la deffaicte,
Bien marris et dolens,
Voyant le Roy leur maistre
Combatre vaillamment;
Mais par gens deshonneste
Fut laissé lachement.

This song is about the Battle of Pavia, fought on 24 February 1525 between the French and Imperial troops. See no. 2 above. From the first stanza, it seems that Francis I is still in captivity. If so, then this chanson was written between February 1525 and February 1526.

On the title-page of **La fleur 110,** this chanson is called either 'La chanson du roy' or 'La chanson de Pavie'; see the note to no. 2 above.

It is in Leroux de Lincy's *Recueil*, II, pp. 86-8, and is listed in Picot's *Chants historiques français*, p. 33.

The timbre, 'Gentil fleur de noblesse', is no. 10 above.

---

2 *requis:* sought after, fit, meet.

5 *guemente:* laments.

27 *d'estoc et taille:* 'Both with the point and the edge' (Cotgrave). **La fleur 110** adds *de* before *taille;* deleted for the metre.

31 *de paraige:* of high descent.

35 *lame:* tomb.

40 *i:* i. e., *ils.*

44 *fect:* i. e., *faict.*

47 Sense obscure.

28 *espargner:* **La fleur 110** omits the final *-r* / 37 *Ça:* **La fleur 110** S*a* / 40 *saulver:* original *saulvez* / 41 one syllable short.

27. Pis ne me peult venir...

See volume I, pp. 211-2. **La fleur 110** has a number of variants, mostly for the worse, and adds a poor new stanza.

28.   Qui la dira, la douleur de mon cueur...

See volume I, pp. 191-2.

---

2 **La fleur 110:** *mon* for *son* / 3 *ne* for *ny* / 10 *ilz ont de douleurs mainte* / 11 *Ilz n'osent.*

29.   Je me repens de vous avoir aymée...

See volume I, pp. 236-8.

30.   CHANSON NOUVELLE

Au boys de dueil, à l'ombre d'ung soucy...

See volume I, pp. 201-2. The only significant variants in **La fleur 110** are: 18 *d'elle* has been corrected to *par lui,* evidently by someone who knew that Narcissus was a man and not a woman; 24 *Et* for *Est*; 32 *amans* for *amours*; and 41 *domine* for *me maine.* Also in *Viviant,* no. 33, in a five-stanza version which (contrary to what I said in volume I) differs considerably. The poem is also in **1535,** where l. 3 has *d'ennuy* for *de dueil* and l. 30 reads *Venez y tous, nul de vous ne my laisse.* Otherwise **1535** follows the version of **8(b)** and not that of **La fleur 110.** Also in **Nourry, 1537, 1538,** and **1543.**

31.   Je my plains fort, amours m'ont rué jus...

See volume I, pp. 238-9.

32.   Amy, souffrez que je vous ayme...

See volume I, p. 239. Also in **1538,** no. 249.

33.   CHANSON NOUVELLE SUR LE CHANT
         'HELAS, DAME QUE J'AYME TANT'

L'on faict, l'on dit en parlement,
Chascun en dit son oppinion,
L'ung en dit mal, l'aultre s'en vante,
Au monde n'a point d'union.
L'on faict plusieurs relations
Devant le monde jour et nuyt;
Mais je vous dis par conclusions:
Les brunettes portent le bruyt.

Les brunettes sont amoureuses
Et leur maintien est bien joyeux,   10
Et sur toutes les plus heureuses
Et celles qui ayment le mieulx.
L'on dit que tout cueur curieux,
Son entendement est estruit,
Autant les jeunes comme les vieulx:
Les brunettes portent le bruyt.

Les rousses sont fort despiteuses,
Ce n'est pas signe vertueux;
Ung peu de temps sont amoureuses
Et leur entretien dangereux,   20
Et leur parler est furieux,
Nul n'y prent plaisir ne deduyt;
Pourtant vous dis de mieulx en mieulx:
Les brunettes portent le bruyt.

Les rouges sont fort orgueilleuses
Et aussi fieres qu'ung lyon;
Un peu de temps sont amoureuses,
Mais coup à coup il s'en defont.
De courte tenue elles sont
Par tous les lieux là où il vont,   30

Autant le jour comme la nuyt:
Les brunettes portent le bruyt.

Les blanches sont palles et vaynes
Et changent de couleur souvent;
A tous, de ces motz vous souviengne
Pour les mettre plus en avant.
Elles sont faictes à tous ventz,
Nul n'y prent plaisir ne deduyt;
Pourtant vous dis doresnavant:
Les brunettes portent le bruyt.   40

---

1 *parlement:* speech, conversation, discussion.
14 *estruit:* built up, instructed (Godefroy).
17 *despiteuses:* 'Testie, fumish, despightfull, stomackfull, exceeding angry, or moody; full of spleene, or spight' (Cotgrave, *despiteux*).
28, 30 *il:* i. e., *elles.*

34. Puis qu'ainsi est que je n'ay plus d'amye...

See volume I, pp. 221-2. Also in **1538,** no. 250.

35.   CHANSON NOUVELLE

Je my levay par ung matinet que jour n'estoit mye...

See volume I, pp. 223-4.

36. J'ay trop aymé le temps de ma jeunesse...

See volume I, pp. 228-9.

---

4 **La fleur 110:** *Que j'ay* for *D'avoir.*

37. CHANSON EN SAVOYSIEN

Aymez moy, belle Margot...

See volume I, pp. 234-5.

38. LA CHANSON DE LA DEFFAICTE DES LUTHERIENS,
FAICTE PAR LE NOBLE DUC DE LORRAINE ET SES FRERES,
AVEC L'AYDE DE LEURS AMYS FRANÇOYS ET GUERDOYS,
SUR LE CHANT 'O BONS FRANÇOYS LOYAULX ET PREUX'

Meschans Lutheriens mauldis,
Ne courés plus sur le pays
 Du bon duc de Lorraine!
Retournez d'où estes partis
Et laissez les maulx infinis
 Dont prenez si grant peine.
N'alés donc plus contre les loix
 De mere saincte eglise;
Si prins avez part de voz droys,
 De Dieu c'est la divise.   10

Les Lorrains avez assaillis
Pour les faire du tout perir
 En la secte meschante.
Brulé avez sans point mentyr
Villes, et chasteaulx demolis
 En nombre plus de septante,
Vous semblant que par voz charroys
 Feriez à vostre guise;
Dont perdu avez par troys foys
 La journée, sans faintise.   20

Le duc y estoit tout armé,
Monté sur ung cheval bardé
 En belle compaignie,

Et les freres sans nul blasmé
Au faict n'ont point esté pasmé
  Avecques leurs menie,
Mais de couraige de lyon
  Frappant à toute guise,
Dont Lorraine en a renom
  Par tout jusque à Venise.   30

Françoys au duc ont faict secours
Luy monstrant grant signe d'amours,
  Puis que de plusieurs terres
Sont venuz, amenant tabours,
Trompettes, sonnans à leurs tours
  Avec les hommes d'armes,
Qui ont bataillé et deffaict
  De cueur et de couraige,
Si tresvaillamment que de faict
  Leur part ont au pillaige.   40

Ne parle l'on point des Guerdoys
Que tant y ont rompu de boys,
  Halebardes et picques?
Debriser l'ont à leurs harnoys
Que si tresrobustes estoys
  Faictz par grant artifice,
Par jour et nuyt ont combatu,
  Tresbien que on les prise;
Lutheriens sont confondu,
  Dont Dieu l'ont regracié.   50

O bons Françoys, ne faictes pas
Courser vostre dieu pour ce cas,
  Car c'est chose villaine.
Prenez aultre part voz esbas
Sans point cercher ne hault ne bas
  L'erreur lutherienne.
Le temps viendra, qu'i n'est venu,
  Qu'aurés à vostre guise

> Vostre roy qui est detenu,
> Et paix je vous affie.   60

In 1525 a force of Lutherans crossed the Rhine from Germany into Alsace, under their leader Erasmus Gerber von Molsheim. Many peasants joined them, and they moved towards Lorraine. In May of that year they were attacked and defeated by Antoine, duc de Lorraine. After the defeat, his men massacred an estimated 20,000 of them at Saverne in Alsace. (*Biographie universelle*, 'Lorraine, duc de'; and *La Grande Encyclopédie*). This song is violently on the side of the duc de Lorraine.

From the last two lines, it seems that Francis I is still in captivity; if so, then the poem dates from before February 1526.

The poem is in Leroux de Lincy's *Recueil*, II, pp. 97-9, and is listed in Picot's *Chants historiques français*, p. 41.

The timbre is otherwise unknown.

9-10 sense obscure. *Divise* seems to mean 'will'.
20 *sans faintise:* 'truth to tell'.
22 *bardé:* 'Barbed, or trapped, as a great horse' (Cotgrave).
25 an understatement.
26 *menie:* followers.
31 *Françoys:* the French.
41 *Guerdoys:* the duc de Gueldres (i. e., Charles d'Egmont, 1467-1538) assisted the duc de Lorraine.
44 *Debriser:* i. e., *Debrisé,* burst open.
45 *estoys:* seems to stand for *estoyent.*
50 both rhyme and syntax are poor.
52 *courser:* i. e., *courroucer,* make angry.

11 original *assaillir* / 15 original *demolir* / 26 original *Avec;* altered for the metre.

> 39.   Viendras tu, belle, ton amy secourir
> Et le getter hors d'une grant douleur?
> Le layras tu piteusement mourir
> Sans luy monstrer quelque peu de doulceur?
>   Par toy il meurt,
>   C'est grant malheur
> De loyaulment aymer;

                        Jamais ne peult
                        Changer couleur
                    Si non à toy penser.   10

            Par montz et vaulx ne cesse de courir
            Tant que sur luy n'y a nulle couleur;
            Se tu ne viens de bref le secourir,
            Tout son vivant sera en grant langueur.
                        C'est bien mal faict,
                        Puisque meffaict
                    Ne vous a nullement.
                        Il est infect,
                        Palle et deffaict
                    Pour aymer loyaulment.   20

            Vivons nous deux en plaisir et soulas,
            Fuyons Ennuys villains et malheureux!
            De nous aymer jamais ne soyons las,
            Et tous jaloux en seront despiteux.
                        De leur parler
                        Ne langaiger
                    N'en faisons nul semblant;
                        C'est grant danger
                        Que d'y penser:
                    C'est la mort d'ung amant.   30

---

1 The final *-e* of *belle* does not count in the scansion.
22 *villains* and *malheureux* seem to be adjectives referring to
Ennuy, rather than nouns.
24 *despiteux:* angry.

A version of this chanson is in **1535, 1537, 1538,** and
1543, closely corresponding in all sources. Here it is, from
1535, no. 60:

            Viendras tu point ton amy secourir
            Et le getter hors d'une grant douleur?

Le laisseras tu piteusement mourir
Sans luy donner quelque peu de doulceur?
    Par toy il meurt,
    C'est grant folleur,
  De loyaulment aymer;
    Jamais ny peult
    Mettre son cueur,
Sinon à toy penser.   10

Par montz et vaulx ne cesse de fouyr
Tant que sur luy n'y a nulle couleur;
Se tu ne viens de brief le secourir,
Tout son vivant sera en grant ardeur.
    De toy aymer,
    C'est grant dangier
  De vivre ainsi,
    Sans oublier
    Son bon vouloir,
Où n'y a aulcun sy.   20

Vivons nous deux en plaisir et soulas,
Fuyons Ennuy villain et malheureux.
De nous aymer ne soyons jamais las,
Et tous jaloux en seront douloureux.
    De leur parler
    Et langaiger
  Ne faison nul semblant;
    C'est grant dangier
    Que d'y penser,
C'est la mort d'ung amant.   30

Belle, vostre amy laisserez vous mourir,
Qui pour aymer souffre griefve douleur?
Il vous plaira le venir resjouyr,
Car pour certain il n'a plus de couleur.
    C'est bien mal faict,
    Veu que mal faict
  Ne vous a nullement;
    Il est infaict,
    Pasle et deffaict,
Pour aymer loyaulment.   40

It will be seen that this version has four stanzas instead of three, and that the two halves of the second stanza in **La fleur 110** have been incorporated into two entire new stanzas. In line 3 it uses the modern form *laisseras* instead of the older *layras* and thereby makes the scansion incorrect; because of this, it seems that it is a later version, and that that in **La fleur 110** is older.

Line 7 in both versions originally reads *De toy aymer*: I suggest the possible emendation *De loyaulment aymer* for the sake of the metre. In the **1535** version, line 17 still seems to lack a syllable.

---

11 *fouyr*: i. e. *fuir*.
20 'where there is no defect'.

40.   CHANSON NOUVELLE

De mon triste desplaisir...

See volume I, pp. 245-7. Also in **Nourry, 1535, 1537, 1538,** and **1543.**

41.   De bien aymer je te jure...

See volume I, pp. 252-3. Also in **Nourry, 1535, 1537, 1538,** and **1543,** which all follow the version of **La fleur 110,** not of **17.**

42.   CHANSON NOUVELLE

Tous compaignons avanturiers
Qui sommes partis de Lyon
Pour aller sur la mer salée,
Pour acquerir bruyt et renom,

En Barbarie nous irons,
Contre ces maulvais mecreans;
Mais devant que nous retournons
Nous leur auron donné mal an!

Le comte Petre de Navarre
Du roi a la commission   10
De mener sur la mer grant guerre
Et amasser des compaignons.
Le tour qu'i nous fist n'est pas bon,
Car nous sommes tresmal nourrys;
Pour l'amour du roy l'enduron,
Puys que la foy luy ont promis.

Nous en irons à la Romaigne
Par devant le pape Leon,
Qui nous donra la pardonnance,
Car autre foys servi l'avon.   20
L'année qui vient nous esperons
Que sur la terre aura bon bruyt;
Jamais sur la mer nous n'yrons
Si rechappons ce coup icy!

Quant my souvient de la poulaille
Que manger soulions sur les champs,
En vuydant barris et boteilles,
En nous donnant du bon temps!
Et nostre hoste allions batant
Quant ne nous donnoit de bon vin.   30
Cher nous est vendu maintenant,
Manger il nous fault du biscuit.

Nous estions vingt et troys galeres
Au port de Ligorne arrivez;
Et si estions grant compaignie,
N'avions ne maille ne denier.
En jouant les cartes et les dez

Nostre argent nous est bien failly;
Les poulx que j'avons amassez,
De les tuer c'est bon deduit.   40

This chanson and 'Nous estions troys galans' seem to refer to the same events. In **Nourry** they are found side by side, as nos. 14 and 15. In **La fleur 110**, 'Tous compaignons avanturiers' is the present no. 42; 'Nous estions troys galans' is not in the only known copy but is named on the title-page. See **Nourry,** no. 14.

In 1509 the sea-captain Pierre Navarre or Navarro led an expedition to North Africa, and both chansons seem to refer to this expedition. Navarre's career is described in the *Biographie universelle.*

The song must date from between March 1513, when Pope Leo X was elected, and December 1521, when he died: earlier rather than later, otherwise the song would be too distant from the events which it describes. It is in Leroux de Lincy's *Recueil*, II, pp. 53-4, and is listed in Picot's *Chants historiques français*, p. 11.

Also in **Nourry, 1535, 1537, 1538,** and **1543.**

---

12 *compaignons:* usually in a jovial sense, this shows that the word could mean simply 'troops'.
17 *la Romaigne:* Romagna.
25 *poulaille:* chickens.
27 *barris:* i. e., *barils*, barrels.
36 *ne maille ne denier:* no money at all.
39 *j'avons:* a vulgarism.
40 *bon deduit:* good sport.

43.   AULTRE CHANSON

Pour avoir mys la main au bas...

See volume I, p. 245. Also in **1538,** no. 254.

44.   CHANSON NOUVELLE

Secourez moy, ma dame par amours,
Ou aultrement la mort me vient querir.

Aultre que vous ne peult donner secours
A mon las cueur, lequel s'en va mourir.
Helas, helas, venez le secourir,
Celluy qui vit pour vous en grant tristesse,
Car de son cueur vous estez la maistresse.

Servy vous ay mainte nuyt et maintz jours,
Vous suppliant à mes maulx secourir;
Mais j'aperçoy qu'avez faict maintz faulx tours   10
Dont sans faillir je suis cuydé mourir.
Mais si riens vault prier et requerir,
Armez voz yeulx de dueil et de tristesse
Et gettez hors vostre amy de tristesse.

[after Clément Marot]

If **La fleur 110** indeed dates from c. 1528, then it is the earliest
known source for this chanson by Clément Marot, together with a
musical setting *a 4* by Claudin de Sermisy published by Attaingnant
in his *Chansons nouvelles en musique*, 1528 (Heartz 2). **La fleur 110**
gives the first stanza of the text of Marot's *L'Adolescence Clémentine*,
1532, with only two variants: l. 5 *venez le* instead of *vueillez donc*,
and l. 6 *tristesse* instead of *destresse*; and then gives one completely
different stanza.

In **1535** (and also in **1537** and **1543**) the poem appears with the
same first stanza (this time with *vueillez tost* in line 5, and again
tristesse in line 6), followed by two other stanzas. Here they are,
from **1535,** no. 53. It will be seen that the last line of the first stanza
has been made into a refrain.

Vostre doulx oeil tirant ses traitz
Soubdainement si m'est venu ferir,
Et si pitié n'avez de mes lourdz faitz,
Indigne suis de mercy requerir.
Ne vueillez donc mon esperit abollir,
Mais suppliez à ma folle jeunesse,
Car de son cueur vous estes la maistresse.

Dame sans per, des vrays amans recours,
Ne vueillez plus mon cueur ainsi tenir;
Allegez moy de mes griefves doulours

> Qui jour et nuyct ne cessent m'assaillir.
> De tous costez en dangier de finir
> Et terminer toute joye et lyesse,
> *Car de son cueur vous estes la maistresse.*

Probably neither these two stanzas, nor the second one in **La fleur 110,** are by Marot. In **1538** this poem appears as no. 2 and follows exactly the text of *L'Adolescence Clémentine.*

45. CHANSON NOUVELLEMENT FAICTE PAR UNE DAME D'AVIGNON

> Voicy la mort, voicy la mort,
>   Qui tient mon cueur en laisse.
> C'est du regret que j'ay de mon amy.
>   *Je meurs, helas, je meurs,*
>   *Puis qu'i fault que vous laisse.*

> O Avignon, o Avignon,
>   Cité fleur de noblesse,
> Le mien amy, las, tu tien en prison.
>   *Je meurs, helas, je meurs,*
>   *Puis qu'i fault que vous laisse.*   10

> Helas tu dors, helas tu dors,
>   Et mon pouvre cueur veille
> Comme celle qui vit en marrison.
>   *Je meurs, helas, je meurs,*
>   *Puis qu'i fault que vous laisse.*

The lady of Avignon has not been identified.
The refrain is given in full each time.
Also in **1538,** no. 256.
An anonymous musical setting is in Antico's *Il primo libro de le canzoni franzese,* Venice, Scotto, 1535 (Daschner).

---

2 *en laisse:* on a leash.
13 *marrison:* grief.

46.   CHANSON NOUVELLE

A qui diray ma plainte
Pour avoir reconfort
Du mal dont suis attainte
Qui my griefve si fort?
   Si ce malheur
Me dure longuement,
Las, ne sçay que je face
Si n'ay allegement.

Mon pouvre cueur ne cesse
Souspirer jour et nuyt   10
Suppliant sa maistresse:
'Las, donnez moy respit!'
   Elle m'a dit:
'Certes, vous abusez!
Changés de fantasie,
Pensez de m'oublier.'

De la saillé d'enfance
Je fus son serviteur.
A son obeissance
Alors mys je mon cueur.   20
   Mais sa rigueur
M'a tollu mon espoir,
Dont je pers patience
Quant point ne la revoys.

Si j'ay prins congé d'elle,
Pourtant ne laisseray
A porter sa querelle
Par tout où je seray.
   Tant que vivray
Mon cueur n'en fera plus   30
Ny à aultre ny à elle
Puis qu'el m'a faict refus.

Tant que seray au monde
Dame ne veulx servir,
Car voicy la seconde
Là où j'ay mon cueur mys.
   Mais si mourir
Me convient en ce lieu,
Elle m'a faict responce,
Parquoy luy dis à Dieu.   40

Also in **Nourry, 1535, 1537, 1538,** and **1543.**

---

17 *saillé:* i. e., *saillie,* 'lieu par où l'on sort' (Godefroy).

16 original *oubliez* / 31 *Ny à aultre: à* from **Nourry;** not in
La fleur 110 / 36 original *je ay;* altered for the metre.

47.   CHANSON NOUVELLE EN LATIN ET EN FRANÇOYS

Langueo d'amours, ma doulce fillette,
Dum video vos au verd boys seullette.
Species tua ne m'oblie mye,
Post quasi modo yrons sur l'herbette.

Verno tempore florissant rosette,
Et in aurora chante l'alouette;
Philomena dit en sa chansonnette:
'*Non est clericus* qui n'a sa myette!'

Ero hodie en vostre chambrette
Vobiscum jouer s'il vous plaist, blondette,   10
Ludendo sepe le jeu d'amourette,
Multum dulcis est la chose doulcette.

Et summo mane d'une tartelette
De bono vino vous donray jeunette;
Postea dicam: 'Adieu, ma myette,
Ego revertam quant serés seullette.'

In this macaronic poem in the medieval tradition, the metre of 5 + 5 syllables is unusual. The rhyme in l. 3 is irregular: one would expect a rhyme in *-ette*. The italics are editorial.

Also in V*iviant,* no. 32, which adds a line after l. 2: '*Junctis manibus* vous requier m'amye'.

---

4 *quasi modo:* Low Sunday, the first Sunday after Easter.
7 *Philomena:* i. e., Philomela, the nightingale.

48.   CHANSON VILLAINE

Entre Paris et La Rochelle
  Te remutu, gente fillette?
Il y a troys jeunes damoyselles.
  Te remutu, gente fillette?

Il y a trois jeunes damoiselles,
  Te remutu, gente fillette?
La plus jeune est ma myete.
  Te remutu, gente fillette?

La plus jeune est ma myete.
  Te remutu, gente fillette?   10
En son sain a deux pommetes.
  Te remutu, gente fillette?

En son sain a deux pommettes,
  Te remutu, gente fillette?
On n'y ose les mains mettre.
  Te remutu, gente fillette?

On n'y ose les mains mettre.
  Te remutu, gente fillette?
Je la couchis dessus l'herbete.
  Te remutu, gente fillette?   20

74

Je la couchis dessus l'herbete.
   Te remutu, gente fillette?
Je luy levy sa chemisete.
   Te remutu, gente fillette?

Je luy levy sa chemisete.
   Te remutu, gente fillette?
Je luy bailly dessus ses fesses.
   Te remutu, gente fillette?

Je luy bailly dessus ses fesses.
   Te remutu, gente fillette?   30
Troys foys luy fis la chosete.
   Te remutu, gente fillette?

Troys foys luy fis la chosete.
   Te remutu, gente fillette?
'Recommencez, le jeu my haite!'
   Te remutu, gente fillette?

'Recommencez, le jeu my haite!'
   Te remutu, gente fillette?
'Je ne sçauroys, je suis trop feble.'
   Te remutu, gente fillette?   40

'Je ne sçauroys, je suis trop feble.'
   Te remutu, gente fillette?
'Voicy du vin, si voulez boyre.'
   Te remutu, gente fillette?

This is one of a whole family of chansons. An earlier version is in MS Paris 12744, no. 21. Others are **Nourry,** no. 37, and **1535,** nos. 12, 86, and 153. It appears as 'A Paris a troys fillettes' in Attaingnant's *Trente et huyt chansons musicales,* 1530 (Heartz 15), in a setting *a 4* by Jacotin.

The title on the title-page of **La fleur 110** is 'Te remutu'.

Chanson villaine: country song (cf. 'villanelle').
35 *haite:* pleases.

Cy finissent plusieurs belles chansons
nouvellement imprimées.

Seven other chansons are listed in the *Table* of this
collection but are not in the text of the only known copy,
viz:

*49.   Ne suys je pas

This is probably 'Ne suis je pas bien malheureux', which was in
16, no. 11, and **17,** no. 12. See volume I, pp. 243-4.

*50.   Marguerite, Mar[guerite?]

No trace of a song beginning thus has been found. It could
perhaps be 'Sus toutes fleurs j'ayme la marguerite', in **Nourry,** no. 27.

*51.   *Confiteor* à vous [ma dame]

See volume I, pp. 229-30. Also in **1538,** no. 252.

*52.   L'aultre jour parmy [ces champs]

See volume I, pp. 230-32. Also in **Nourry,** no. 10.

*53.   J'ay eu long temps [grant envye]

See volume I, p. 232.

*54.　Les regretz que j'ay

This appears to be 'Les regretz que j'ay de m'amye', versions of which were in **90(a),** no. 5, and **11,** no. 4. See volume I, pp. 47 and 157-8. If so, it is the only chanson in **La fleur 110,** otherwise an extremely modern collection in its time, which is also found in the older group of printed chanson collections.

*55.　Nous estions tous troys galans

This is probably 'Nous estions trois gallans', which is in **Nourry,** no. 14.

S'ensuyvent plu / sieurs belles chansons nouvelles: nouvelle- / ment imprimées, lesquelles sont fort plaisantes / Et les noms d'icelles trouverez en la table qui / est à la fin du present livre. Avec aulcunes de / Clement Marot, de nouveau adjoustées. / [Woodcut of a gentleman and a lady] On les vend à Lyon, en la maison / de feu Claude Nourry, dit le Prince, / Pres nostre dame de Confort. /

Wolfenbüttel, Herzog-August-Bibliothek, 562 Quodl. 8°.

In-8° c. 9 × 13 cm.; 32 ff. sign. a⁴-h⁴. 23 lines per page. Black-letter.

This collection was printed in Lyon by the widow of Claude Nourry, herself also named Claude, but bears no date. The only known copy is in Wolfenbüttel in the Herzog-August-Bibliothek, and nothing is known of its earlier history. According to Baudrier, it must have appeared in 1533 or 1534. Baudrier writes as follows, in his *Bibliographie Lyonnaise*, XII, Paris, 1964, p. 73: 'Claude Nourry mourut dans les premiers mois de 1533; Claude Carcan, sa veuve, prit la direction de l'atelier … et publia sous son nom plusieurs ouvrages non datés … Claude Carcan épousa en secondes noces, dans le cours de l'année 1534, Pierre de Sainte Lucie, son chef d'atelier, qui imprima la même année plusieurs ouvrages sous son nom avec le matériel de l'atelier de Claude Nourry.' On pp. 149-150 Baudrier lists this collection, and says of it: 'Imprimé en 1533-1534'. The *dates limites* are presumably early in 1533, when Nourry died, and 30 June 1534, when Pierre de Sainte Lucie, Nourry's successor, is known to have been printing (Baudrier, p. 151).

The collection (hereafter called **Nourry**) is closely related to those printed in Paris by Alain Lotrian (**1535, 1537,** and **1543**). It contains 37 chansons: of these, 28 are also in **1535** and **1537,** one in **1537** but not in **1535,** and only eight are not in either. Of these eight, four are by Clément Marot and two are sacred poems. Nos. 2-6 in **Nourry** are nos. 74-78 in **1535,** with the order changed a little; nos. 9-15 are nos. 87-93 in **1535,** in the same order; and 16 of the other chansons in **Nourry** are also in **1535.**

Because **Nourry** is earlier, its texts have been given preference in this edition over those of **1535.** But detailed comparison of texts does not show that **1535** copied directly from **Nourry:** rather, it is more probable that both derive from other sources. Nos. 20 and 21 in **Nourry** are versions of poems that are in **1535,** but widely differing in their texts: in this edition, I give both versions.

This is the only collection of its kind known to have been printed at Lyon. When it appeared, the music printer Jacques Moderne was already active in Lyon, and one might have expected to find some connection with him. But in fact, it was not until 1538 that Moderne published his first collection of French secular music, and only one chanson in **Nourry,** 'Je ne me puis tenir' (no. 3), is to be found in his extensive series of chansons entitled *Le Parangon des Chansons.* (See Samuel F. Pogue, *Jacques Moderne,* Geneva, 1969).

The collection includes four religious poems:

    17. Chante, langue, la glorieuse bataille
    18. Il est temps, princes chrestiens
    19. Qui veult avoir lyesse
    25. Au boys de dueil, à l'ombre d'ung soucy

The first of these four is a close translation of the medieval Latin hymn by Venantius Fortunatus, 'Pange lingua gloriosi proelium certaminis', and is strictly orthodox. The reference in the title to 'baiser la croix' precludes any connection with the Reform. The other three are more interesting and fit in very well with the mood of enlightened *Evangéliques* such as Marguerite de Navarre, Rabelais, and Des Périers. It was indeed Claude Nourry who printed the first edition of Rabelais' *Pantagruel* in 1532, and so it is not surprising to find poems such as these published by his widow within the next two years. 'Il est temps, princes chrestiens' is a call for an end to religious war in Europe. It recalls not only similar appeals made by Erasmus at this time, but also Grandgousier's appeal for peace in chapter XLIIII of

Rabelais' *Gargantua,* a book which was completed by 1534 and published in Lyon, though not by Nourry. In this poem, stanzas 1 and 6 refer to the Turks, while in *Gargantua* Grandgousier says: 'et ce que les Sarrazins et Barbares jadys appelloient prouesses, maintenant nous appellons briguanderies et meschansetez'. Such references to the Turks scarcely approve of Francis I, who concluded an alliance with them in his struggles against the Emperor Charles V. The last two poems emphasize the person of Christ and the means of salvation. They are both contrafacta on secular chansons; there exist many such written by Marguerite de Navarre and expressing identical religious ideas.

The chansons begin directly after the title-page, on f. [a] verso, and end on f. hiii verso. After the words 'S'ensuyt la table du present livre. Et premierement', there then follows a list of all the chansons, not in alphabetical order but in the order in which they appear. This list begins on f. hiii verso, continuing on f. hiiii, and ends on f. hiiii verso.

Contents:

17. Chante, langue, la glorieuse bataille
    Title in text: Pange lingua gloriosi certaminis, que
    l'on chante le grant vendredy à baiser la croix,
    mis en rime françoyse

18. Il est temps, princes chrestiens
    Timbre: 'Princes, vueillez nous pardonner'

19. Qui veult avoir lyesse
    Title in text: Chanson nouvelle sur le chant 'Quant
    party de Rivolte'. Et aussi sur le chant de
    'Gente fleur de noblesse'

20. Quant j'estoye petite garse
    Refrain: *Lacquededin mon cotillon...*

21. Nostre chamberiere se lieve de matin
    Refrain: *Venez, venez, venez y toutes...*

22. A Lyon a une fille
    Refrain: *Dictes que c'est du mal, m'amye...*

23. Deux dames voulus escouter
    Title in text: Chanson nouvelle du jugement
    d'amours par deux dames en opinions contrai-
    res, comme en ce bien experimentées, sur le
    chant 'La seurté n'y sera plus'

24. Au jardin de plaisance entray
    Title in text: Chanson de la verolle, chastiant
    l'amoureux qui ne la voulut à dame recongnois-
    tre, sur le chant 'La seurté n'y sera plus'

25. Au boys de dueil, à l'ombre d'ung soucy [a sacred
    parody]

26. Changeons propos, c'est trop chanté d'amours [Clé-
    ment Marot]

27. Sur toutes fleurs j'ayme la marguerite

28. Jouyssance vous donneray [Clément Marot]

29. J'attens secours de ma seule pensée [Clément Marot]

30. Celle qui m'a tant pourmené [Clément Marot]

31. Ma dame ne m'a pas vendu [Clément Marot]

32. Dont vient cela, belle, je vous supply [Clément Marot]

33. Tant que vivray [Clément Marot]

34. Mon pere m'a mariée
    Refrain: *Il est jour, dict l'alouette...*

35. Il estoit ung jeune clerc

36. Gentilz brodeurs de France
    Refrain: *Avec la tourloura, la la*

37. L'aultre jour m'en chevauchay
        Refrains: *Tant vistz tant gay...*
                  Hé Dieu la pouvre garse...

1.   CHANSON NOUVELLE

Mauldict soit jalousie
Et qui jaloux sera.
J'avoys faict une amye
Despuis troys moys en ça,
Mais elle m'a laissé,
A faict nouvel amy;
Se elle est par moy battue,
J'en ay le cueur marry,
Helas, mon cueur vit en soucy.

D'où vint la congnoissance   10
De la premiere foys?
Ce fust en une dance,
Une chanson disoit:
'Gallant, je te supplie,
Soye mon amoureux.'
Le gallant fist responce,
'Ma dame, je le veulx,
Helas, ma dame je veulx.'

J'ay veu que je souloye
A m'amye parler,   20
En soulas et en joye
Je souloys triumpher.
J'ay changé ma pensée
Qui my donnoit secours.
Mes amours sont finée,
Et finent tous les jours,
Helas, j'ay perdu mes amours.

Rossignollet qui chante
Au boys sus l'olivier,
Va tost dire à m'amye   30
Que d'elle prens congé.
Si elle n'est contente,
Je la contenteray.
Las, j'ay mon cueur pour elle
Si durement navré,
Helas, si durement navré.

Qui fist la chansonnette?
Ung noble adventurier,
En passant les montaignes
N'avoit pas ung denier.   40
Mais Dieu luy doint la grace
Qu'il en puisse gaigner
Quelque bonne adventure
Pour en France tourner,
Helas, pour en France tourner.

Finis.

This chanson is somewhat incoherent, suggesting that there was
once an earlier version. For example, *battue* in line 7, and the whole
of lines 32-3, make no sense in their context. Another chanson in
1535, no. 51, begins in the same way and is even less coherent.

The chanson 'Qui me fist aliance' in **1535,** no. 17, has as timbre
'D'où vint la congnoissance de m'amye et de moy'. This corresponds
to line 10 of the present chanson, and indeed the metrical shape of
the two chansons, with their *Helas* and repetition in line 9 of each
stanza, is similar.

2.   Helas, que vous a faict mon cueur,
Ma dame, qui le gardez tant?
Vous my tenez trop de rigueur;
Certes, je n'en suis pas content.
Mon mal s'en va en empirant

Du regret de m'amye;
Se vostre secours je n'attens
Mon esperance fine.

Si me tenez tant de rigueur,
Madame, qui l'endurera?   10
Faire mourir son serviteur,
Je croy qu'il vous en desplaira.
A tout le moins il languira
Pour le mal qu'il endure;
Mais vostre amour l'en guerira,
Qui est la vraye cure.

Las, que pourroys je devenir,
Madame, si ce n'estoit vous?
Certes, j'aymeroys mieulx mourir
Que demander ailleurs secours.   20
Pour Dieu, faictes moy ung bon tour
Si vous m'estes benigne;
Tous les espoirs que j'ay d'amours
Vous estes la racine.

This chanson recalls two chansons in volume I: 'Adieu plaisir, adieu soulas' (p. 43) and 'Helas, que vous ayge meffait' (p. 139). The stanza structure is the same, and the title of this one recalls the second. The relationship is distant; perhaps this is a late new chanson with merely reminiscences of the old one.

Notice that the word *Madame* begins the second line of each stanza.

Also in **1535, 1537, 1538,** and **1543.**

---

2 *qui:* perhaps should be *que.*

23 The word *De* should be added at the beginning of this line, if it were not for the scansion.

4 *Dont je n'en seray pas content* in all other sources / 6 *s'amie* in all other sources / 7 **Nourry** reads *attent* / 17 *pourray* in all other sources.

3. Je ne me puis tenir
 Par chose que l'on die
 D'aller et de venir
 Pour rencontrer m'amye.
   Je l'ay choisie
 Entre grans et menus,
   J'ay fantaisie
 Qu'elle m'a retenu.

En jour de mon vivant
 D'aultre n'auray envie,   10
 Mais son loyal servant
 Seray toute ma vie.
   Dans l'abbaye
 Où mon cueur s'est rendu
   Si je l'oublye
 Je veulx estre tondu.

Le jour que ne la voy
 Ne suis pas à mon ayse.
 Je vous jure ma foy,
 N'ay chose qui me plaise.   20
   Elle est courtoyse,
 Son parler gracieux,
   Point n'est facheuse,
 Dont je l'en ayme mieulx.

In the original, each pair of lines is printed as a single line; thus each stanza has four long lines. I have divided the lines according to the rhyme.

A musical setting by N. Payen beginning thus was published by Jacques Moderne in his *Le Parangon des chansons, Dixiesme livre,* Lyon, 1543 (S. F. Pogue, *Jacques Moderne,* Geneva, 1969).

Not to be confused with a chanson by Josquin des Prez beginning with the same words.

Also in **1535, 1537, 1538,** and **1543.**

---

6 original *menu.*

4. L'aultre jour jouer me alloye
    Au joly boys pour mon plaisir.
    Je rencontray troys jeunes dames
    Devisant de leurs amys,
        Dont l'une pleure,
        Disant 'Helas,
    Fault il que pour aymer je meure?'

    Et sa seur, la plus jeunette,
    Humblement luy remonstra,
    En disant 'Ma seur doulcette,   10
    Oublier vous fault cela;
        Car c'est folie
        De tant aymer
    Ung estrangier qui vous oublie.'

    'Comment seroit il possible
    Que je le misse en oubly?
    Car c'est celluy de ce monde
    Qui est le mieulx à mon plaisir.
        Quoy qu'on en dye,
        Je l'ay aymé et l'aymeray   20
    Et deussé je perdre la vie.

    J'avoys faict une aliance
    Par amour avecques luy,
    Et si m'a faict asseurance,
    Pensant qu'il la deust tenir.
        Il l'a rompue;
        Il m'en desplaist
    Qu'il n'est pas homme de tenue.'

In the original, the sixth line of each stanza is repeated, probably as in a musical setting. As will be seen, in the third stanza there is no simple repetition, but different words.

A musical setting *a 4* by Consilium beginning with these words was published by Attaingnant in his *Trente et une chansons musicales,* 1529 (Heartz 14).

Also in **1535**, **1537**, **1538**, and **1543**.

---

19 original *que on.*

5. CHANSON NOUVELLE SELON LA BATAILLE DEVANT PAVIE QUI
   SE CHANTE SUR LE CHANT 'QUE DICTES VOUS EN FRANCE'

Que dictes vous ensemble,
Chevaliers de renom,
Du noble roy de France,
Françoys premier du nom?
Car pour les nobles affaires
De son noble pays
Prins a esté en guerre
Sans vouloir departir.

Qui diroit du contraire
Mentiroit faulcement.   10
Hardiement en bataille,
Combatant vaillamment,
Soubstenant sa querelle
En l'honneur des Françoys,
Son hardy cueur monstra
Comme Ogier le Dannoys.

Son cheval fut tué;
Là on veit Olivier,
Roland, aussi Richard,
Demenant leur mestier,   20
Combatant tout à pied
Comme Hector Troyannoys.
Oncques tel n'en sortit
Du beau non de Valoys.

Et là fut bien congneu
Sa noble loyaulté,

De Absalon aussi
Sa forme et beaulté.
Criant qu'il se rendist,
Là fut prins tout armé;   30
Qui l'eust accompaigné,
N'eu pas ainsi esté.

Qui vit jamais au monde
Ung roy si couraigeux,
De se mettre en bataille,
Et delaissé de ceulx
En qui toute fiance,
Et qui tenoit à seur,
L'ont laissé en souffrance:
Et veez là le malheur.   40

S'il perdit la bataille,
Ne s'en doibt esbahyr.
Charlemaigne le grant,
Qui le monde conquist,
Si vesquit en souffrance,
Et par Ganes trahy,
Qui mourut per de France,
Dont puis mal luy en prist.

Finis.

In **La fleur 110** there had already been three chansons about the Battle of Pavia in 1525 and Francis I's subsequent captivity. Here is a fourth; it probably dates from soon after the battle, but no earlier source is known. Its style is rather rough: in stanza 5, for example, the syntax becomes decidedly rickety. The rhymes are approximate only. Such chansons are the nearest we can get to a 'popular' view of events like these.

It is in Leroux de Lincy's *Recueil*, II, pp. 90-91, and is listed in Picot's *Chants historiques français*, p. 34. The timbre, 'Que dictes vous en France', was printed by Picot, ibid., pp. 28-32, from MS fr. 2200 of the Bibliothèque Nationale, f. 45.

Also in **1535, 1537, 1538,** and **1543.**

---

16 *Ogier le Dannoys:* a hero in French medieval literature.
19 *Richard:* a baron of Charlemagne in the *Chanson de Roland.*
24 *non:* i. e., *nom.*
31-2 'If anyone had accompanied him, it would not have turned out thus.'
46 *Ganes:* Ganelon, the traitor in the *Chanson de Roland.*

2 original *Chevalier* / 42 all other sources add *On* at the beginning of the line, which improves the sense but spoils the metre / 47 *Qui:* original *Ou;* altered for the sense.

6. Aidez moy tous à plaindre, gentilz adventuriers...

In **La fleur 110,** no. 2. See above, pp. 31-32.

7. Au boys de dueil, à l'ombre d'ung soucy...

See volume I, pp. 201-2, and volume II, p. 59.

8. Dieu gard de mon cueur la regente...
[Clément Marot]

In **La fleur 110,** no. 9. See above, pp. 40-41.

9. Gente fleur de noblesse...

In **La fleur 110,** no 10. See above, pp. 42-44. Also a timbre for no. 19 below and for **La fleur 110,** no. 26.

10. L'aultre jour par my ces champs...

In **14,** no. 13, and listed in the *Table* of **La fleur 110** but not in the text of the only known copy. See volume I, pp. 230-32. Also in **1535, 1537, 1538,** and **1543.**

---

23 *Aultrement j'ay le cueur transi* / 29 *De cueur je vous en prie* / 30 *Point ne vous en fault sourcier.*

11. Enfans, enfans de Lyon,
    Vous n'estes point à vostre aise,
    Vous avez beaucoup de maulx,
    Il est temps de vous retraire
    Et prendre la mort en gré.
    Le jardin qui est sur Saone,
    Jamais plus ne ty verray.

    Regardis par derrier moy,
    Je veis trahison bien faicte,
    C'est de troys sergeans de roy   10
    Qui menoyent joyeuse feste.
    Ilz ont mis la main sur moy.
    Le jardin qui est sur Saone,
    Jamais plus ne ty verray.

    Ilz m'ont prins et m'ont mené
    Dedans la maison commune,
    Et si m'ont bien enferré.
    Sans avoir faict chose nulle,
    Ilz ont mis la main sur moy.
    Le jardin qui est sur Saone,   20
    Jamais plus ne ty verray.

    Si j'avoys de blancz linceux
    Et ung peu de couverture
    Pour mettre dessoubz mon dos,
    Car la terre est trop dure!
    Ce seroit contre nature
    Se tant de bien m'advenoit.
    Le jardin qui est sur Saone,
    Jamais plus ne ty verray.

    Si j'avoys du papier blanc   30
    Et de l'ancre pour escripre,
    J'escriroys une chanson
    Aux dames de ceste ville,
    Qu'i prieroyent Dieu pour moy.

Les belles filles de ville,
Jamais plus ne vous verray.

This chanson was edited by Emile Picot in his *Chants historiques français,* Paris, 1903, pp. 52-4, and Picot plausibly links it with a popular uprising in Lyon in April 1529: 'Cette chanson naïve nous paraît être l'oeuvre de quelque pauvre hère condamné à la potence pour avoir pris part à la "rebeine", c'est-à-dire au soulèvement populaire qui se produisit à Lyon au mois d'avril 1529 contre le corps de ville, à cause de la cherté du bled. Le premier couplet semble bien indiquer que beaucoup de gens font entendre les mêmes plaintes que l'auteur de la chanson. Lui-même n'est pas plus coupable que les autres, et il ne doit son arrestation et sa condamnation qu'au caprice de trois sergents. Symphorien Champier a, comme on sait, raconté l'histoire de cette émeute dans son *Petit Livre de l'antiquité, origine et noblesse de la tres-antique cité de Lyon,* 1529. Il rapporte, en effet, que plusieurs des malheureux insurgés furent pendus. "Ce temps pendant que le lieutenant et la justice de Lyon faisoient informations secretes des malfaicteurs ... arriva le capitaine seigneur de Botieres, natif du Daulphiné, prevost de l'hostel du roy, lequel, estre arrivé à Lyon, fist faire informations des dictz malfaiteurs; sy en fist prendre plusieurs, les ungs pendre, les aultres mettre en galaires, les aultres, tant hommes que femmes, fist fustiguer et battre par la ville. Mais la plupart des malfaicteurs s'enfouyrent en Savoye ..." '

The form of the poem shows certain irregularities. The rhymes are approximate. The fourth line of each stanza except stanza 4 has *bis* against it, but stanza 4 instead of such a repetition has an extra line. In the final stanza, the first line of the refrain has disappeared and has been replaced by *Les belles filles de ville.* Line 28 in the original reads *Le jardin dessus la Saone.* These rough features give the poem in immediacy which a more polished one might not have.

The refrain speaks of a garden on the banks of the Saone. Just at this time, another garden on the banks of the Saone was being celebrated in verse: that of the musician François de Layolle, which is praised in the rondeau 'Musiciens, prenez toutz soing et cure' by Eustorg de Beaulieu. That rondeau was published in Lyon very shortly after **Nourry,** in 1537, by Pierre de Sainte Lucie, who was actually the successor of Claude Nourry. Could it be the same garden? The doggerel style of the poem is not far removed from

91

that of Beaulieu, himself a delighfully bad poet; and the date and the publisher are very close. (Beaulieu's poem is printed in his *Les divers rapportz,* ed. M. A. Pegg, Geneva, 1964, p. 141; on Layolle, see Samuel F. Pogue, *Jacques Moderne,* Geneva, 1969, *passim*).

The poem is also in **1535, 1537, 1538,** and **1543.**

---

11 *feste:* all other sources read *vie.*

12.   CHANSON MOULT BELLE

De mon triste et desplaisir...

See volume I, pp. 245-7, and volume II, p. 67.

13.   De bien aymer je te jure...

See volume I, pp. 252-3, and volume II, p. 67.

14.   Nous estions troys galans
        De Lyon la bonne ville;
        Nous en allons sur mer,
        N'avons ne croix ne pile.
        La bise nous faict mal,
        Le vent nous est contraire,
        Nous a chassé si loing,
        Dedans la mer salée.

        Voicy venir Prejan
        A toutes ses galeres: 10
        'Or vous rendez, enfans
        De Lyon la bonne ville!'
        'Ne ferons pas pour toy,
        Ny pour toutes tes galeres!
        Nous nous rendons à Dieu,

A la vierge Marie,
Monsieur Sainct Nicolas,
Madame Saincte Barbe.'

Rossignollet du boys,
Va t'an dire à ma mye: 20
L'or et l'argent que j'ay,
En sera tresoriere.
De troys chasteaulx que j'ay
Aura la seigneurie.
L'ung est dedans Milan,
L'aultre en Picardie,
L'aultre dedans mon cueur;
Mais je ne l'ose dire.

Emile Picot prints this poem in his *Chants historiques français*, p. 10. He dates it c. 1513 and writes as follows: 'Le célèbre Pierre Navarro avait, en 1509, levé en France et ailleurs, au frais du cardinal Ximenez, des bandes d'aventuriers avec lesquelles il alla combattre les Algériens. Il obtint d'abord quelques succès, mais l'expédition échoua, et Pierre Navarro passa en Italie. Il est probable que l'auteur de notre chanson et ses camarades, après s'être rembarqués, tombèrent au pouvoir du capitaine Prégent de Bidoux qui, nous le savons par Martin du Bellay, croisait alors dans la Méditerranée. Nous plaçons la chanson vers 1513: d'abord parce qu'elle nous paraît ne pas devoir être séparée de la pièce suivante ['Tous compaignons avanturiers'] avec laquelle nous l'avons d'abord trouvée réunie, puis en raison des événements de Lombardie et de Picardie auxquels le dernier couplet semble faire allusion'. On 'Tous compaignons avanturiers', see **La fleur 110,** no. 42.

The poem is also in **1535, 1537, 1538,** and **1543.** And perhaps it is the same as 'Nous estions tous troys galans', which is named on the title-page of **La fleur 110** but is not in the text of the only known copy; especially as it is both preceded and followed, in **1535,** by other poems that were in **La fleur 110.**

The form is confused. **Nourry** begins a new stanza at every four lines, which is obviously wrong because it results in lines 17-20 being forced to make one stanza. **1535** is also confused. I have followed the division of **1538.** The last stanza seems unrelated to the rest.

---

3 and 4 All other sources read *allions* and *avions* respectively.

9 *Prejan:* the celebrated French admiral. See volume I, p. 194; Picot, *Chants historiques français,* p. 10; and Montaiglon, *Recueil,* vol. VI, pp. 97-101 and 346-8.

17 *Sainct Nicolas:* the patron saint of seamen, captives, and children.

18 *Saincte Barbe:* St. Barbara, the patron saint of artillerymen.

15.   Tous compaignons adventuriers...

In **La fleur 110,** no. 42. See above, pp. 67-69.
This is another chanson referring to Lyon.

16.   A qui diray ma plainte...

In **La fleur 110,** no. 46. See above, pp. 72-73.

17.   PANGE LINGUA GLORIOSI CERTAMINIS
      QUE L'ON CHANTE LE GRAND VENDREDY À BAISER LA CROIX
               MIS EN RIME FRANÇOYSE

> Chante, langue, la glorieuse bataille
> Et dis la triumpheuse victoire
> Du grant roy des roys
> Qu'il a faicte dessus la croix,
> Et que luy du monde redempteur
> Imolé a esté vaincqueur.
>
> Comme luy ayant compassion
> De la prevarication
> D'Adam, qui fust le premier homme
> Faict subject à mort par la pomme,   10

A celle heure le boys marqua,
Affin que l'amende en paya.

L'ordre avoit long temps requeru
Cest oeuvre de nostre salut,
Affin que fut vaincue par art
Du cauteleux proditeur l'art
Et par le boys remede faict,
D'où estoit venu le forfaict.

Quant vint donc la sacrée saison,
Fust envoyé de la maison   20
De Dieu le pere, le facteur
Du monde, et le plasmateur,
Du ventre virginal nasquit
Et nostre humanité vestit.

Dedans estroicte chresche mis
L'enfant Jesus gette doulx crys.
La vierge mere emmailloute
En drapeaulx d'une traime courte
Les petitz piedz et les jambettes
Et les mains de Jesus tendrette.   30

Quant le trentiesme an eust passé,
De son franc vouloir a chassé
Souffrir tresdure passion;
Venu à ce pour satisfaction,
L'aigneau est levé en la croix
Et sacrifié sur le boys.

On luy a donné du vinaigre
De fiel, et en sa main pour sceptre
Ung roseau, et crachars villains
Ont gettez juifz inhumains;   40
De cloux et lance aguisée
L'humanité fut trespercée.

Du costé yssit sang et eau,
Duquel tresprecieux ruysseau
Voulut le doulx Jesus laver
Toute la terre et la mer,
Les estoilles et ciel total
Et tout le monde en general.

O fidele entre toutes croix,
Arbre seulle noble, nul boys   50
N'en porte telle maintenant
De fueille et germon florissant;
O doulx cloux, doulx boys et rameau,
Vous soustenez ung doulx fardeau.

Arbre haulte, baisse tes rains,
Relache les doulx piedz et mains
Qui sont tenduz, et ta roideur
Soit amollie, que le saulveur
Souffre, et dessus le doulx boys
Estens doulcement le roy des roys.   60

Toy seulement digne as esté,
Et du monde le pris porté,
Et preparé port salutaire
Au monde agité sur la terre,
Lavé du sang tresprecieux
Issu de l'aigneau glorieux.

Gloire et honneur soyent à Dieu
Tousjours treshault en chascun lieu,
Et ensemble au pere et filz
Et au glorieux sainct esperit,   70
Auquel louange est et puissance
Par eternelle permanence.   Amen.

This is a close translation of the medieval Latin hymn by Venantius Fortunatus, 'Pange lingua gloriosi proelium certaminis'.

18.   SUR 'PRINCES, VUEILLEZ NOUS PARDONNER'

Il est temps, princes chrestiens,
De faire la paix entre vous,
Ou pire que Turcz je vous tiens.
Vous voyez qu'ilz nous deffont tous:
N'ont les Turcz ja gaigné sur nous
    De pays tant?
Et nous nous tuons comme loups,
Dont Dieu en est fort mal contens.

Pour l'ung à l'aultre dominer,
Doit on faire tant de debatz?   10
On veoit villes exterminer,
Et maintes citez mettre au bas;
Voz gensdarmes font maintz sabatz
    Dessus les champs,
Qui puis quant ce vient aux combas
Sont hardys comme chiens couchans.

Les princes devroyent bien penser
Avant que mettre guerre en train,
Comment elle leur peult brasser
Plus de dommaige que de gaing.   20
Ilz font respandre sang humain
    Qu'à Dieu criera
Detestant ce prince inhumain
Qui pour gloire guerroyera.

Quel exemple ont les payens
Pour les attraire à nostre loy!
Doyvent ilz priser chrestiens,
Voyant entre eulx tel desroy?
Cause ont de dire: 'Est ce la foy
    De Jesuchrist?   30
Tout leur cas est en desarroy;
Leur Dieu aultrement l'a escript.'

N'y a il nulz bons enseigneurs
Qui sans crainte ne sans flater
Rondement dient aux seigneurs
Les pointz dont il les fault noter?
Las, pour leurs terres dilater
   Sont si vaillans,
Mais pour nostre foy augmenter
Ilz sont remis et nonchaillans.   40

Noz guerres trop font Turcz joyeulx,
C'est assez servir à Sathan.
L'Angloys est à France envieulx,
Et l'Espaignol à l'Alleman,
Pour leurs divers noms seullement,
   Sans adviser
Que pour vivre chrestiennement
Cela ne nous deust diviser.

Princes, vostre grant empereur
Paix vous laissa en testament.   50
Prelatz, entendez le pasteur
Qui de paix vous va saluant.
Bourgeoys, marchans semblablement,
   A paix tachez,
Car de guerre princes souvent
Ne sont cause, mais noz pechez.

Esperitz d'angelicques voix
Annonceant l'homme en deité
Puissent crier une aultre foys
La paix de bonne voulenté.   60
Non la paix de mondanité,
   Mais de noz cueurs,
Ainsi seroit chrestienté
Mise en ses premiers honneurs.

     Finis.

See the introduction to **Nourry** above, pp. 79-80.

19. CHANSON NOUVELLE SUR LE CHANT 'QUANT PARTY DE RIVOLTE'
    ET AUSSI SUR LE CHANT DE 'GENTE FLEUR DE NOBLESSE'

Qui veult avoir lyesse
Et avecques Dieu part,
Aux sainctz escriptz s'adresse,
Desquelz tout bien despart.
D'iceulx la grant richesse
Peut chascun contenter,
Et si faict toute angoisse
Patiemment porter.

En telz draps Dieu habite,
Là le fault adorer,   10
Toute aultre loy escripte
N'a sceu gueres durer.
Mondain sens tresfragile
A varié tousjours,
Et le sainct evangile
Maulgré erreur a cours.

Mais las, tout ainsi comme
Aux apostres sur mer
Dieu ressembloit fantosme,
Aussi voulons blasmer   20
Celle saincte escripture
Sans y adjouster foy,
En cuydans par nature
Inventer meilleur loy.

En vain portons chandelles,
Offrandes et dons,
Si sommes infideles
Ou si nous discordons.
Nostre cueur est le temple,
Nostre foy la clarté,   30

99

Que Dieu trop plus contemple
Que humaine vanité.

Beau as courir ou braire,
Nuyct et jour tracasser,
Subtilz moyens parfaire
Pour grans biens amasser,
Si tu ne croy et pense
Que de Dieu vient tout bien
Et que nostre prudence
Sans Dieu ne nous peult rien.　　　　　　　　40

Maintz paradis attendent
Pour aulcuns leurs biensfaictz,
Telz Jesus en croix rendent
En vain et ses haulz faictz.
Il est nostre justice
Qu'a pour tous satisfaict,
Et en nous n'a que vice
Voire en nostre mieulx fait.

Que ferons nous donc, pauvres?
Nous fault il delaisser　　　　　　　　　　50
Toutes noz bonnes oeuvres
Sans nulz biens amasser?
Non, Dieu veult qu'on travaille,
Qu'on face bien aussi,
Et de tout ce qu'il baille,
Qu'on luy rende mercy.

Celluy qu'a moins de vice
Est à Dieu plus tenu,
Le remply de malice
Vers luy est bien venu;　　　　　　　　　60
Mais que l'on considere
Qu'il n'est riens de parfaict,
Fors Jesus debonnaire
Par qui tout bien est faict.

O Pellican tressaige,
Mort pour tes oyseletz,
En croix fis ton ramaige,
De ton sang ruisseletz.
Las, confons la practique
De ce grant oyseleur   70
Qu'en la forest celique
Exerce tant d'horreur.

Finis.

Also in **1535, 1537,** and **1538,** but one of only three chansons in **1537** that were not taken up into **1543.** Picot, in his *Chants historiques français,* p. 32, cites other sources for this chanson, with the timbre 'Que dictes vous en France', on which see no. 5 above.

The timbre 'Quant party de Rivolte' (in **1535,** 'Quant party de la Rivolte') is otherwise unknown. It may refer to the northern Italian town of Rivolta d'Adda. The other timbre, 'Gente fleur de noblesse', is in **La fleur 110,** no. 10 (see above, pp. 42-44), and is no. 9 in **Nourry.** But in fact the poem is based on a chanson by Clément Marot published in his *L'Adolescence Clémentine,* 1532, which begins 'Qui veult avoir lyesse' and has the same stanza-shape. The present chanson is a sacred contrafactum of Marot's love song. See the introduction to **Nourry** above, p. 80. It was placed on the Index in Toulouse in 1548 (Brown, 'Catalogue', no. 139).

A musical setting by Jacob Buus was published in his *Libro primo delle canzoni francese,* Venice, Girolamo Scotto, 1550 (Daschner).

---

70 *oyseleur:* bird-snarer.
71 *celique:* celestial.

33 *as* from **1535; Nourry** reads *a* / 67 *fis* from **1535; Nourry** reads *filz.*

20.   CHANSON NOUVELLE

Quant j'estoye petite garse,
— *Lacquededin mon cotillon* —
M'en alloye garder les vaches.

Au verd buisson mon cotillon,
Sansonnet buissonnet,
Lacquededin mon cotillonnet.

M'en alloye garder les vaches,
— *Lacquededin mon cotillon* —
Avec ces garsons de village.
Au verd buisson mon cotillon, 10
Sansonnet buissonnet,
Lacquededin mon cotillonnet.

[In the original, the refrains are given in full in each stanza, and each new line of text is repeated as the first line of the succeeding stanza, as can be seen in the above first two stanzas. Hereafter, for reasons of space in this edition, I am omitting the full repetitions; here are only the new lines of text:]

Avec ces garsons de village.

Mon amy m'y a trouvade,

Il m'a prinse et si m'embrasse,

Sus l'herbette m'a gettade,

M'a osté mon pucellage.

Et ma mere my regarde:

'Vien ça, vien, maulvaise garse,

Où as tu mys ton pucellage?' 20

'Je l'ay mys dessus la table,

Le chat y a mise sa patte.'

'Chat, o chat, de par le diable,

Avez vous mengé le fromage?'

Finis.

An anonymous musical setting *a 4* beginning 'Quant j'estois petite garce' was published by Attaingnant in his *Trente chansons musicales,* 1534 (Heartz 44). A setting by Mouton of an earlier version of this song is in MS Florence 2442, no. 53.

23 *o:* original *au.*
24 *le: no* the second time this line appears.

This is one of three chansons in **Nourry** (nos. 20, 21, and 37)
of which a version is also in **1535, 1537, 1538,** and **1543,** differing
in many details, and all belonging to the folk tradition. This one is
about a girl who sells her virginity for a piece of cheese; no. 21
is about a girl and a miller; and no. 37 tells of a country encounter.
In this edition, I give the **Nourry** versions first simply because they
are earlier, but also the **1535** versions in full because they seem
equally good texts. In this case, the **1535** text is slightly more
coherent, especially in the refrains, and so should probably be prefer-
red. Here it is, from **1535,** no. 11. As with **Nourry,** I give the full
refrains and repetitions only for the first two stanzas, and thereafter
only the new lines of text.

> Quant j'estoye petite garse,
> — *Las, que devint mon cotillon?* —
> On m'envoyoit garder les vaches.
> *Au vert buisson mon cotillon,*
> *Danssez sus le buissonnet,*
> *Las, que devint mon cotillonnet?*
>
> L'on m'envoioit garder les vaches,
> — *Las, que devint mon cotillon?* —
> Je n'allay pas garder les vaches.
> *Au vert buisson mon cotillon,*   10
> *Danssez sus le buissonnet,*
> *Las, que devint mon cotillonnet?*
>
> Je n'allay pas garder les vaches,
> Je m'en allay jouer sur l'herbe,
> Et mon amy si my regarde.
> 'Que fais tu, la maulvaise garse?'
> Mon pere avoit quatre vaches,
> Et ma mere vingt et quatre,
> Et je les mis en herbaige.
> 'Ma fille, mais que tu soys saige,   20
> Tu les auras en mariage.'

'Mere, ny seray point saige,

Car j'ay vendu mon pucellaige

A ung garson de villaige.'

Je l'ay baillé pour ung fromaige,

Je le mis sus une table;

Nostre chat vint qui le happe.

'O chat, o chat, ta malle raige,

Tu as mengé mon pucellaige!'

---

28 *O, o:* original *Au, au.*

21. CHANSON NOUVELLE

Nostre chamberiere se lieve de matin;
Elle a prins son sac d'orge et s'en va au molin.
    Venez, venez, venez y toutes,
    Nous vous ferons mouldre à nostre meusnier.

Elle a prins son sac d'orge et s'en va au molin.
Le premier qu'elle rencontre, rencontra le meusnier.
    Venez, &c.

Le premier qu'elle rencontre, rencontra le meusnier.
'Et Dieu vous gard, meusnier, my voulez engrener?'
    Venez, &c. 10

'Et Dieu vous gard, meusnier, my vouldriez engrener?'
'Ouy, par ma foy, fille, c'est mon propre mestier.'
    Venez, &c.

'Ouy, par ma foy, fille, car c'est mon droict mestier.'
Il a prins son marteau pour la mole enchappler.
    Venez, &c.

Il a prins son marteau pour la mole enchappler,
Et au son de la mole la fille s'endormit.
Venez, &c.

Et au son de la mole la belle s'endormit.   20
Troys foys il l'a embrassée qu'oncques mot n'en sonnit.
Venez, &c.

Troys foys il l'a embrassée qu'oncques mot n'en sonnit;
Quant ce vint à la quarte, la belle s'esveillit.
Venez, &c.

Quant ce vint à la quarte, la fille s'esveillist.
'A toutes celles qui viennent leur faictes vous ainsi?'
Venez, &c.

'A toutes celles qui viennent leur faictes vous ainsi?'
'Ouy, par ma foy, fille, jamais je n'y failly.'   30
Venez, &c.

'Ouy, par ma foy, fille, et mieulx que je ne dis.'
'Par foy, se le sçavoy, je viendroye le matin,
Venez, &c.

Par foy, se le sçavoye, je viendroye de matin,
Et si ameneroye les filles à no voisin.'
Venez, &c.

Finis.

The refrain is given in full in the original after every stanza.
Like no. 20 above, this is a song in the popular tradition which
is also to be found in **1535, 1537, 1538,** and **1543,** in a version
differing in many details. Here is the version from **1535,** no. 20.
Of the two versions, **Nourry** is earlier but **1535** is slightly more
coherent, especially in the refrain.

---

9 *engrener:* 'To ingraine; to fill, or furnish with seed, corne,
or graine' (Cotgrave). An obscene ambiguity.
11 *enchappler:* a technical term to do with setting up the mill.
12 *mole:* mill, millstone.
21, 23 *il l'a:* original *il a.*

La belle chamberiere s'est levée au matin,
A prins trois boysseaulx d'orge pour aller au moullin.
   Venez, venez, venez y toutes,
   Je vous feray mouldre à nostre moullin.

A prins trois boysseaulx d'orge pour aller au moullin.
Le premier qu'elle rencontre, c'est le musnier gentil.
   Venez, &c.

Le premier qu'elle rencontre, c'est le musnier gentil.
'Et murnier, beau musnier, me mouldras tu cecy?'
   Venez, &c.   10

'Et musnier, beau musnier, me mouldras tu cecy?'
'Et ouy, dist il, la belle, attendez ung petit.'
   Venez, &c.

'Et ouy, dist il, la belle, attendez un petit.'
Le musnier print ses marteaulx, la Meulle il batit.
   Venez, &c.

Le musnier print ses marteaulx, la meulle il batit,
Et au son de la meulle la belle s'endormit.
   Venez, &c.

Et au son de la meulle la belle s'endormit.   20
Trois fois si l'a baisée devant qu'elle resveillist.
   Venez, &c.

Trois foys si l'a baisée devant qu'elle resveillist;
A la quatriesme foys la belle se resveillist.
   Venez, &c.

A la quatriesme foys la belle se resveillist.
'Doulce Vierge Marie, que m'est il advenu?'
   Venez, &c.

'Doulce Vierge Marie, que m'est il advenu?
J'estois arsoir pucelle, mais je ne le suis plus.   30
   Venez, &c.

J'estois arsoir pucelle, mais je ne le suis plus.
Et musnier, beau musnier, faictes vous tousjours ainsi?
   Venez, &c.

Et musnier, beau musnier, faictes vous tousjours ainsi?'
'Et ouy, dist il, la belle, du soir et du matin.'
    Venez, &c.

'Et ouy, dist il, la belle, du soir et du matin.'
'Pardon, si le sçavois, viendrois soir et matin.'
    Venez, &c.   40

'Pardon, si le sçavois, viendrois soir et matin,
Et si ameneroys la fille à nostre voisin.
    Venez, &c.

Et si ameneroys la fille à nostre voisin,
Et si aporterois ung flacon de bon vin.'
    Venez, &c.

The refrain is given in full in the original after every stanza.

---

2 *boysseaulx:* bushels.
30 *arsoir:* i. e., 'hier soir'.
39, 41 original has *du soir et du matin;* altered for the metre.

In **1535,** the word *bis* appears against the second line of some couplets, indicating a repetition in a musical setting. Also in **1535,** the last part of the last line of the refrain appears at the end of the song as *A a a a a nostre mollin,* which strongly suggests copying from a musical source. The words *Venez, venez, venez* in the refrain recall the song about Maistre Pierre du Quignet in **1535,** no. 30.

A musical setting of an earlier version of this song, by Ninot le Petit, is found among other places in Petrucci's *Odhecaton* (1501): see the edition by Helen Hewitt, Cambridge, Mass., 1942, no. 32.

The present version, describing as it does the miller taking up his hammers and setting up his mill, casts fascinating light on early milling techniques.

22. *Dictes que c'est du mal, m'amye,*
     Dictes que c'est du mal des dentz.

A Lyon a une fille
Qui est cointe et jolye;

Elle a tant faict la folye
Qu'elle en est grosse d'enfant.
Dictes que c'est du mal, m'amye,
Dictes que c'est du mal des dentz.

Elle crye, se desconforte,
Et si vouldroit estre morte;   10
Son amy la reconforte,
Luy disant tout bellement:
Dictes que c'est du mal, m'amye,
Dictes que c'est du mal des dentz.

'Quant vous serez accouchée
Dans une chambre parée,
Vous serez tresbien traictée
Dans ung lict bien jolyement.
Dictes que c'est du mal, m'amye,
Dictes que c'est du mal des dentz.   20

Et quant vous serez relevée,
Au monstier serez menée,
D'une cappe affublée
Pour peur du parler des gens.
Dictes que c'est du mal, m'amye,
Dictes que c'est du mal des dentz.

Alors quant serez retournée,
Faictes bien la resolue:
Vous ferez ung sault en rue,
Pucelle comme devant.   30
Dictes que c'est du mal, m'amye,
Dictes que c'est du mal des dentz.

Et quant vous serez mariée,
De quelque mignon espousée,
Vous aurez coiffe dorée,
C'est l'estat mignonnement.
Dictes que c'est du mal, m'amye,
Dictes que c'est du mal des dentz.

Quant serez avec luy couchée,
Faictes bien de la serrée,   40
Disant: 'Je suis affolée',
En plourant bien tendrement.
Dictes que c'est du mal, m'amye,
Dictes que c'est du mal des dentz.

S'il dit que n'estes pas pucelle,
Prenez à luy la querelle,
Disant: 'Je ne suis pas telle,
Vous en mentez faulcement.'
Dictes que c'est du mal, m'amye,
Dictes que c'est du mal des dentz.   50

This song is listed in the *Table* as 'Dictes que c'est du mal,
m'amye'. It is also in **1535, 1537, 1538,** and **1543,** in which the
word 'Paris' appears instead of 'Lyon' in line 3.

The *mal des dentz,* toothache, was a symptom of painful, un-
requited love. It appears surprisingly often in courtly literature. It
is the subject of an article by M. Dominica Legge, 'Toothache and
Courtly Love', *French Studies,* 1950, pp. 50-54.

The metre varies between lines of seven and eight syllables.

---

22 *monstier:* monastery, church.

34 *mignon* from **1535; Nourry** has *nygon* / 35 **Nourry** adds
la before *coiffe;* deleted for the metre.

23.   CHANSON NOUVELLE DU JUGEMENT D'AMOURS
       PAR DEUX DAMES EN OPINIONS CONTRAIRES,
       COMME EN CE BIEN EXPERIMENTÉES,
       SUR LE CHANT 'LA SEURTÉ N'Y SERA PLUS'

Deux dames voulus escouter,
    Selon leur fantasie;
A l'une ouys amour venter,
    L'autre en dist vilennie.
Leurs raisons me firent doubter

D'amours, je vous affie;
Quant les aurez ouy chanter,
    Jugez en, je vous prie.

'J'ay, dit l'une, joyeuse esté
    Sans amours longue espace;   10
Ores n'en ay que adversité
    Quant en esperoys grace.
Medée ainsi eut gayeté
    Ains que Jason aymasse,
Mais despuis n'eust que malheurté;
    Ainsi m'en prend il, lasse.'

L'autre dit: 'J'ay vescu en pleurs,
    Sotte, sans estre aymée;
Mais d'amours ores les valeurs
    Me rendent fortunée.   20
Andromeda n'eust que malheurs
    Fors quant ayma Persée;
Comme elle aussi suis en honneurs
    Par amour avancée.'

Replicquant, l'une dit qu'amours
    Riens que malheur ne ameine;
Ruyner faict chasteaulx et tours
    Par sa poison villaine;
Pour ung plaisir mille doulours;
    Troye en mauldit Heleine;   30
Ceulx bien sont incensez et lours
    Qui suyvent amour vaine.

L'aultre respond: 'Si l'on sçavoit
    D'amours la grande vaillance,
Chascun à aymer entendroit
    Plus qu'à or ne chevance.
Sans amours le monde mourroit,
    De luy tout a naissance;

110

Sans amours riens on ne sçauroit,
Tout est soubz sa puissance.' 40

Finis.

Also in **1535**, **1537**, **1538**, and **1543**.
The timbre, 'La seurté n'y sera plus', is in *Viviant*, no. 40.
The following chanson, no. 24 below, is a parody of this one.

13-14: a reference to the disastrous love of Medea and Jason.
21-22: a reference to the successful love of Andromeda and Perseus.
36 *chevance:* wealth.

1 **Nourry** adds *De* before *deux;* omitted following **1535** / 29 *doulours:* **1535** reads *plours* / 32 *amour:* **1535** reads *l'amour*.

24. CHANSON DE LA VEROLLE,
CHASTIANT L'AMOUREUX QUI NE LA VOULUT À DAME RECONGNOISTRE,
SUR LE CHANT 'LA SEURTÉ N'Y SERA PLUS'

Au jardin de plaisance entray
    Pour jouyr de m'amye,
Où la verolle je trouvay
    Tenant sa confrarie.
Pource que honneur ne luy portay
    Comme à subject m'escrie:
'Ha, fier galant, bien vous rendray
    Humble à ma seigneurie!'

Soubdain manda que fusse pris
    Par malandres et rongne 10
Mais de tout ce conte n'en feis
    Bien qu'eusse pasle trongne.
Parquoy, voyant mes longs devis,
    Si rudement m'empongne,
Que tout soubdain fus desconfis
    Avecques ma mignonne.

La goutte pour pis me traicter
  Vint plus que efforcenée,
Dieu sçait s'elle me sceut taster,
  Me baillant l'acollée.   20
Helas, on me fit tant frotter
  D'une gresse enragée,
Je croy que pour gens tormenter
  Lucifer l'ayt forgée.

'Vous rendez vous?' me dist alors
  Madame la verolle.
'Helas, ouy, trop suis recors
  De vostre chaulde colle.'
Adonc en confessant mes tors
  Fus escript en son rolle,   30
Là où sont transis vifz et mors
  Qu'ont suyvi amour folle.

Finis.

This is a parody on the preceding chanson. The timbre is the same.

Other chansons on the *verolle* or pox are **1537,** no. 151, and **1538,** nos. 266 and 267.

Also in **1535, 1537, 1538,** and **1543.**

---

10 *malandres:* 'The Malanders; (a horses disease)' (Cotgrave).
  rongne: 'Scurfe, scabbiness, the mange' (Cotgrave).
11 *trongne:* face.
30 *escript:* **1535** reads *inscript.*

25.   SUR LE CHANT 'AU BOYS DE DUEIL'

Au boys de dueil, à l'ombre d'ung soucy,
Prisonnier suis, enclos en la forteresse,
En peine, en dueil, et en tout desplaisir,
Languissant suis en douleur et tristesse.

Or n'est il homme à moy faisant secours,
Or n'est il nul allegeans mes doulours.
 Fault il que je labeure
 Et travaille en toute heure?
 Helas, helas, je pleure
Apres Jesuchrist mon secours.   10
 Il est seul voye seure
 Pour trover la demeure
 Où tous biens on saveure,
C'est luy que j'ayme par amours.

O moy meschant et de petite foy,
Jamais croyant la promesse certaine
De mon saulveur, lequel est mort pour moy,
Se le sçavoye jamais je n'aurois peine,
Sachant celluy estre mon protecteur,
Mon adjuteur et amy defenseur.   20
 Moy pouvre creature
 Que je suis par nature,
 Se Dieu pour moy procure,
Quel mal me peult estre imputé?
 Celluy pour qui j'endure
 Prison, peine, et injure,
 Garde bonne pasture
A ceulx qui sont persecuté.

Venez à moy, tous loyaulx amoureux,
Venez à moy, vous tous que mon cueur ayme, 30
Venez à moy, venez à vostre espoux.
Voicy celluy qui seul confort ameine,
Voicy celluy qui dit 'Venez, venez,
Venez à moy, vous tous qui labourez'.
 Vous tous qui souffrez peine
 Et douleur inhumaine,
 Venez à la fontaine
Prendre soulas d'adversité;
 Voicy la thymiayme

D'odeur souefve et saine, 40
Voicy la boitte pleine
De tresdoulce suavité.

Tous vrays amans, venez ouyr le chant
De vostre roy; voicy noble figure,
Voicy le candelabre reluysant,
Voicy le feu qui à tousjoursmais dure,
Voicy la pierre que les edifians
Ont reprouvé de son bien ignorans.
  C'est celluy qui endure
  Persecution dure 50
  Pour la saincte escripture
 Avoir porté à son costé;
  C'est la supernature
  Qui noz ames a en cure
  Et a porté mort dure
 Et par sa mort la mort osté.

O chrestiens, prenez à cueur les biens
Que Jesuchrist sans deserte vous baille;
Ce ferez vous d'ung cueur doubtant en riens,
Sachans que Christ pour vous a faict bataille 60
Et a porté voz maulx en general,
En le servant comme pere loyal.
  Vous tous, filz et fillete,
  Chantez la chansonnette
  En grant angoisse faicte
 Par celluy qui n'y entend rien
  Estant seul maisonnette
  D'elle mesme pouvrette
  Mais bien riche et parfaicte
 Par Jesuchrist qui l'entend bien. 70

This is a sacred contrafactum of the chanson 'Au boys de dueil'.
See volume I, pp. 201-2. The contrafactum is not formally exact,
in that its shortest lines (ll. 7-9 and 11-13 of each stanza) have

six syllables and not four as in the original version. See the introduction to **Nourry** above, p. 80.
  Also in **1535, 1537, 1538,** and **1543.**

---

39 *thymiayme:* incense, perfume.

18 *aurois* from **1535; Nourry** reads *auray* / 28 from **1535; Nourry** reads *A celluy qui est persecuté,* which does not scan / 61 *porté* from **1535; Nourry** reads *portez.*

26. Changeons propos, c'est trop chanté d'amours...
                                          [Clément Marot]

  Nourry follows the text of Marot's *L'Adolescence Clémentine,* 1532; cf. Marot's *Oeuvres Lyriques,* ed. C. A. Mayer, London, 1964, pp. 200-1.

27. *Sur toutes fleurs j'ayme la marguerite,*
     Celle dequoy j'espere avoir secours.
     Dedans mon cueur elle est si fort escripte
     Que contraint suis de chanter nuyct et jour:
     Sur toutes fleurs j'ayme la marguerite,
     Celle dequoy j'espere avoir secours.

     De pensée est en liesse conficte,
     Je croy qu'elle soit fille au dieu d'amours.
     Plus belle est que la royne Ypolite,
     Parquoy je ditz et si diray tousjours: 10
     Sur toutes fleurs j'ayme la marguerite,
     Celle dequoy j'espere avoir secours.

     Considerant son gent corps tant habille,
     Son doulx regard et gracieulx acueil,
     Et qu'en amours elle est bonne et subtille,
     Grant mal me faict ainsi en departir.
     Sur toutes fleurs j'ayme la marguerite,
     Celle dequoy j'espere avoir secours.

Oncques Paris n'ayme autant Heleine,
Ne belle Tisbée n'ayma tant Pyramus, 20
Comme celle où j'ay m'amour donnée,
En celle ay mis mon confort et reffus.
Sur toutes fleurs j'ayme la marguerite,
Celle dequoy j'espere avoir secours.

Fy de l'ueillet, la rouse je despite,
Le roumarin aymer par amours;
Mon cueur n'a point la marjolaine eslite;
Fy de lavende et de passevelours!
Sur toutes fleurs j'ayme la marguerite,
Celle dequoy j'espere avoir secours. 30

Dans ung verd pré sur l'herbette jolye
Où l'espine florissoit nuyct et jour,
Le rossignol chantoit une armonie,
Et si chantoit tant la nuyct que le jour:
Sur toutes fleurs j'ayme la marguerite,
Celle dequoy j'espere avoir secours.

Rossignollet, soyez moy tresutile:
Va à m'amye dire, pour abreger,
Que si de brief je n'ay d'elle nouvelle,
Devers Paris m'en tourneray loger. 40
Sur toutes fleurs j'ayme la marguerite,
Celle dequoy j'espere avoir secours.

Also in **1535, 1537, 1538,** and **1543.**

In the *Table* of **La fleur 110,** but not in the text of the only known copy, appears a chanson called 'Marguerite, mar[guerite]', which may be this present chanson.

The refrain poses a problem of form. In the original, after each stanza and even after the first four lines appear the words *Sur toutes fleurs,* and after the last stanza the words *Sus toutes fleurs j'ayme la marguerite / Celle de quoy j'espere &c.* The problem is to decide just how much of the refrain should appear after each stanza: only the first line? or the first two lines? or all four lines? It is unlikely to be all four lines, because then each time one reached line 4 one would be obliged to start again at the beginning, and so on to infinity. The pair of lines at the end of the chanson shows that there at least a full pair exists. So I would guess that after each stanza (and indeed after the initial appearance of the refrain) the first two lines should be repeated, and I have printed the poem accordingly. In **1535** the two lines that appear at the end of the chanson are: *Sus tous j'ayme la marguerite / Car elle passe toutes fleurs.*

A musical setting by J. Crespel is in *Premier livre des chansons,* Louvain, Phalèse, 1553; and another by J. de Macque in *Le Rossignol musical,* Antwerp, Phalèse, 1597 (Daschner).

---

1 *marguerite:* daisy; also a girl's name.

9 *Ypolite:* Hippolyta, Queen of the Amazons.

25 *rouse:* i. e., *rose.*

26 One syllable is lacking.

28 *passevelours:* 'Flower gentle, Velvet flower, Flower-amour, Flower valure; (whereof there be divers kinds)' (Cotgrave).

40 This is an unusual mention of place: that the poet is *not* in Paris.

1, etc. *Sur* appears in the last three stanzas as *Sus.*

28. Jouyssance vous donneray...

[Clément Marot]

This is the first of six consecutive chansons by Clément Marot. All of them are found in Marot's *L'Adolescence Clémentine,* 1532, and **Nourry** follows that text. Cf. Marot's *Oeuvres Lyriques,* ed. C. A. Mayer, London, 1964.

29. J'attens secours de ma seule pensée...

[Clément Marot]

See no. 28 above.

30. Celle qui m'a tant pourmené...

[Clément Marot]

See no. 28 above.

31. Ma dame ne m'a pas vendu...

[Clément Marot]

See no. 28 above.

32. Dont vient cela, belle, je vous supply...

[Clément Marot]

See no. 28 above.

33. Tant que vivray...

[Clément Marot]

See no. 28 above. **Nourry** has the following variants: 2 *d'amours le roy puissant,* 13 *Puis qu'en amours a si beau passetemps,* 16 *la baise* for *visite,* 26 *Que j'ai servi et aymé en mon temps.*

34. *Il est jour, dict l'alouette,*
Non est, non, dist la fillette,
Sus debout, sus debout, allons jouer
Sus l'herbette.

Mon pere m'a mariée
A ung ord villain jaloux,
Le plus lait de ceste ville

Et le plus malgracieux,
Qui ne peult, qui ne sçait,
Qui ne veult faire la chosette,   10
Voire dea, voire dea, qui est si doulcette.
Il est jour, &c.

Et moy qui suis jeune dame
Et luy ung vieillart rioteux,
Me debvroit on donner blasme
Si faisoye quelque amoureux
Qui me peust, qui me sceust,
Qui me deust faire la chousette,
Voire dea, voire dea, qui est si doulcette?
Il est jour, &c.   20

Le vielart a longue eschine,
Toute nuyct my torne le cul;
Mais si plus il y retourne
En brief le feray cocqu,
Ce villain, ce changrin,
Qui ne peult faire la chousette,
Voire dea, voire dea, qui est si doulcette.
Il est jour, &c.

Si par trop le vilain grongne,
De brief il sera frotté,   30
Il aura dessus la trongne
Ca il s'est mal aquitté
De baiser, d'acoller,
Et de faire la chousette,
Voire dea, voire dea, qui est si doulcette.
Il est jour, &c.

Si mourir devoit de rage,
Tousjours joyeuse seray.
Prendray pour mon advantaige
Ung amoureux à mon gré,   40
Qui pourra, qui vouldra,

Qui saura faire la chousette,
Voire dea, voire dea, qui est si doulcette.
Il est jour, &c.

Finis.

A musical setting *a 4* by Claudin de Sermisy was published by
Attaingnant in his *Chansons nouvelles en musique,* 1528 (Heartz 2);
modern edition in *CMM 20*. The poem is also in **1538,** no. 241.

The first four lines are not repeated in **Nourry,** nor in Attaingnant, nor in **1538.** However, Sermisy has given them separate music,
and no other instance is known of a chanson preceded by four
unrelated lines. I have therefore assumed that they are a refrain,
and have printed repetitions accordingly.

---

14 *rioteux:* grumbling, morose.
25 *changrin:* an otherwise unrecorded use of *changrin* as a
noun: a tiresome person.

2 not in **1538** / 3 **1538** *Susbout susbout allons jouer* / 16 *faisoye:*
1538 reads *ferois* / 17 *peust:* from **1538. Nourry** reads *pleust* /
22 **Nourry** adds *la* before *nuyct;* omitted following **1538** for the
metre.

35. Il estoit ung jeune clerc
     Qui aymoit en ung village
     La fille d'ung tavernier,
     Qui luy sembloit si saulvage.
     Et tousjours il luy disoit:
     'Aymez moy, belle, aymez moy,
     Je vous donray robbe et ceinture.'
     Dist la fille: 'Je n'en ay cure.

     Sortez, sortez hors de ceans,
     Certes vous ferez que saige.   10
     Si garderez vostre argent,
     Je garderay mon pucellaige.
     Car vostre argent ne prise rien,

Mon pucellaige cy est mien.'
'J'en tasteray, quoy qu'il me couste.'
Dist la fille: 'Je ne vous doubte.'

Le jeune clerc si s'en alla,
Troys jours il ne demoura mye.
A l'huys d'ung pouvre homme arriva
Ung peu de temps apres complie,   20
Habillé comme une nonnain,
Ung psaultier avoit en sa main.
A haulte voix s'est escriée:
'Abregez moy ceste nuytée.'

'Et d'où venez vous ainsi?
Vous me semblez estre esgarée.'
'Non suis, sire, en bonne foy,
Mais ma compaignie m'a laissée.
Troys chevaliers ay trouvé,
Qui d'amours ilz m'ont prié,   30
Mais je leur suis eschappée;
Abregez moy ceste nuyctée.'

'Puis que nonnette vous estez,
Certes vous serez logée.
Avec ma fille coucherez
Tout au long de la nuyctée.'
Et quant ce vint au soupper
Ny sceut ne boyre ne menger
Si non penser à son affaire;
Chascun sçait bien qu'il a à faire.   40

La fillette s'esveilla
Pensant que fust chose estrange.
Il la print et l'embrassa
Et se mist entre ses jambes,
D'embrasser et d'acoler,
De faire ce que vous sçavez.

'Va, de par Dieu, va, dit la fillette,
Puis que remede n'y puis mettre.'

Finis.

---

14 *cy:* i. e., 'si'.
20 *complie:* compline.
24 and 32 *Abregez:* i. e., *Hébergez.*

40 *à faire:* **Nourry** reads *affaire* / 44 *jambes:* **Nourry** reads *jambe.*

36. Gentilz brodeurs de France,
Qui avez faict l'esdict,
Quant frapperez sur table
Q'ung chascun contredict
Du syzeau qui est dict
Sur peine de l'amande
Vous en serez punis,
    Bannis,
Avec la tourloura,
    La la   10
Mys en dure souffrance.

Vous ne vouliez manger
Que lamproye et saulmon,
Et le bon vin de Beaulne
Que ne trouviez pas bon.
Vous aurez l'esguillon
Pour toute recompense.
Si ne le trouvez bon,

    . . . . ,
Avec la tourloura,   20
    La la,
C'est pour vostre mechance.

Le baron Sainct Blanquart
Vous a faict demander,

Car il a une robbe
Qu'il veult faire brouder.
Vous aurez à disner
Du biscuit sans doubtance.
Les poux verrez vouler,
    Trotter,   30
Avec la tourloura,
    La la,
Sur vous en habondance.

Vous aviez de coustume
De vous aller jouer,
Chantant sur la riviere
En lieu de beisongner,
C'estoit vostre mestier,
Or est tournée la chance;
Maintenant fault voguer,   40
    Nager,
Avec la tourloura,
    La la,
Aux galeres de France.

Pour confermer voz dictz
Que dictes avoir faictz,
Le baron Sainct Blanquart
A esté ordonné
Pour en determiner
Comme juge en substance;   50
Aller vous fault voguer,
    Renger,
Avec la tourloura,
    La la,
Soubz son obedience.

Finis.

This chanson has the same refrain and stanza-shape as **1535**, no. 41, 'Nous mismes à jouer'. Like that chanson, it is hard to understand. Many details about the different versions of this chanson and in particular its refrain are given in Brown, 'Catalogue', no. 393.

Emile Picot printed the poem in his *Chants historiques français*, Paris, 1903, pp. 55-7, with details of the circumstances surrounding it. He writes: 'Les brodeurs dont il est ici question avaient été arrêtés en 1530 et mis au Châtelet, par ordre du roi, au nombre de quarante-quatre. Ils étaient sans doute inculpés d'avoir fraudé sur le litre des fils d'or et d'argent employés dans leurs ouvrages. MM. de Montaiglon et de Rothschild, qui ont parlé des brodeurs dans le *Recueil de Poësies françoises* (XI, 231), ont supposé que ces malheureux avaient été détenus afin de travailler avec plus d'assiduité aux broderies qui devaient figurer dans le cortège royal, lors de l'entrée d'Eléonore d'Autriche à Paris. Le chanson ne permet pas de s'arrêter à l'hypothèse que nous venons de rappeler. Les brodeurs devaient être coupables; aussi furent-ils transférés à Sèvres, le jour de l'entrée de la reine, afin que la souveraine ne pût leur rendre la liberté. On voit qu'ils furent envoyés ensuite sur les galères de M. de Saint-Blancard.' The sense of the first stanza, as Picot says, remains obscure.

The poem is also in **1537.** It is one of only three chansons in **1537** that were not taken up into **1543,** in this case perhaps because of its obscurity. It is not in **1535** or **1538.**

A line of two syllables rhyming in *-on* is missing at. l. 19.

---

2 *l'esdict:* **1537** reads *le dist.*

23 *Le baron Sainct Blanquart:* 'Bertrand d'Oruesan, chevalier, seigneur d'Astarac, baron de Saint-Blancard, marquis des Isles d'or, nommé général des galères en 1521. Il vivait encore en 1538. Voy. Anselme, *Histoire généal.*, VII, 924' (Picot).

29 *vouler:* i. e., *voler.*

37. CHANSON NOUVELLE

L'aultre jour m'en chevauchay
— *Tant vistz tant gay, tant farelarigay* —
Mon chemin droict à Salette.
— *Tant voistz tant voiste, gnygnegnies,*
Hé dieu la pouvre garse, helas qu'elle est malade. —

Mon chemin droict à Salette;
Emmy ma voye je trouvay

— Tant vistz tant gay, tant farelarigay —
Une tant belle fillette.   10
— Tant voistz tant voiste, gnygnegnies,
Hé dieu la pouvre garse, helas qu'elle est malade. —

Une tant belle fillette.
Je luy prins à demander
— Tant vistz tant gay, tant farelarigay —
S'elle seroit ma myette.
— Tant voistz tant voiste, gnygnegnies,
Hé dieu la pouvre garse, helas qu'elle est malade. —

[In the original, the repetitions and refrains continue according to the above pattern. In this edition, for reasons of space I give only the lines of new text, as follows:]

Elle respondit: 'Je ne sçay,
Je vouloye estre nonnette.'   20
Je la prins et l'embrassay,
Je la gettay sur l'herbette.
Pucelle luy ay gettée,
Grossette l'en ay levée.
'Helas, que dira mon pere,
Où j'ay esté ceste journée?
Ma mere si m'en battra,
Car j'ay perdu mes heurettes,
Mes heurettes et mon psaultier.
Plus ne veulx estre nonnette,   30
Le ventre m'est tant enflé,
Je croy que je suis malade.'

Finis.

Like **Nourry** nos. 20 and 21 above, this is a song in the popular tradition of which a version differing in many details is also in **1535,**

1537, 1538, and **1543.** But whereas in nos. 20 and 21 the versions were at least close in form, in this song the two versions differ not only in verbal details but also in form. The version in **1535,** no. 86, will be found below on pp. 222-5. See also **La fleur 110,** no. 48, and **1535,** nos. 12 and 153.

A musical setting by Compère of an earlier version is in MS Florence 2442, pp. 120-2; modern edition in Compère's *Opera Omnia,* edited by Ludwig Finscher (*Corpus Mensurabilis Musicae,* 15), vol. V, 1972, pp. 31-2. Another by Clemens non Papa is in *Premier livre des chansons,* Louvain, Phalèse, 1553 (Daschner).

---

3 *Salette:* the only place of this name which I have found is a small village near Grenoble, which became a place of pilgrimage — but only three centuries later, after the Virgin Mary is supposed to have appeared there in 1846.

28, 29 *heurettes:* books of prayers.

[Table]

Cy finissent plusieurs belles chansons nouvelles
nouvellement imprimées à Lyon
en la maison de feu Claude Nourry
aultrement dit le Prince
Aupres de nostre dame de Confort.

S'Ensuyvent / plusieurs / belles Chansons nouvelles, / Avec plusieurs aultres / retirées des anciennes / impressions, comme / pourrez veoir à la / table, en laquel / le sont les pre= / mieres lignes / des Chansons / et le fueillet / là où se com= / mencent les= / dictes chan / sons. / Mil cinq cens. xxxv. /

Wolfenbüttel, Herzog-August-Bibliothek, Lm 3971a.

In-8° c. 9 × 13'5 cm.; 108 ff. sign. A⁸-N⁸ and O⁴. 26 lines plus one line of title per page. Black-letter.

This enormous collection contains 218 chansons and is larger than any known earlier one. For the first time, it deliberately includes chansons from the past as well as from the present: many that had been in the 'anciennes impressions', some of them fifty years old, as well as contemporary ones. It is the first collection to have a consciously antiquarian aim as well as presenting modern chansons. In this respect, its older part might be compared with Susato's and Attaingnant's editions (1545 and 1550) of the music of Josquin des Prez, which presented new editions of much older music.

The only known copy is at Wolfenbüttel in the Herzog-August-Bibliothek. Nothing is known of its earlier history. The date, 1535, appears on the title-page; and the place, Paris, appears in the note at the end of the book; 'Cy finissent plusieurs chansons nouvellement imprimmées à Paris'. The printer is not named, but the collection and especially its title-page so resemble **1537,** which was printed by Alain Lotrian, that this too was most probably printed by Lotrian.

The title-page of **1535** is printed in red and black, with a decorative initial letter and a woodcut floral surround. This is more ambitious than the earlier collections, all of which (before **La fleur 110**) had merely a title and a list of chansons all on the same first page.

The title-page occupies f. A [i]. Then there follows a *Table* headed 'Cy commence la table des rubriches de ce present livre' which occupies ff. A [i] verso to the top of A [vi]. It lists the chansons alphabetically but omits, doubtless in error, chansons nos. 4 and 94. The rest of f. A [vi] is occupied by a list of chansons which were added at the end of the book and not incorporated in the alphabetical *Table:* the list is not complete, giving only 17 chansons when in fact there are 27, nos. 192-218 in this edition. Ff. A [vi] verso to A [viii] verso contain five chansons, nos. 1-5 in this edition. On f. Bi is a new heading: 'Cy ensuivent plusieurs belles chansons nouvelles. Et premierement la chanson de Ribon ribeine.' Then follows the text of chansons nos. 6-191, up to f. N [viii] verso, ending with the word 'Finis'. On ff. Oi-O [iiii] verso follow chansons nos. 192-218, ending with the words 'Cy finissent plusieurs chansons nouvellement imprimmées à Paris.' The book is foliated i (f. Bi) to c (f. O [iiii]).

1535 begins with new chansons, some of which are also to be found in the music books of Pierre Attaingnant, which were appearing at this time. A few chansons (the first is no. 53) had appeared in **La fleur 110;** and a few (the first is no. 101) had appeared in earlier collections such as **16** but not in **La fleur 110.** A whole group, nos. 64-71, is also found in three of Attaingnant's collections and is probably derived from one of them. From no. 118 to no. 154, most of the chansons are of the older type associated with the MS de Bayeux, MS Paris 12744, and the chansons which I edited in the first part of volume I of the present edition. From no. 157 to no. 191 we have a group that comes almost entirely from **90(a)** or from some very closely related collection, for the texts are almost identical with those of **90(a)** and the order followed is often the same. No. 191 is 'Je revenois de Sainct Gille' *('Dieu doint des raisins aux vignes'),* the last chanson in **90(a),** and in **1535** it finishes the 'N' gathering and is followed by the word 'Finis' showing that the compositor considered it the end of a section. Nos. 192-212 are all also found in Attaingnant's *Trente et une chansons musicales,* 1534 (Heartz 54) and very probably were taken from there. The collection ends with six more chansons published by Attaingnant. There are fifteen chansons by Clément Marot scattered through the book; on these, see the Introduction.

On its title-page, **1535** promised some chansons 'retirées des anciennes impressions'. And indeed, approximately one third of its chansons are not merely a few years old, but go back to the beginning of the century. They provide a large corpus of texts of the older kind such as is found in the MS de Bayeux, MS Paris 12744, and in the first part of volume I of this edition. These texts are valuable for the history of the chanson in France in one of its richest periods. There is every appearance that the texts of **1535** are reliable and that we have here a group of early poems which have been reliably preserved in this relatively late source, even though earlier sources for them may have disappeared.

Let us look first of all at a group whose source has, by chance, not disappeared. It consists of nos. 157-191 in **1535,** and there is every appearance that these poems are taken from the collection which I edited in volume I as **90(a).** Here is a table of concordance:

1535	157	158	159	160	161	162	163	164	165	166	167	168	169
90(a)	1	2	3	12	7	8	9	26	10	11	13	14	5

1535	170	171	172	173	174	175	176	177	178	179	180	181	182
90(a)	15		°17	°18	19	21	20	22	23	24	25		29

1535	183	184	185	186	187	188	189	190	191
90(a)	32	27	31	33	34	35	36	39	

1535 has omitted seven of the poems in **90(a),** as follows:

90(a), no. 4. 'Le grant desir d'aymer me tient'
6. 'L'amour de moy si est enclose'
°16. 'Trop fait follye vieillard qui se marie'
28. 'J'ay ung billard'
30. 'Il fait bon aymer l'oysellet'
37. 'Et bée, je suis marry'
38. 'Et Dieu la gard, et Dieu la gard'

The first two of these were probably omitted because they had already appeared in **1535,** as nos. 152 and 148 respectively, although in considerably different versions. There is no obvious reason why the other five were omitted; one can only regret that 'Trop fait follye vieillard' was among them, since by sheer chance it survives nowhere else, having been on a missing page of **90(a),** on a missing page of **90(b),** and in the lost **Fragment B.**

Into this section of poems from **90(a), 1535** inserts three other poems which are not in the earlier collection:

> **1535,** nos. 171. 'Nous irons jouer'
> 181. 'Ne suis je pas bien malheureux'
> 190. 'M'amyette m'a mandé' (*'Sus l'herbe, brunette'*)

The first and second of these were both in **16** and **17** (see volume I); the third was not in any known earlier collection. There seems no obvious reason why **1535** inserted them into this section.

In this section of poems from **90(a), 1535** follows the text of **90(a)** very closely, differing only in matters of tiny detail and never in anything of greater magnitude. Here are some examples. In no. 168 (= **90(a),** no. 14), line 21, **1535** omits *doulx* in error. In no. 184 (= **90(a),** no. 27), line 13, **1535** reads *desirée* for *redoubtée.* In no. 187 (= **90(a),** no. 34), line 19, **1535** omits *en* in error. But even such variants are rare: in general, it is true to say that **1535** faithfully preserves the texts of **90(a).**

Armed with this knowledge, let us turn to the remaining older part of **1535.** It consists of nos. 118-154. Into this section, certain apparently more modern poems have been inserted, just as nos. 171, 181, and 190 were inserted into the section derived from **90(a).** They are nos. 133, 140, 147, and 153; and the two poems that follow the section, nos. 155 and 156, also appear to be modern, for the following reasons.

133. 'Suis demourée seulle esgarée'. This poem is related to one in volume I, p. 208, and on internal evidence appears to be the later of the two.

140. 'Ce moys de may que fruictz et fleurs'. A macaronic poem whose age is impossible to determine.

147. 'J'ay eu long temps grant envie'. This was in **14,** and given the wholly new repertory of that collection, can be assumed to be a more modern poem.

153. 'En revenant de Sainct Anthoine en Brie'. This poem is one of a whole family of chansons of which examples are in **La fleur 110, Nourry,** and **1535,** nos. 12 and 86. While it may be old, it is of a different nature from the other chansons surrounding it.

155. 'Femmes, battez voz marys'. A *chanson à refrain* in the modern style.

156. 'Qui veult avoir lyesse'. A sacred contrafactum on a chanson by Marot.

Having set these aside, we are left with 32 poems, nearly all of which are virelais. What is their source?

Two of them, as I said, are in **90(a)** — but in considerably different versions. They are no. 148, 'L'amour de moy si est enclose', and no. 152, 'Le grant desir d'aymer me tient'. Fifteen of them are in one or more of the MS de Bayeux, MS Paris 12744, and the MS de Vire (Paris, Bibliothèque Nationale, MS n. a. fr. 1274). But their texts are not the same as in those MSS: sometimes they are close, but at other times they are widely different, and sometimes whole stanzas are different. The exact copying technique which we saw in the section related to **90(a)** is not in evidence here, and so it is most unlikely that any of these MSS was a direct source for **1535.** Nevertheless, it is clear that the repertory is closely related. Gaston Paris, in his edition of MS Paris 12744, *Chansons du XVe siècle,* Paris, 1875, pp. xii-xiii, saw that some of his chansons were in Lotrian's *S'ensuyt plusieurs belles chansons nouvelles,* 1543 — and that collection, as we know, is merely a new edition of **1535.** We must conclude that this part of **1535,** that is nos. 118-154, contains versions of relatively early chansons from some source or sources which is (or are) today unknown. Seventeen of them are not found in either of the two monophonic MSS, nor in the MS de Vire, nor in any earlier printed collection. They may very well have come from some printed collection or collections, however, rather than from manuscripts, because of the title-page of **1535** which specifically mentions 'les anciennes impressions'. But wherever they come from, their authenticity is beyond dispute, even though their earliest known source today, by a fluke of survival, is **1535**. The seventeen are the following:

121. My voulez vous laisser mourir
123. Plaisante fleur que j'ay tant desirée
126. L'orée d'ung boys resplendissant
127. Une joyeuse pensée
128. Dame d'honneur, puis que vous dictes cela
129. Desespoir me contrarie
130. Je suis entré en grant pensée
131. Rossignollet du boys ramé
132. Je suis en telle melencolie
136. Pour eviter à fantasie
137. Se je ne puis estre joyeuse
138. Il m'est prins si grant envie
139. Or voy je bien que dueil my porte
141. Ma femme s'est advisée
142. Pource que je suis vieil homme
143. Esbatement vueil à Dieu demander
145. C'est belle chose que ordonnance

Contents:

1. Martin menoit son pourceau au marché [after Clément Marot]
2. Si vous voulez faire une amye [after Clément Marot]
3. J'ay faict ung amy d'estrange pays
     Refrain: *C'est grant trahyson de monstrer semblant...*
4. Nous estions troys filles
     Refrain: *Au boys, au joly boys...*
5. Vivray je plus gueres? languiray je tousjours?
6. Mon pere et ma mere
     Title in text: La chanson de Ribon ribeine
     Refrain: *Ribon ribeine*
7. Par ton regard tu my fais esperer [Bonaventure des Périers]
8. Partir my fault d'icy, mon bien, mon seul espoir
     Refrain: *Le departir de vous my faict transir le cueur...*
9. Ma dame et ma maistresse

10. J'ay ung siron sur la motte
11. Quant j'estoye petite garse
      Refrains: *Las, que devint mon cotillon?*
      Au vert buisson mon cotillon,
      Danssez sus le buissonnet...
12. A Paris, à La Rochelle
      Refrain: *Gentil marichal...*
13. Mon amy, voicy la saison
      Refrain: *Sortez de la teniere...*
14. Nous estions trois compaignons
      Refrains: *Sen devant derriere*
      Sen dessus dessoubz
15. Je demeure en tresgrant tristesse
      Title in text: Aultre chanson sur le chant 'Je de-
      meure seulle esgarée'
16. M'amye, voicy la saison
      Title in text: Chanson nouvelle faicte sur le chant
      'Sortez de la teniere'
      Refrain and title in *Table: Aymez d'amour en-
      tiere...*
17. Qui me fist aliance
      Title in text: Aultre chanson sur le chant 'D'où
      vint la congnoissance de m'amye et de moy'
18. Le plus souvent tant il m'ennuye
19. Las, que vous a fait mon cueur
20. La belle chamberiere s'est levée au matin
      Refrain: *Venez, venez, venez, venez y toutes,*
      Je vous feray mouldre à nostre moullin
21. Madame s'en va au marché
      Refrain: *Et tant bon homme...*
22. Chamberiere jolie, ne faictes plus cela
23. C'est une dure departie
24. Ung grant plaisir Cupido me donna
25. Amours, partez, je vous donne la chasse
26. J'ay contenté / Ma voulenté / Suffisamment [after
      Clément Marot]
27. Long temps y a que je vis en espoir [after Clément
      Marot]
28. Las, il fauldra que un estrangier la maine
29. En vous aymant je languis à poursuivre

30. Venez, venez, venez, venez / Veoir Maistre Pierre du Quignet
    Title in text: La chanson Maistre Pierre du Quignet
    Refrain: *Veoir Maistre Pierre du Quignet*
31. Je marchanday l'autre soir
32. A Paris a une fille
    Refrain: *Dictes que c'est du mal, m'amye,*
    Dictes que c'est du mal des dentz
33. Mon triste cueur si est hors du soulas
34. Fait ou failly, ou du tout riens qui vaille
35. D'estre amoureux je n'en fus jamais las
36. Le bouvier se leva
37. Se j'ay pour vous mon avoir despendu
38. Mon pere m'envoye
    Refrain: *Dureau la durette*
39. M'amye m'a donné des soulliers
    Refrain: *Mais de ce bas, ce jolis mignon bas...*
40. Il estoit ung gris moyne qui revenoit de Romme
    Refrain: *Fringuez, moynes, fringuez, Dieu vous*
    fera pardon...
41. Nous mismes à jouer
    Refrain: *Avec la tourloura, la la*
42. Veu le grief mal où sans fin je labeure
43. Pour bien aymer je demeure confus
44. Puis que Fortune a sur moy entreprins
45. Je my levay par ung matin, / Ung rossignol chanter ouy
46. De resjouyr mon paovre cueur
47. Mon pere, mon pere, / Vous avez faict mal
    Refrains: *Derira*
    Derirette
48. Mon pere, aussi ma mere, m'ont laissée sans amy
49. Contre raison vous m'estes trop estrange
50. Mauldict soit il qui dira mal du con
    Refrain: *Souvent à deux genoulx on luy baille sa*
    proye
51. Mauldit soit jalousie et qui jaloux sera
52. Voullez ouir chanter / Une chanson si merveileuse
53. Secourez moy, madame par amours [after Clément Marot]
    Refrain: *Car de son cueur vous estes la maistresse*

54. Languir me faitz sans t'avoir offencée [after Clément Marot]
55. Sus toutes fleurs j'ayme la marguerite
56. Et vous ne sçavez pas pourquoy
57. Puis qu'en amours a si beau passetemps
58. Je ne sçay pas comment
59. Joyssance vous donneray [Clément Marot]
60. Viendras tu point ton amy secourir
61. D'amour je suis desheritée
62. D'où vient cela, belle, je vous supplie [Clément Marot]
63. Amour et Mort me font oultraige [Clément Marot]
64. Mon cueur est souvent bien marry
65. Le triste cueur, puis qu'avec vous demeure
66. Vivray je tousjours en soucy
67. Quant tu chanteras pour ton ennuy passer [after Francis I]
68. Ma bouche rit et mon cueur pleure
69. Le departir de cil que tant j'aymoye
70. Changeons propos, c'est trop chanté d'amours [Clément Marot]
71. Vive la serpe, les serpiers et le serpillon
72. Le jaulne et bleu sont les couleurs
73. J'attens secours de ma seulle pensée [Clément Marot]
74. L'autre jour jouer me alloye
75. Que dictes vous ensemble
    Title in text: Chanson nouvelle selon la bataille faicte devant Pavye qui se chante sur le chant 'Que dictes vous en France'
76. Aydez moy tous à plaindre, gentilz adventuriers
77. Helas, que vous a fait mon cueur
78. Je ne me puis tenir
79. Madame la gorriere
    Refrains: *Nicolas mon beau frere*
    Nicolas mon amy
80. Madame de sa grace m'a donné ung mullet
81. Helas, si je vous ayme, n'ay je pas bien raison?
    Title in text: Aultre chanson nouvelle sur ledit chant (i. e., 'Madame de sa grace m'a donné ung mullet')

82. Plaisir n'est plus, je veis en desconfort [after Clément Marot]
83. Mon petit cueur qui vit en grant martyre
84. Amoureulx suis des mignons appellé
85. Qui sont ces gentilz hommes
86. L'aultre jour my cheminoys
    Refrains: *La falarigoy*
    Hé Dieu (or *Et Dieu*), *qu'elle est malade*
87. Gentil fleur de noblesse
88. L'autre jour parmy ces champs
89. Enfans, enfans de Lyon
    Refrain: *Le jardin qui est sur Saone ...*
90. De mon triste et desplaisir
91. De bien aymer je te jure
92. Nous estions trois gallans
93. Tous compaignons adventuriers
94. A qui diray je ma plainte
95. Ces fascheux sotz qui mesdisent d'aymer
96. Fortune, laisse moy la vie
97. Incessamment je my tourmente
    Refrain: *Ou aultrement me fault mourir*
98. Ung amoureux à la chasse s'en va
99. L'esté venu, adieu froydure
100. Petite fleur cointe et jolye
101. Dame Venus, donnez moy secours
102. C'est bocané de se tenir à une
103. C'est boucané d'en avoir plus d'une
    Title in text: Le contraire de la chanson 'C'est Boucané &c.'
104. Ung franc taulpin qui sur les champs alloit
    Refrain: *Vidagon, vignette sur vignon*
105. Au boys de dueil à l'ombre d'ung soulcy
106. Au boys de dueil à l'ombre de soulcy
    Title in text: Aultre chanson nouvelle sur le chant de 'Au bois de dueil'
107. Le cueur est mien qui oncques ne fut prins
108. Ce n'est pas trop que d'avoir ung amy
109. Ma bien acquise, je suis venu icy
110. C'est à l'ombre d'ung buissonnet
    Refrain: *'Et Robinet, comment l'entendez vous?'*
111. Amy, helas, ma seur, dolente suis
112. Amour vault trop qui bien s'en sçait deffaire

113. S'esbahist on se j'ay perdu mon taint
114. Deux dames voulus escouter
     Title in text: Chanson nouvelle du jugement
         d'amour par deux dames en oppinions con-
         traires, comme en ce bien experimentées, sur
         le chant 'La seureté n'y sera plus'
115. Au jardin de plaisance entray
     Title in text: La chanson de la verolle, chastiant
         l'amoureux qui ne la voulut à dame recon-
         gnoistre, sur ledict chant (i.e., 'Deux dames
         voulus escouter')
116. Las, pourquoy m'estes vous si rude
117. Il me suffist de tous mes maulx
118. Il est venu ung petit oysillon
119. Quant je voy renouveller
120. Plaisante fleur, allegez le martyre
121. My voulez vous laisser mourir
122. Le perier qui charge souvent
123. Plaisante fleur que j'ay tant desirée
124. Mourir puissent ces envieulx
125. J'eusse encor desir d'aymer
126. L'orée d'ung boys resplendissant
127. Une joyeuse pensée
128. Dame d'honneur, puis que vous dictes cela
129. Desespoir me contrarie
130. Je suis entré en grant pensée
131. Rossignollet du boys ramé
132. Je suis en telle melencolie
133. Suis demourée seulle esgarée
134. Ung esprevier venant du verd bocaige
135. Helas, Olivier Basselin
136. Pour eviter à fantasie
137. Se je ne puis estre joyeuse
138. Il m'est prins si grant envie
139. Or voy je bien que dueil my porte
140. Ce moys de may que fruictz et fleurs
141. Ma femme s'est advisée
142. Pource que je suis vieil homme
143. Esbatement vueil à Dieu demander
144. Helas, j'ay esté destroussé
145. C'est belle chose que ordonnance

146. J'ayme bien mon amy
147. J'ay eu long temps grant envie
148. L'amour de moy si est enclose
149. Plaisante fleur gente et jolye
150. Souvent m'esbas et mon cueur est marry
151. Ce moys de may par ung doulx assoirant
152. Le grant desir d'aymer me tient
153. En revenant de Sainct Anthoine en Brie
        Refrain: *Dire mot sans rire*
154. Soubz une aubespine fleurie
155. Femmes, battez voz marys
        Refrain: *Et au chant guerelo*
156. Qui veult avoir lyesse
        Title in text: Chanson nouvelle sur le chant 'Quant
            party de la rivolte' et aussi sur le chant de
            'Gentil fleur de noblesse'
157. Adieu plaisir, adieu soulas
        Refrain: *Maulditz soient ces envieulx...*
158. C'est simplement donné congé
159. Puis qu'elle m'a fermé son huys
160. Puis que de vous me fault partir
161. Mon seul plaisir, ma doulce joye
162. En plains et pleurs je prens congé
        Refrain: *Puis qu'il convient que je vous laisse*
163. Que mauldit en soit la journée
        Title in text: Aultre chanson de Verdelet
164. Vray dieu [d'amours, re]confortez ma dame
165. Tous loyaulx amoureux
166. Faulte d'argent
167. Maulgré dangier
168. En ce jolis temps gracieulx
        Refrain: *Sur la verdure*
169. Les regretz que j'ay de m'amye
170. Madame, mon souverain desir
        Refrain: *Et vive la bergiere!*
171. Nous irons jouer
        Refrain: *Et mon amy, et mon amy, / Le souvenir
            de vous my tue*
172. Qui veult aymer, il fault qu'il soit joyeulx

173. Une jeune fillette / En l'aage de quinze ans
 Title in text: Aultre chanson nouvelle sur 'Comment peult avoir joye qui Fortune contraint'
174. Noble cueur d'excellence
 Title in text: Aultre chanson sur 'Mariez moy, mon pere'
175. Fille qui faict nouvel amy
 Refrain: *Au fort je reviendray souvent, / Je ne vous oubliray jamais*
176. Depuis q'une jeune fille
 Refrain: *Puis qu'elle est affriollée*
177. Damoyselle, plaine de grant beaulté
178. Belle, puis que ne voulez plus
 Title in text: Chanson nouvelle sur 'Vive l'espiciere'
179. Je voys, je viens, mon cueur s'en volle
 Refrain: *'Nenny, nenny, je ne suis pas si folle'*
180. A tout jamais, d'ung vouloir immuable [Jean Marot]
181. Ne suis je pas bien malheureux
182. Mon pere a fait faire ung chasteau
 Refrain: *Allons, allons gay...*
183. Mon mary m'a diffamée
 Refrain: *O mon amy...*
184. Helas, je l'ay aymée
 Refrain: *Hé dieu, helas...*
185. Hé l'ort villain jaloux
186. Adieu soulas, tout plaisir et liesse
187. Or suis je bien au pire
188. Mon cueur vit en esmoy
189. Se j'ayme mon amy
190. M'amyette m'a mandé
 Refrain: *Sus l'herbe, brunette...*
191. Je revenois de Sainct Gille
 Refrains: *Dieu doint des raisins aux vignes...*
  Dieu met en malle sepmaine...
192. O doulce amour, o contente pensée
193. S'il est en vous le bien que je desire
194. Si par souffrir l'on peult vaincre fortune
195. La grant doulceur de ma loyalle seur
196. Amour, passion increable
197. Par fin despit je m'en iray seullette
198. Ung coup d'essay avant que bailler gaige

199. J'ay congé prins sans l'avoir merité
200. Souffrez un peu que vous baise et acolle
201. De vray amour ne me vient que tristesse
202. Du cueur le don a le loyal amant
203. Jectez les hors de joyeuse queste
204. Amour au cueur me point [Clément Marot]
205. L'espousé la premiere nuict [Clément Marot]
206. Le doulx baiser que j'euz au departir
207. J'ay trop d'amours et peu de recompense
208. Les mesdisans qui sur moy ont envie
209. Cesse, mon oeil, de plus la regarder [Claude Chappuys]
210. Madame ung jour doulx baiser me donna
211. J'ay veu soubz l'ombre d'ung buisson
212. Mon confesseur m'a dict que je m'exente
213. D'ung nouveau dard je suis frappé [Clément Marot]
214. Le bergier et la bergiere
215. Assouvy suis mais sans cesse desire
216. Fortune, helas, as tu mis en oubly
217. Content desir qui cause ma douleur
218. Laissez cela, ne m'en parlez jamais

Cy commence la premiere chanson.

1(a).   Martin menoit son pourceau au marché
        Avec Alis, en une plaine grande,
        Qui luy pria de faire le peché
        L'ung sur l'autre. Et Martin demande:
        'Qui tiendra nostre pourceau, friande?'
        Et dict Alis: 'Bon remede il y a',
        Et lors le pourceau à sa jambe lya,
        Et Martin juche, qui lourdement anguaine.
        Le porc eust peur, et Alis s'escria:
        'Serre, Martin, nostre pourceau m'entraine!'   10

                        [after Clément Marot]

    (b).   Si nostre amour ne monstre sa valleur
           Mais se maintient secret

> Pour la crainte de Faulx Parler,
> Pour cela n'est estaincte;
> Le feu couvert a plus vive challeur.

In **1535,** these two poems are printed as one. In fact, they are two separate chansons. No. 1(a) is a corrupt version of an epigram by Clément Marot first published in *La Suite de l'Adolescence Clémentine,* 1534; see Marot's *Les Epigrammes,* edited by C. A. Mayer, London, 1970, p. 123. No. 1(b) is anonymous. Both were printed in Attaingnant's *Trente et une chansons musicales,* 1534 (Heartz 54), the first in a setting by Alaire, the second in a setting by Certon. It so happens that this collection of Attaingnant is also the source of a whole series of chansons in **1535,** nos. 192-212; most probably these two texts at the beginning also come from that same source. This is confirmed by the fact that the first five chansons in **1535,** nos. 1-5, have every appearance of being mere fillers-in, on unfoliated pages before the collection proper begins at f. Bi (foliated 'i'), just as are those last chansons at the end.

'Martin menoit son pourceau au marché' became immediately popular: Attaingnant published three separate musical settings of it within six months in 1534-5: the one by Alaire, and then one by Claudin de Sermisy and one by Janequin. See Heartz and Daschner for details, modern editions, and later settings.

In **1535,** *l'ung sur l'autre* is a part of line 3 and has the word *bis* after it. *Et Martin demande* is a complete line. The word *bis* also follows *m'entraine.*

---

8 *anguaine:* Cotgrave, *engainer:* 'To sheath, to put up into the sheath'. Here with an obscene connotation.

10 In the original the word *serre* appears also after *Martin* / 12 original *maintien.*

2. AULTRE CHANSON NOUVELLE

Si vous voulez faire une amye…
[after Clément Marot]

This is a corrupt version of Clément Marot's 'Quant vous vouldrez faire une amye', a chanson in his *L'Adolescence Clémentine.*

See Marot's *Oeuvres Lyriques,* ed. C. A. Mayer, London, 1964, p. 194. Perhaps because of the obvious corruption, it was not taken up into **1537** or **1543;** it is, however, in **1538,** no. 34, *as well as* the correct version which appears as **1538,** no. 24.

3.   AULTRE CHANSON NOUVELLE

J'ay faict ung amy d'estrange pays,
Il aura m'amour, il ne peult faillir;
Il ne l'aura pas, car il l'a desja;
Tel la pense avoir qui ne l'aura pas.
C'est grant trahyson de monstrer semblant
D'aymer par amours, car on y pert son temps.

Il s'en est allé, mon loyal amy,
Il m'a emporté mes anneaulx joly,
Mes anneaulx joly, ma verge d'argent,
Et mes amourettes qui estoyent dedens.   10
C'est grant trahyson de monstrer semblant
D'aymer par amours, car on y pert son temps.

Il est revenu, mon loyal amy,
Il m'a raporté mes anneaulx joly,
Mes anneaulx joly, ma verge d'argent,
Et mes amourettes qui estoyent dedens.
C'est grant trahyson de monstrer semblant
D'aymer par amours, car on y pert son temps.

The refrain is abbreviated the second and third time in **1535.** The metre is unusual, consisting as it does of decasyllables divided into two hemistichs of five syllables each.

Also in **1537, 1538,** and **1543.**

8-9, 14-15 *joly* has no final *-s* in **1535.**

4. AULTRE CHANSON NOUVELLE

Nous estions troys filles,
Toutes troys d'une ville.
Au boys, au joly boys,
Au boys sur la verdure
Dormir, jouer, m'en voys.

Toutes troys d'une ville.
La plus jeune va dire:
Au boys, &c.

La plus jeune va dire:
'Marie toy, m'amye!'   10
Au boys, &c.

'Marie toy, m'amye!'
'Helas, ma seur, je n'ose.'
Au boys, &c.

'Helas, ma seur, je n'ose,
De peur de jalousie.
Au boys, &c.

De peur de jalousie.
Mauldit soit jalousie!
Au boys, &c.   20

Maudit soit jalousie
Et qui l'a maintenue!
Au boys, &c.

Et qui l'a maintenue.
J'en ay esté batue,
Au boys, &c.

J'en ay esté batue,
Despouillée toute nue,
Au boys, &c.

Despouillée toute nue,   30
Gectée emmy la rue,
Au boys, &c.

Gectée emmy la rue,
Mon amy si m'a veue.
Au boys, &c.

Mon amy si m'a veue,
Et il m'a rebatue.
Au boys, &c.

Et il m'a rebatue
De sa gresle sceinture.   40
Au boys, &c.

De sa gresle sceinture;
Mauldit soit la sceinture!
Au boys, &c.

Mauldit soit la sceinture,
Les escolliers l'ont eue.
Au boys, &c.

Les escoliers l'ont eue,
Qui me l'ont recongneue.'
Au boys, &c.   50

The *sceinture* (belt), the refrain, and the many stanzas of this popular poem recall 'Je my levay par ung matin' in volume I, pp. 169-72.

In **1535** the refrain is abbreviated in every stanza except the first, second, and last, and the word *bis* is printed against the first line of each stanza.

The poem was not taken up into **1537** or **1543**; but it is in **1538**, no. 238.

5.   AULTRE CHANSON NOUVELLE

Vivray je plus gueres? languiray je tousjours?
Pour l'amour d'une dame que j'ayme par amours.

Pour l'amour d'une dame que j'ayme par amours.
El m'a sa foy promise qu'el n'aymeroit que moy.

El m'a sa foy promise qu'el n'aymeroit que moy;
Je l'ay trouvée menteuse, elle en a deux ou trois.

Je l'ay trouvée menteuse, elle en a deux ou trois.
Rossignolet saulvaige, prince des amoureux,

Rossignolet saulvaige, prince des amoureux,
Je te prie qu'il te plaise de bon cueur gracieulx,   10

Je te prie qu'il te plaise de bon cueur gracieulx,
Va moy faire un messaige à la belle, à la fleur,

Va moy faire un messaige à la belle, à la fleur,
Qu'elle ne my tienne plus en si grosse rigueur.

Qu'elle ne my tienne plus en si grosse rigueur.
Rigueur my fait mourir, je n'ay autre douleur,

Rigueur my fait mourir, je n'ay autre douleur,
Pour l'amour de m'amye, qui m'a transy le cueur.

Pour l'amour de m'amye, qui m'a transy le cueur,
Car elle est trop fiere, je mourray de langueur.   20

Car elle est trop fiere, je mourray de langueur.
Adieu mes amourettes, je n'ay plus de vigueur.

Finis.

This poem is related to nos. 8 and 48 below, qq.v. Its rhymes, at least at the beginning, are approximate.

The repetitions are given in full in **1535.**

Also in **1537, 1538,** and **1543.**

Cy ensuyvent plusieurs belles chansons nouvelles.
Et premierement la chanson de Ribon ribeine.

6.   CHANSON NOUVELLE

Mon pere et ma mere
N'avoyent enfant que moy;
Mais il m'ont mariée
Tout en despit de moy,
  Ribon ribeine,
Tout en despit de moy.

Mais il m'ont mariée
Tout en despit de moy
A ung vieillart bon homme
Qui n'a cure de moy,   10
  Ribon ribeine,
Qui n'a cure de moy.

A ung vieillart bon homme
Qui n'a cure de moy.
Au soir il my fiance,
Au matin m'espousit,
  Ribon ribeine,
Au matin m'espousit.

Au soir il my fiance,
Au matin m'espousit.   20
Premier jour de mes nopces
Il m'envoyst coucher,
  Ribon ribeine,
Il m'envoyst coucher.

Premier jour de mes nopces
Il m'envoyst coucher.
D'ung gros baston de saulx
Il my bat les costez,
    Ribon ribeine,
Il my bat les costez.   30

D'ung gros baston de saulx
Il my bat les costez.
Je mandis à ma mere
Qu'elle m'envoyast querir,
    Ribon ribeine,
Qu'elle m'envoyast querir.

Je mandis à ma mere
Qu'elle m'envoyast querir:
'C'est le vieillart bon homme
Qui my veult delaisser,   40
    Ribon ribeine,
Qui my veult delaisser!

C'est le vieillart bon homme
Qui my veult delaisser!'
Je prins mon corset rouge,
Je m'en suis en allée,
    Ribon ribeine,
Je m'en suis en allée.

Je prins mon corset rouge,
Je m'en suis en allée,   50
Dans une hostellerie
Je me suis arrivée,
    Ribon ribeine,
Je me suis arrivée.

Dans une hostellerie
Je me suis arrivée;
Je demanday chopine,

> Pinte on m'a baillée,
> *Ribon ribeine,*
> Pinte on m'a baillée.   60

An earlier version of this song is in MS Paris 12744, no. 5.
And its content and structure are similar to those of no. 47 below,
q.v. The phrase *Ribon ribeine,* according to Brown (*Music in the
French Secular Theater,* p. 92), is found in a number of plays.

A musical setting *a 4* by M. Sohier, as 'Mon pere my marye,
c'est en despit de moy' is in Attaingnant's *Trente chansons musicales,*
1534 (Heartz 44); and another *a 4* by Jarsins, as 'Ribon ribaine tout
en despit de moy', is in Attaingnant's *Tiers livre,* 1538 (Heartz 79).

The repetitions are given in full in **1535** for the first and second
stanzas, and thereafter the repetition of the final line of each stanza
is omitted, although *Ribon ribeine* is given each time.

Also in **1537, 1538,** and **1543.**

15-16 *fiance, espousit:* the engagement and the marriage followed
in quick succession.
22 *m'envoyst coucher:* i.e., alone.
27 *saulx:* i. e., *saule,* willow.
57 *chopine:* a measure of liquid. Cf. volume I, pp. 160-2.

7.   AULTRE CHANSON NOUVELLE

> Par ton regard tu my fais esperer,
> En esperant me convient endurer,
> En endurant ne my fais que complaindre,
> Mais la complainte ne peult mon mal estaindre,
> Si du dangier ne my peulx retirer.

[Bonaventure des Périers]

This is a version of a poem by Bonaventure des Périers, printed
in his *Oeuvres françoises,* ed. L. Lacour, vol. I, Paris, 1856, p. 165.

A musical setting *a 4* by Claudin de Sermisy was published in
Attaingnant's *Trente et six chansons musicales,* 1530 (Heartz 19);

another *a 3* by Gosse in Attaingnant's *Trente et une chansons musicales*, 1535 (Heartz 65); for another *a 2* by Buus, see Daschner.
Also in **1537**, **1538**, and **1543**.

---

5 *peulx:* **1535** reads *peult*.

8.   AULTRE CHANSON NOUVELLE

Partir my fault d'icy, mon bien, mon seul espoir,
A ce departement je vous donne mon cueur.
Plus fort je ne sçaurois, il n'est à mon povoir.
Le departir de vous my faict transir le cueur,
Le departir de vous my faict transir d'amours.

Si vous voulez sçavoir quelles sont mes couleurs,
Incarnat, violet, je porte pour couleurs.
Le departir de vous my faict transir le cueur,
Le departir de vous my faict transir d'amours.

Nous retiendrons celuy qui est vestu de noir   10
Par dedens et dehors en si grosses douleurs.
Le departir de vous my faict transir le cueur,
Le departir de vous my faict transir d'amours.

Rossignolet qui chante, prince des amoureux,
Je te prie qu'il te plaise de bon cueur gracieux,
Va moy faire messaige à la belle, la fleur,
Je luy prie qu'il luy plaise que soys son serviteur.

Qu'el ne my tienne plus en si grosse rigueur,
Rigueur my faict mourir avec aultres douleurs.
Le departir de vous my faict transir le cueur,   20
Le departir de vous my faict transir d'amours.

Je demourray icy puisqu'ailleurs je ne puis,
Et si suis vostre amy, ainsi comme je croys.

Le departir de vous my faict transir le cueur,
Le departir de vous my faict transir d'amours.

This is one of three chansons in **1535** which all have a section towards the end beginning 'Rossignolet'; the others are nos. 5 and 48, qq.v. In the present poem, in **1535,** the refrain is missing from the central section, suggesting that it is an insertion into a *chanson à refrain.*

1535 abbreviates the refrain at lines 20-21 but gives it in full elsewhere.

Also in **1537, 1538,** and **1543.**

9. AULTRE CHANSON NOUVELLE

Ma dame et ma maistresse,
Ayez mercy de moy,
Car je vis en tristesse
Et en tresgrant langueur.
C'est pour vostre amour,
Belle, je vous affie,
Se pitié n'en avez
Brief fineray ma vie.

D'aymer vous dis ma dame,
Vous estes mon espoir,   10
Jamais n'en aymay d'aultre
Que vous, je vous prometz;
Parquoy pas n'oublirez
Que aymer vous veulz, dame,
Du bon du cueur pour vray
Sans aulcune deffaulte.

Nul n'est si parfaict homme
Ne de si grant esprit
Qui ne fut de vous, dame,
Provocqué à aymer,   20
Veu vostre beau parler

Et vostre contenance.
Mais peu ce m'a valu
Se je n'ay allegeance.

Pensez, m'amye la belle,
Que ung amant a de mal
Qui ayme une dame
Et elle ne l'ayme pas.
C'est ung divers repas
Que d'aymer sans partie;   30
Mais en fin jouyray,
Je l'espere, m'amye.

Parquoy si voulez, dame,
De ce vous acquiter,
Vous rendrez la responce
Au paovre fortuné
Qui vous a pourchassé
En ayant esperance
Comme celle à qui
Avoit mis sa fiance.   40

1535 adds *bis* against the last line of each stanza.
Also in **1537, 1538,** and **1543.**

---

15 *du bon du cueur:* with all my heart (Huguet).
36 *fortuné:* unfortunate person.

9 **1535** adds *je* before *vous;* deleted for the metre.

10.   AULTRE CHANSON NOUVELLE

J'ay ung siron sur la motte,
Je croy qu'i my rendra morte
Si je ne le fais oster, oster.

Mon pere m'apelloit sotte
Et m'a dit que je le frotte
Et que je y boute du cel, du cel.

Je le frotte et si le galle,
Encore en suis je plus mallade,
Je ne le sçaurois oster, oster.

On m'a dit en ceste ville   10
Qu'il y fault de la chair vive,
Ung tronsson à y bouter, bouter.

Mon amy a une chose,
Que je disse, mais je n'ose,
Qui me le pourroit oster, oster.

Je my en allay tout en l'heure,
Le trouvay disant ses heures,
Je luy allay demander, mander:

'Mon amy, je suis malade;
N'avez vous chose qui me faille   20
Pour me remettre en santé, santé?'

'Ouy bien, ma doulce amye,
Faictes ce que je veulx dire,
Vous en serez allegé, legé.

Entrez tost dedans ma chambre,
Fermez l'huys qui nous esvente,
Car c'est le droit du mestier, mestier.'

Quant je fus dedans entrée,
Mon amy m'a embrassée,
Dessus son lict m'a gecté, gecté.   30

Quant je fus dessus couchée,
Mon amy m'a rebrassée
Jusques dessus les costez, costez.

Il a prins une lancette,
Je ne sçay pas qui l'a faicte,
El n'est de fer ne d'acier, d'acier.

Le taillangier qui l'a forgée
Fist une bonne journée,
Car il estoit bon ouvrier, ouvrier.

Et quant il la m'eust monstrée   40
A peu que ne fus pasmée,
Tant estoit bien affillé, fillé.

Incontinent sans plus attendre
Il me la mist dedans le ventre;
J'aymasse mieulx qu'il l'y eust laissé, laissé.

Entre vous jeunes fillettes,
Quant les sirons si vous blessent,
Faictes les ainsi oster, oster.

Il n'y a sizeaulx ne forces
Ny esguille d'acier si forte   50
Qui le sceust avoir osté, osté.

The repetition of the last two syllables of a line, even when
they do not form a complete word, is unusual in chanson verse and
probably derives from a musical setting. A setting by Compère is
published in Compère's *Opera Omnia*, edited by Ludwig Finscher
(*Corpurs Mensurabilis Musicae*, 15), vol. V, 1972, page 28, with some
repetitions at the end.

Also in **1537, 1538,** and **1543.**

---

1 *siron:* i.e., *ciron,* flea.
  motte: mound - i.e., of Venus.
6 *cel:* i.e., *sel,* salt.
7 *galle:* scratch.
49 *forces:* shears.

3, 9, 15, 48 *oster:* at 3 and 9 the final *-r* is omitted in **1535** /
24 and 30 thus in original (not *allegée* and *gectée*) / 36 *El:* **1535**
reads *A* / 38 *journée:* final *e* omitted in **1535** / 45 *l'y:* **1535** reads *y.*

11.   AULTRE CHANSON NOUVELLE

Quant j'estoye petite garse...

In **Nourry,** no. 20, in a rather different version. See pp. 101-104 above.

12.   AULTRE CHANSON NOUVELLE

A Paris, à La Rochelle,
   Gentil ma marichal,
Il y a trois damoyselles.
   Gentil ma marichal, gentil marichal,
   Ferratu mon cheval?

Dont la plus jeune est m'amyette.
   Gentil ma marichal,
   Ferratu mon cheval?

Je la prins et je l'embrasse,
   Gentil ma marichal,   10
   Ferratu mon cheval?

Je la gettay sur la couchette,
   Gentil ma marichal,
   Ferratu mon cheval?

Je luy levay sa chemisette,
   Gentil ma marichal,
   Ferratu mon cheval?

Luy mis la main sur la cuysette,
   Gentil ma marichal,
   Ferratu mon cheval?   20

Je luy feis trois foys ou quatre,
   Gentil ma marichal,
   Ferratu mon cheval?

> Je la relevay grosette,
> *Gentil ma marichal,*
> *Ferratu mon cheval?*

This is one of a whole family of chansons. See **La fleur 110,**
no. 48; **Nourry,** no. 37; and **1535,** nos. 86 and 153.

The repetitions are given in full in **1535,** and in addition the
word *bis* is printed against *Gentil ma marichal* at line 4 and in
every stanza except (probably in error) the fifth.

Also in **1537, 1538,** and **1543.**

---

24 *relevay* from **1537,** for the metre; **1535** reads *levay*.

13.   AULTRE CHANSON NOUVELLE

> *Sortez de la teniere,*
> *Et l'ort villain jaloux mary coqu!*
> *Sortez de la teniere,*
> *La passion vault fievre.*

Mon amy, voicy la saison
Que tous coqus s'assembleront
   Pour passer la riviere,
Dont mon meschant mary coqu
   Portera la baniere.
   Sortez, &c.   10

'Mary, je songeoys l'autre jour
Que vous estiez dedens ung four
   La teste la premiere,
Et j'estois avec mon amy,
   Où je faisois grant chiere.
   Sortez, &c.

Mary, si je voulois aymer,
M'en penseriez vous bien garder?

Ne suis pas la premiere
Qui a faict son mary coqu,   20
   Ne seray la derniere.
   Sortez, &c.

Mary, j'ay bien veu la saison
Que je soulois cacher mon con
   De l'oreille d'ung liepvre,
Mais maintenant il fauldroit bien
     Toute la peau entiere.'
     Sortez, &c.

This chanson is listed in the *Table* as 'Sortez de la teniere'. It
is the timbre to no. 16 below.

In **1535,** the word *bis* is printed after the first line of each stanza.
The instruction *Sortez, &c.* appears only after the first stanza but
may also be assumed after the others.

Line 2 recalls the well-known chanson 'Hé l'ort villain jaloux'
(see volume I, p. 84). And indeed, this vivid picture of flights of
cuckold husbands winging their way like cuckoos over the river
owes much to that earlier poem with its different animal imagery,
of a cuckold as a baited bear.

Also in **1537, 1538,** and **1543.**

---

1 *teniere:* i.e., *tanière*, den, lair, hole, burrow. Here with an
obscene connotation.

14.   AULTRE CHANSON NOUVELLE

Nous estions trois compaignons
Qui venoient de delà les mons,
Pensant tous faire grant chiere,
   Sen devant derriere,
Et si n'avoyent pas ung soubz,
   Sen dessus dessoubz.

Quant fusmes au logis arrivez:
'L'hostesse, qu'avez habillé?

Faictes nous à tous grant chere,
 Sen devant derriere,   10
Et nous deust il couster cent soulz',
 Sen dessus dessoubz.

Quant nous eusmes bien disné:
'Hostesse, que souperons nous?
Habillez nous connins et lievres,
 Sen devant derriere,
Et une perdrix aux choux',
 Sen dessus dessoubz.

Quant nous eusmes bien souppé:
'Hostesse, où coucherons nous?   20
Envoyez nous la chamberiere,
 Sen devant derriere,
Pour coucher avecques nous',
 Sen dessus dessoubz.

Quant la dame entendit ce mot:
'Faictes encores ung aultre escot.
Je vous feray à tous grant chiere,
 Sen devant derriere,
Et ne vous coustera pas ung soubz',
 Sen dessus dessoubz.   30

Quant la chamberiere entendit
Qu'i n'estoyent que quatre ou cinq,
Elle dist en basse maniere,
 Sen devant derriere,
'Je vous fourniray bien tous',
 Sen dessus dessoubz.

Et quant ce vint à compter,
N'avoyent ne maille ne denier.
L'hoste print sa grant rapiere,
 Sen devant derriere,   40
'Vous me payerez tout à coup',
 Sen dessus dessoubz.

Quant Thibault ouyt ces motz,
Il print ung de ses sabotz
Et luy rompit les machoueres,
    Sen devant derriere,
Et ne bailla pas ung solz,
    Sen dessus dessoubz.

This song resembles 'Entre nous bons gallans' in volume I, pp. 217-20, with a similar scene at the end of the evening when the bill has to be paid.

The word *Thibault* in line 43 is underlined by hand in the only known copy, but how long ago is not certain. It occurs in the last stanza, where sometimes a song's writers are named, but this does not necessarily have anything to do with authorship.

1535 prints the refrains in full, and gives the word *bis* against each of the first two lines of each stanza.

Also in **1537, 1538,** and **1543.**

---

2 *de delà les mons:* from Italy; that is to say that they are probably soldiers coming from the Italian wars.

8 *habillé:* ready for eating.

13-14 *disner* and *soupper* are two separate meals, usually lunch and dinner.

38 *ne maille ne denier:* no money at all.

45 *machoueres:* i.e., *mâchoires,* jaws.

41 *tout à coup:* **1535** gives *acoup* as one word.

15.   AULTRE CHANSON SUR LE CHANT
      'JE DEMEURE SEULLE ESGARÉE'

Je demeure en tresgrant tristesse
Pour vous, ma dame par amour.
Si ne me mettez en lyesse,
De brief je fineray mes jours.
De vous seulle j'atens secours,
Je vous le dis, dame, pour vray,
Et si point le temps je ny voy.

De doulceur vous estes l'exemple,
De beaulté et d'humilité.
Qui m'embrase à vous aymer, dame,   10
C'est que en vous bien congnois que
Oncque Pallas qui de sçavoir estoit
La dame et royne aussi
Ne vous exceda en honneur.

Vous estes si doulce et benigne
Et si avez si doulx regard.
Advisez celuy qui vous ayme;
Nuyt et jour il tent à la mort.
C'est du pensement et amour
Qu'il a à vous, dame d'honneur;   20
Helas, donnez vous à son cueur.

Si voulez estre si cruelle
Et avoir le cueur si tresdur
Que ne baillez quelque allegeance
A celuy qui se meurt pour vous,
Par tout mal on dira de vous,
Qui sera de mon mal le grief;
Bien y povez remedier.

This is the first of three rather poor chansons on timbres. At the end of the third of them, no. 17 below, they are apparently referred to together as 'ces chansonnettes'.

The timbre, 'Je demeure seulle esgarée', is in volume I, p. 208. **1535** prints the word *bis* against the last line of each stanza. Also in **1537**, **1538**, and **1543**.

16. CHANSON NOUVELLE FAICTE SUR LE CHANT
'SORTEZ DE LA TENIERE'

Aymez d'amour entiere
Celuy qui vous aymé j'avon;
Aymez d'amour entiere,
Point ne soyez si fiere.

M'amye, voicy la saison
Qu'i faict bon aymer par amour
    Et embrasser s'amye;
Parquoy si me faictes raison
    De dueil seray delivré.
    Aymez, &c.   10

Ma seur, je pensoys l'autre jour
Comment jouyroys de l'amour
    Duquel tant je vous ayme,
Mais je n'y trouvay aulcun tour,
    Parquoy suis en grant peine.
    Aymez, &c.

M'amour, si vous me voulez veoir
Encore deux moys en vie,
    Faictes, par amour vous requier,
Que de vous je jouysse,   20
    Ou fineray ma vie.
    Aymez, &c.

Si pensé eusse quant vous vis
La premiere journée,
    Que vous m'eussiez tant faict languir,
Tiré me feusse arriere,
    Point ne vous eusse regardée.
    Aymez, &c.

In the third and fourth stanzas the metrical structure seems to
have gone awry, with long and short lines coming in the wrong order.
Stanza 3 could be amended by reading *Faictes, je vous requier, /
Que de vous par amour jouysse,* but not stanza 4. And in any case,
this seems a most unsophisticated poem: line 2, *Celuy qui vous
aymé j'avon,* is very poor, and it is not clear whether the second
stanza is in the mouth of a man or a woman.

1535 gives the word *bis* after the first line of each stanza.
The timbre, 'Sortez de la teniere', is no. 13 above.
Also in **1537, 1538,** and **1543.**

17.   AULTRE CHANSON SUR LE CHANT
'D'OÙ VINT LA CONGNOISSANCE DE M'AMYE ET DE MOY'

Qui me fist aliance
A vous, dame, avoir,
Veu que en si grant souffrance
Vous me faictes languir?
Las, vostre contenance
Et tous voz beaulx soubzriz
M'ont souvent causé joye
Qui par dueil prenoit fin, helas,
Qui par dueil prenoit fin.

Voz regardz et oeillades   10
Et le maintien de vous
Avec l'esperance
Que j'avoye d'amours,
Aussi la contenance
Que me souliez tenir
M'ont faict maincte nuictée
Retourner à mon lict, helas,
Retourner à mon lict.

Je vous prometz, ma dame,
Que si bien vous sçaviez   20
Le mal, aussi la peine
Que pour vous ay porté
Et que tous les jours porte,
De vous suis asseuré
Que estes si courtoise
Que secours me donriez, helas,
Que secours me donriez.

Tous amoureulx du monde
Qui vous meslez d'aymer,
N'aymez point si en haste   30
Mais devant congnoissez

161

Si la dame vous ayme
Aussi se a le loysir,
Et en ce faisant certes
Bien en pourrez jouyr, helas,
Bien en pourrez jouyr.

Qui fist ces chansonnettes?
Ce fut ung escollier
Qui pour aller par terres
Et veoir divers pays   40
Sur luy print une balle
Qui tresbien le nourrit,
Mais d'amour la fortune
Le fist bien emmegrir, helas,
Le fist bien ammegrir.

The repetitions are given in full in **1535** at lines 8-9 and 17-18.
At lines 26 and 35 is only *Helas, &c.* and at line 44 not even that.
After line 9 in **1535** is the word *bis*.

Also in **1537, 1538,** and **1543.** In **1538,** the last line of every
stanza (not only the first) is *Helas, qui par dueil prenoit fin,* which
seems to be a misunderstanding of the form.

The *chansonnettes* mentioned in the last stanza appear to be the
three chansons on timbres which follow each other in succession,
nos. 15, 16, and 17. They sound indeed like student efforts. For
the timbre, see **Nourry,** no. 1.

---

34 *certes:* from the other sources; **1535** reads *certers*. Even *certes*
does not make good sense.

41 *une balle:* sense obscure.

18.   AULTRE CHANSON NOUVELLE

Le plus souvent tant il m'ennuye,
C'est de m'amye que ne la voy,
Et mon cueur dort en fantasie,
Disant: 'Adieu, car je m'en voys'.

Si sa belle figure
Que je voy en painture
Ne my donne secours,
Je croy que par nature
Du grant mal que j'endure
Je fineray mes jours.   10

Pleust à Dieu que fusse invisible
Pour la veoir la nuict et le jour,
Car elle m'ayme à son possible,
Aultre qu'elle n'aura m'amour.
C'est ma grant plaisance,
Aussi mon esperance,
Que à m'amye parler,
Mais c'est la desplaisance
Qu'elle n'a la souvenance
De mon mal supporter.   20

Voulez vous ouyr la responce
Faicte sur moy cruellement?
De son amour pesant une unce
Je n'auroye pour le present.
Je prens en pacience
Puis qu'elle veult attendre
De moy donner confort.
Voylà le coup de lance
Qui navre par oultrance
Mon cueur jusques à la mort.   30

Je vous supplie, ma doulce amye,
Quant feray mon departement,
Ung doulx baiser par courtoisie
Donnez moy amoureusement.
Je suis en fantasie,
Fort banny de m'amye.
Mauldit soit qui ce fist
Et toute la lignée,
Fust elle infinée,
Qui a si maulvaise bruyt.   40

Celuy qui en amours se fie
Est fol d'aymer si loyaulment.
Femme me semble grant folie
D'aymer si tresparfaictement.
    Car toute la nuyctée
    Suis en melencolie
    Et en grant pensement,
    De peur que par envie
    Je ne perde m'amye
    Par les faulx mesdisans.   50

Celluy qui la chanson a escripte,
Ç'a esté ung bon compaignon,
Passant par boys, portant des livres,
Soy reposant dessus ung tronc,
    Ayant en sa bouteille
    Bon vin qui estincelle
    Pour boire bien souvent.
    Mis y avoit canelle,
    Clou et bonne muguette
    Pour plus estre odorant.   60

Also in **1537, 1538,** and **1543.**

---

59 *muguette:* nutmeg.

19.   AULTRE CHANSON NOUVELLE

Las, que vous a fait mon cueur,
Madame, que vous le hayez tant?
Vous my tenez telle rigueur,
Certes, je n'en suis pas contant.
Mon cueur va tous jours souspirant
    Du regret de s'amye,
Si vostre secours je n'atens,
    Mon esperance fine, *helas.*

Si me voulez tenir rigueur,
Madame, qui l'endurera? 10
Ferez mourir vostre serviteur,
Je croy qu'i vous en desplaira.
A tout le moins y languira
  Pour le mal qu'il endure,
Mais vostre amour l'en guerira,
  C'est la vraye medecine, *helas.*

Si ne me voulez secourir,
Las, que pourray je devenir?
Mieulx my vauldroit mes jours finir
En peine, en pleurs, et en soucy, 20
En lieu de chanter pour plaisir,
  En ressemblant le cygne
Qui chante quant il doibt mourir,
  Et sa grant joye deffine, *helas.*

Si vous m'avez congié donné,
Vous m'avez fait ung grant plaisir,
Car j'estoye bien deliberé
De vous planter pour reverdir
Au meillieu de vostre jardin
  Qui est plain de malice. 30
Qui vous vouldroit entretenir,
  Il fauldroit qu'i fust riche, *helas.*

Qui vous vouldroit entretenir,
Il fauldroit qu'i fust bien mignon,
Et qu'il sceust bien le jeu d'aymer,
Pour soy garder de voz lardons.
Helas, ce n'est pas la façon
  D'une si belle fille
De se mocquer de compaignons
  Quant il n'ont plus d'amye, *helas.* 40

Nully ne me peult secourir,
Madame, si ce n'estoit vous.

Mon cueur aymeroit mieulx mourir
Que de chercher ailleurs amours.
Voz yeulx en ont fait leurs jours cours
    Tant vous estes benigne;
De tous espoirs que j'ay d'amours,
    Vous estes la racine, *helas*.

This chanson has the same stanza-shape as 'Entretenu m'aves long temps' (see volume I, pp. 135-6), and its fourth and fifth stanzas are the same (with some variants) as the second and fourth stanzas of that poem.

Also in **1537, 1538,** and **1543.**

---

24 *deffine:* ends.

4 **1535** adds *bien* before *contant;* deleted following the other sources for the metre / 24 *sa:* from **1543. 1535, 1537,** and **1538** all read *se.*

20.   AULTRE CHANSON NOUVELLE

La belle chamberiere s'est levée au matin...

A rather different version is in **Nourry,** no. 21, as 'Nostre chamberiere se lieve de matin'. See pp. 104-107 above.

21.   AULTRE CHANSON NOUVELLE

Madame s'en va au marché,
Ce n'est pas pour rien achepter,
Mais c'est pour veoir ces gentilzhommes.
    Et tant bon homme,
    Encor meilleur homme,
    Vray dieu, qu'il est bon homme.

Madame s'en va au monstier,
Mais ce n'est pas pour Dieu prier,

Mais c'est pour veoir ces grans couronnes.
   Et tant bon homme,   10
   Encor meilleur homme,
   Vray dieu, qu'il est bon homme.

Mon mary s'en va à Rouen,
Contrefaisant du bon marchant,
Mais il n'a pas vaillant ung blanc.
   Et tant bon homme,
   Encor meileur homme,
   Vray dieu, qu'il est bon homme.

Mon mary est bon turelupin,
Il prent le pot, s'en va au vin,   20
Tandis qu'on luy fait sa besongne.
   Et tant bon homme,
   Encor meilleur homme,
   Vray dieu, qu'il est bon homme.

Also in **1537, 1538,** and **1543.**

---

7 *monstier:* monastery, church.
15 *blanc:* a small coin.
21 i.e., while someone is making love to his wife.

22.   AULTRE CHANSON NOUVELLE

Chamberiere jolie, ne faictes plus cela, la la,
Car à la tennerie le cul vous pelera, la la.

Il estoit une dame qui prenoit ses esbas, *la la,*
Tout droit s'en est allée au cloistre S. Bernard, *la la.*
Le premier qu'el rencontre: 'Madame, Dieu vous gard!'
                          [la la,
Le moyne fut habillé, bien tost la salua, *la la.*

Le moyne fut habille, à terre la gecta, *la la,*
Troys foys si l'a baisée qu'oncques mot ne sonna, *la la.*
A la quatriesme foys son demy saing tomba, *la la,*
Le moyne fut abille, bien tost le releva, *la la.*   10

La dame fut courtoise, bien tost luy presenta, *la la,*
'Et j'ay bonne bouticle, et ne l'espargnez pas', *la la.*
D'amendes et de figues gardez les vieux cabas, *la la,*
Et la grosse verolle qui my tient au bras, *la la.*

Chamberiere jolye, ne faictes plus cela, lala,
Car à la tennerie le cul vous pellera, la la.

The stanza division above is that of the original. **1535** prints the
word *bis* against lines 2, 6, 10, 14, and 16. The repeated *la la* suggests a musical version.

Also in **1537**, **1538**, and **1543**.

---

9 *demy saing:* 'a halfe-girdle; or, a fashion of womans girdle,
whose forepart is of gold or silver, and hinder of silke, &c'.
(Cotgrave, *demi-ceinct*).

12 *bouticle:* a popular pronunciation of *boutique* (Huguet). Here
used in an obscene sense.

13 *cabas:* a small basket. *Un vieil cabas:* '... an old, or decayed
woman, that hath been a good fellow in her days' (Cotgrave).

23.   AULTRE CHANSON NOUVELLE

C'est une dure departie
De celle où j'ay mis mon cueur,
Dont m'en iray user ma vie
Dans l'hermitaige de langueur.
Et tous les jours au matinet
Je iray chanter sur la verdure,
Soubz le couvert d'ung buyssonnet,
La peine que pour luy j'endure.

En amours je pers ma partie,
Et ay pour doulceur grant rigueur.   10
Le bien d'amoureuse impartie
En mon cueur ne prent sa vigueur.
Parquoy d'ung vouloir pur et nect
Je veulx que regret en moy dure,
Monstrant par effect sadinet
Que perte d'amye m'est trop dure.

Se en pleurs ma face est couverte,
J'ay bien cause d'avoir douleur,
Quant à tort je suis pervertie
D'amy, dont je pers ma couleur.   20
Ma joye en dueil tournée est,
De noir veulx faire ma vesture.
La noire couleur propre me est
Pour de mon dueil faire couverture.

The rhymes are the same in each stanza, except at line 17 where one would have expected a rhyme in *-ie*. The first two stanzas appear to be spoken by a man, the third by a woman.

A musical setting *a 4* by Claudin de Sermisy was published in Attaingnant's *Trente et une chansons musicales*, 1529 (Heartz 14); modern edition in *CMM 20*.

Also in **1537, 1538,** and **1543**.

---

11 *impartie:* sense obscure.
15 *sadinet:* 'prettie, neat...' (Cotgrave).
19 *pervertie:* turned away from.

19-20 The unusual enjambement is pointed in the original by the use of a stroke (/) to indicate the comma in line 20 / 24 *couverture* from **1537, 1538** and **1543; 1535** reads *ouverture*.

24   AULTRE CHANSON NOUVELLE

Ung grant plaisir Cupido me donna
Quant il me mist au lieu tant desiré.
Mais Faulx Raport le jaloux me amena

Qui soubz la main de Dangier m'a tiré.
Amour l'a sceu, qui m'en a retiré,
Comme son serf de cueur, de corps, et d'ame,
Et n'est mon cueur à present martiré
Fors du grief mal que a ma seulle dame.

Ung temps durant Cupido ordonna
Que jouyrois du bien tant espiré.   10
Et pour me ayder, du tout se habandonna,
Dont me sentois de mort tout respiré.
Mais ce jaloux à mal m'a inspiré,
Qui aux amans veult tousjours causer blasme.
Du tout en tout a mon mal rempiré,
Dont peu s'en fault que mort mon cueur n'enflamme.

A detracter Faulx Rapport ce ordonna
Qui mon honneur a quasi desiré.
Et qui pis est, Dangier desordonna
Duquel je suis ça et là detiré.   20
Si de Venus je n'estoys atiré
En me gardant de cas vil et infame,
Fusse pieça transy ou expiré,
Et nostre amour mis du tout à diffame.

The personification suggests that this is an old poem. But its
syntax is obscure and the sense is sometimes hard to see.

An anonymous musical setting *a 4* was published in Attaingnant's
Trente et cinq chansons musicales, 1529 (Heartz 6), modern edition
in *CMM 20;* another *a 4* by Claudin de Sermisy in Attaingnant's
Second Livre, 1536 (Heartz 71), modern edition also in *CMM 20;*
and for another *a 2* by Jacotin, see Daschner.

Also in **1537, 1538,** and **1543.**

---

10 *espiré:* i.e., *esperé.*
20 *detiré:* racked, stretched out violently.

8 *a* from **1537, 1538,** and **1543; 1535** reads *en.* Neither is very
satisfactory / 13 *à mal m'a inspiré:* **1535** reads *à mal faire me inspiré,*
which does not scan.

25.   AULTRE CHANSON NOUVELLE

Amours, partez, je vous donne la chasse.
Non pas pour mal que mon cueur vous procure,
Mais Faulx Semblant qui met toute sa cure
A decepvoir, vous banist de ma grace.

Soubz Faulx Semblant, Amour Danger pourchasse,
Et par fins tours Beau Parler pour ce cure;
Puis, de vaten on a prebende ou cure.
Fol est celuy qui tel faict ne dechasse.

Une foys fus dens l'amoureuse chasse,
Mais quant je veiz la fainte couverture,   10
Alors je feiz tout soubdain ouverture.
Bien heureulx est qui d'amours se dechasse.

Jeunes amans qui ne arrestez en place,
Considerez ung peu vostre adventure.
Se en voz amours on ne vous faict droicture,
Departez tost, temps est que l'on desplace.

The enjambement in lines 3-4 is emphasized in **1535** by the use
of a stroke (/) after *decepvoir* to indicate a comma. There is also a
stroke in line 5 after *Semblant,* to separate the many personifi-
cations.

A musical setting *a 4* by Claudin de Sermisy was published in
Attaingnant's *Trente et une chansons musicales,* 1529 (Heartz 14);
modern edition in *CMM 20.* Later in the century this poem was
set by a number of other composers; see Daschner for references to
Heurteur, Castro, Certon, Wildre, and Crequillon.

Also in **1537, 1538,** and **1543.**

6-7 This makes no sense and is probably corrupt.
11 *ouverture:* beginning.

26. AULTRE CHANSON NOUVELLE

J'ay contenté
Ma voulenté
Suffisamment,
Car j'ay esté
D'amour traicté
Diversement.
J'ay eu tourment,
Bon traictement,
J'ay eu doulceur et cruaulté,
Et ne me plains, fors seullement   10
D'avoir aymé si loyaulment
Celle qui est sans loyaulté.

J'ay maint esté
Couru, trotté,
Incessamment,
Pour la beaulté
Qui sans bonté
Est seurement.
J'ay loyaulment
Et fermement   20
Aymé et tenu faculté,
Et n'ay desservy seullement
Sinon dueil et encombrement
D'une en qui est desloyaulté.

Pour meriter
Desmerité
J'ay vrayement.
Pour verité
Severité
J'ay rudement.   30
Le finement
D'entendement
Est en amours desherité;

Quant soubz Faulx Semblant caultement
On faict aymer couvertement,
De malheur convient heriter.

[after Clément Marot]

The first stanza of this chanson is by Clément Marot and corresponds to the version of Attaingnant's *Chansons nouvelles en musique,* 1528 (Heartz 2), as edited by C. A. Mayer in Marot's *Oeuvres
lyriques,* London, 1964, p. 188. The musical setting there, *a 4,* is by
Claudin de Sermisy; modern edition in *CMM 20.* The other two
stanzas are not in Attaingnant, nor in Marot's *L'Adolescence Clémentine,* and it is doubtful if they are by Marot. *L'Adolescence Clémentine* gives two stanzas only, of which the second is quite different; so does **1538,** no. 16. The poem is also in **1537** and **1543,**
which follow **1535.**

The situation is the same with the following chanson, no. 27.

---

13 *esté:* presumably 'summer'.
22 *desservy:* here, 'received'.
25 *meriter:* **1535** has *merite* (i.e., *merité*). Similarly at line 36
1535 has *herite* (i.e., *herité*). In the second case the amendment is
essential, thus supporting the amendment in line 25.
34 *caultement:* cunningly.

27.   AULTRE CHANSON NOUVELLE

Long temps y a que je vis en espoir
Et que Rigueur a dessus moy povoir;
Mais si jamais je rencontre Allegance,
Je luy diray: 'Ma dame venez veoir;
Rigueur me bat, faictes m'en la vengeance!'

A bien aymer je metz tout mon devoir
Tant que on ne peult dedens ce monde veoir
Aux droitz d'amours faire la diligence
Comme je faictz, on le peult bien sçavoir;
Mais par Rigueur je suis en indigence.   10

En esperance mon corps et mon avoir,
Voire mes sens, et aussi mon sçavoir,
De mon povoir pour bien servir je agence;
Ce nonobstant Amour ne veult pourvoir
Le mien desir que de sa negligence.

[after Clément Marot]

As with the preceding chanson, no. 26, the first stanza of this
poem is by Marot and corresponds to the version of Attaingnant's
Chansons nouvelles en musique, 1528 (Heartz, 2), as edited by C. A.
Mayer in Marot's *Oeuvres lyriques*, London, 1964, p. 193. The
musical setting there, *a 4*, is by Claudin de Sermisy; modern edition
in *CMM 20*. The other two stanzas are not in Attaingnant, nor in
Marot's *L'Adolescence Clémentine*, and it is doubtful if they are
by Marot. *L'Adolescence Clémentine* gives two stanzas only, of
which the second is quite different; so does **1538**, no. 23. The poem
is also in **1537** and **1543**, which follow **1535**.

6-9 The sense is obscure.

5 *la* not in **1535**; from Mayer for the metre.

28.   AULTRE CHANSON NOUVELLE

Las, il fauldra que un estrangier la maine
Pour la garder le surplus de son aage,
En nous laissant au partir pour ostage
Perte et ennuy, regret, soulcy et peine.

Tant jour que nuict, grief, dueil, mon cueur pourmaine;
Aspre regret me detient en servaige.
Peine et soulcy me causent mal saulvaige,
Perte d'ennuy en mon cueur se demaine.

Le bien d'amours joye et douleur amaine:
Joye à l'entrer d'amoureux couraige,   10

Au departir c'est douloureuse raige,
Et tel ennuy qui grans tourmens ramaine.

An anonymous musical setting *a 4* was published in Attaingnant's
Trente et cinq chansons musicales, 1529 (Heartz 6); later the poem
was set by Crequillon and published in his *Tiers Livre*, Antwerp,
Susato, 1544 (Daschner).

The rhymes remain the same throughout.

Also in **1537, 1538,** and **1543.**

---

6 *Aspre regret:* from **1538; 1535** and **1543** read *Apres regretz,*
1537 *Aspres regretz* / 12 *Et* from **1537, 1538,** and **1543; 1535**
reads *En.*

29.   AULTRE CHANSON NOUVELLE

En vous aymant je languis à poursuivre
Les biens d'amours, et meurs quasi pour suivre
En vray amy le droict des amoureux,
Craignant d'avoir reffus trop rigoureux
Du naturel secours dont je dois vivre.

En poursuyvant Amour assault me livre
Qui nuict et jour me faict lire en son livre.
Tant plus je y lis, le treuve savoureux,
Mais crainte et paour me rendent douloureux
Que de m'aymer madame se delivre.   10

Ung bon espoir me faict de mort revivre,
Puis la beaulté de ses doulx yeulx m'enyvre;
En la voyant je me reclame heureux;
Mais sans jouyr d'elle suis langoureux,
Et le mien cueur est aussi froid que cuyvre.

An anonymous musical setting *a 4* was published in Attaingnant's
Trente et quatre chansons musicales, 1529 (Heartz 5).

Also in **1537, 1538,** and **1543.**

---

11 *revivre* editorial. **1535** and later versions have *reduire,* which
because of the rhyme is evidently a mistake.

30.   LA CHANSON MAISTRE PIERRE DU QUIGNET

Venez, venez, venez, venez,
Veoir Maistre Pierre du Quignet!
Venez, boyteux et contrefaictz,
Tortus, rompus, maraulx infectz,
Bossus, acropis sans collet,
Venez, venez, venez, venez,
Veoir Maistre Pierre du Quignet!

Venez y, trestous les mestiers,
Devant qu'allez à la besongne,
Et ne chaussez nulz patins,   10
Car à grans gens tousjours y songne.
Soustenez son nom, soustenez,
Bourgeoys, marchans, clercz, et gens laictz!
Gasteurs de pavé du palays,
Vendeurs de tasses et gobeletz,
Allez premier que marmoutez
Veoir Maistre Pierre du Quignet!

Croissez tous voz appetiz,
De le veoir n'aurez nul dommaige.
Où sont tous les gens petis   20
Qui ne luy vont faire hommaige?
Entre vous qui si fort allez
Criant moustarde et costretz —
'Mes beaulx sibolz!' 'Mes porées!'
'Mes belles pommes!' 'Qui veult du laict?' —
Rendez vous y matin et soir
Veoir Maistre Pierre du Quignet!

Et vous qui criez 'Souliers vieulx!'
Et 'Houseaulx vieulx!', qu'on se ralie!
'Bourrées seiches!' 'Coteretz!'   30
'Busche, buche!' 'Lye, lye!'
'Mes belles febves de marets!'

'Eschauldez, tous chaulx eschauldez!'
'Cerizes doulces!' 'Harenc soret!'
'Charbon de jeune boys!' 'Vin claret!'
Devallez tous, devallez,
Veoir Maistre Pierre du Quignet!

'Fendre busches!' 'Argent my fault!'
'Aygre vinot!' 'Ma belle orenge!'
'Hault et bas et bas et hault!'   40
Porteurs de paniers à vendanges,
Vous de cheminées ramonneur,
'Allumetes!' 'Balletz, balletz, balletz!'
'Pommes de choux!' 'Navetz, navetz!'
'Gaigne petit!' 'Mailletz, mailletz!'
Allez tous ensemble, allez, allez,
Veoir Maistre Pierre du Quignet!

Venez y toutes nations,
Françoys, Angloys et Bourguygnons,
Normans, Picars, et Auvergnas,   50
Lymosins, Gascons, Savoysins, Lyonnoys,
Aussi de Languedoc, Perigord, Senonoys,
Courez, trottez, faictes grans pas,
Apportez torches, cierges, chandelles,
A diligence courez, trottez,
Veoir Maistre Pierre du Quignet!

Sans cause il n'a pas le regnom,
C'est ung gracieulx ymaige,
Doulx, amoureux et mignon.
Il a ung peu faulte de nez;   60
Mais seurement je vous prometz
Que vous ne congneustes jamais
Ung si affecté doulcellet.
Le plus godin de tous les laitz,
C'est Maistre Pierre du Quignet.

Par son gracieulx et courtoys,
Amoureulx et non rebelle,

On luy a offert mainteffoys
Devant luy cierges et chandelles.
Entretenez le, entretenez,   70
Cortizies ployans les garetz,
Car certes il est de vous pareilz —
Il ne s'en fault que le poignet.
Venez y toutes, venez, venez,
Veoir Maistre Pierre du Quignet!

Son digne corps non recollé;
Entre vous qui vendez le beurre,
Et femme criant 'Choulx, gellez!'
'Mon beau percil!' 'Qui veult du laict?'
'Pruneaulx, pruneaulx!' 'Petis pastez!'   80
'Belles moulles!' 'Poisson frais!'
Je vous supplie, tenez vous pres;
Allez, tous les enfans gastez,
Veoir Maistre Pierre du Quignet!

This poem is quite unlike any other in these collections. Rabelaisian in its exuberant lists, it is a rich source of Parisian street-cries. A monophonic musical setting is in Copenhagen, Royal Library, MS Thott 1848, p. 200. Before that, its hero had already appeared as 'Maistre Piere du Cugnet' in an anonymous chanson in MS Escorial IV.a.24, f. 66 verso (modern edition in *Theatrical Chansons*, no. 55).

As well as including street-cries, the poem is itself a kind of street-cry. Like a fairground master of ceremonies, the speaker or singer invites the public to draw near. The style reminds one of the dramatic monologues of the period, which are themselves related to a similar theatrical context, but there is no mention of this poem in Petit de Julleville's *Répertoire du théâtre comique en France au moyen âge* (Paris, 1886), nor in Emile Picot's 'Le monologue dramatique dans l'ancien théâtre français', *Romania*, XV-XVII (1886-8). No. 52 below also resembles a dramatic monologue, but is likewise not mentioned by Petit de Julleville or Picot.

At first, the poem conforms to a ten-line stanza rhyming ababcccccc, the first seven lines representing the last part of such a stanza. However, from line 47 on, the rhyme-scheme no longer corresponds, and some stanzas have only nine lines.

Perhaps because of its length or its unusual style, this piece is one of only six poems in **1535** that were not taken up into **1537** or **1543**; but it is in **1538**, no. 240.

---

4 *maraulx:* i.e., *marauds.*
14 *Gasteurs de pavé:* wastrels, debauchees (Godefroy, Huguet).
23 *costretz:* baskets (Huguet)? measures of liquid (Cotgrave)?
24 *sibolz:* i.e., *ciboules.*
　porées: beetroot.
30 *coteretz:* as *costretz* above.
33 *eschauldez:* a kind of cake (Huguet) .
40 a chimney sweep's cry.
43 *balletz:* i.e., *balais.*
45 *Gaigne petit:* knife-grinder (Littré).
52 *Senonoys:* the region of Sens.
64 *godin:* fine, handsome.
71 *garetz:* i.e., *jarrets.*
76 *recollé:* ?
80 *pastez:* pies.

16 *marmoutez* from **1538**. **1535** reads *marmouetz.*

31. AULTRE CHANSON NOUVELLE

　　Je marchanday l'autre soir
　　Une guaine, guaine, guaine,
　　Je marchanday l'autre soir
　　Une guaine à tout le poil.

　　La guaine dequoy je parle,
　　Une dame la portoit.
　　Je marchanday, &c.

　　Je luy ay prins à demander
　　Combien elle cousteroit.
　　Je marchanday, &c.　　　　　　　　10

　　Elle me l'a faict cent solz,
　　Et sept luy en ay presenté.
　　Je marchanday, &c.

Je luy touchay à la paulme,
Nostre apoinctement fut faict.
Je marchanday, &c.

Je mis mon cousteau dedens,
C'est ce qu'il luy failloit.
Je marchanday, &c.

'A non, Dieu, dist la dame,   20
Ce n'est plus q'ung ganyvet!'
Je marchanday, &c.

The repetitions are given in **1535** as they are above.
Also in **1537, 1538,** and **1543.**

---

2 *guaine:* i.e., *gaine,* scabbard (with obscene connotations).
21 *ganyvet:* 'A little pen-knife' (Cotgrave).

32.   AULTRE CHANSON NOUVELLE

Dictes que c'est du mal, m'amye...

In **Nourry,** no. 22. See pp. 107-109 above.

33.   AULTRE CHANSON NOUVELLE

Mon triste cueur si est hors du soulas;
Las, que feray je? j'ay perdu mon amy.
My fauldra il vivre en tel soulas?
Ou las, paovrete, surprinse suis d'ennuy.

C'estoit celluy où estoit mon secours.
Cours d'amourettes j'ay laissé maintenant,
Tenant douleur pour aymer par amours.
Morte est ma joye et mon esbatement.

Las, paovrete, prins et puis le soulcy,
Aussi à oultrance plourer et souspirer.   10
Souspirer ne puis, helas du grant soulcy,
Si Esperance ne me vient restaurer.

Or Faulx Rapport, tu as faict ton effort,
Fort je suis prinse d'ennuy et douleur.

A very bad example of an attempt to use *rime annexée,* in which
the rhyme of each line is repeated at the beginning of the next. The
result in this case is obscurity.

Also in **1537, 1538,** and **1543.**

Also in *Viviant,* no. 21, with some variants and with two extra
lines at the end which may have authority:

L'eur que j'avoye m'a laissé à la mort,
La mort me chasse sans pitié ne doulceur.

34.   AULTRE CHANSON NOUVELLE

Fait ou failly, ou du tout riens qui vaille;
Ne pensez pas qu'en vain je m'en travaille.
C'est assez dit et crié ça et là.
Venons au point: vous feray je cela?
Dictes ouy, ou non, que je m'en aille.

Je viens vers vous tant d'estoc que de taille,
Vous presentant corps à corps la bataille.
... ...
Conclusion: dictes ouy ou non,
Ou à ce coup il faut rompre la paille.   10

In **1535,** each hemistich is printed as a separate line, except for
the last two lines, and some are repeated. A line seems to be missing
after line 7.

Also in **1537, 1538,** and **1543,** which all follow **1535** in the
layout of the poem.

A musical setting *a 4* by Claudin de Sermisy was published in
Attaingnant's *Trente et quatre chansons musicales,* 1529 (Heartz 5).

A different setting, also apparently by Sermisy, is listed by Lawrence F. Bernstein, 'La Courone et fleur des chansons a troys', *Journal of the American Musicological Society,* 26 (1973), p. 23.

---

1 *Fait ou failly:* achieved or failed.
6 *tant d'estoc que de taille:* 'Both with the point and the edge; also, both wayes, in both kinds...' (Cotgrave).
10 *rompre la paille:* 'To fall out with a friend, or acquaintant' (Cotgrave).

35.   AULTRE CHANSON NOUVELLE

D'estre amoureux je n'en fus jamais las,
Car je suis né d'une telle nature
Que vraye amour me sert de nourriture,
En ce monde ne trouvay tel soulas.

Il est bien vray que crie souvent 'Helas!'
Pour une amye qui de moy n'a cure.
N'est elle pas meschante creature?
Je la lairray, sus ma foy j'en suis las.

An anonymous musical setting *a 4* was published in Attaingnant's *Trente et quatre chansons musicales,* 1529 (Heartz 5), and later in arrangements for lute solo and for lute and voice; see Heartz for references and for modern editions. The poem was later set by Gombert (Daschner). Two sacred contrafacta are listed in Brown, 'Catalogue', no. 187.

1535 indicates repetitions, probably derived from a musical setting, of the first hemistichs of the first and fourth lines of each stanza.

Also in **1537, 1538,** and **1543.**

36.   AULTRE CHANSON NOUVELLE

Le bouvier se leva
Ung jour de la sepmaine.
A prins moreau, faveau,

A la charue s'en va,
Son esguillon planta.
Quant la maistresse vint:
'Hola dedans! hola dedans! hola dedans!
Il fault entrer dedans,
Il fault entrer dedans.'

The structure of the poem is confused.
Also in **1537** and **1538;** in **1543,** a leaf is missing at this point.

37.   AULTRE CHANSON NOUVELLE

Se j'ay pour vous mon avoir despendu,
Secourez moy de voz biens de fortune.
Prenez pitié de ceste creature
Que vostre amour a son servant rendu.

A musical setting *a 4* by Claudin de Sermisy was published in
Attaingnant's *Chansons nouvelles en musique,* 1528 (Heartz 2);
modern edition in *CMM 20* and in *Chanson and Madrigal 1480-
1530,* ed. James Haar, Cambridge (Mass.), 1964, ex. 10.
Also in **1537** and **1538;** in **1543,** a leaf is missing at this point.

38.   AULTRE CHANSON NOUVELLE

Mon pere m'envoye
Garder les moutons;
Apres moy envoye,
Dureau la duroye,
Apres moy envoye
Ung beau valeton.

Apres moy envoye
Ung beau valeton
Qui d'amours me prie,
Dureau la duroye,   10

Qui d'amours me prie,
Et je luy responds —

Qui d'amours me prie,
Et je luy respondz:
'Allez à Binette,
Dureau la durette,
Allez à Binette,
Plus belle que moy.

Allez à Binette,
Plus belle que moy;⠀⠀⠀⠀⠀⠀⠀⠀⠀⠀20
S'elle vous reffuse,
Dureau la durette,
S'elle vous reffuse,
Revenez à moy.

S'elle vous reffuse,
Revenez à moy.'
'Elle m'a reffusé,
Dureau la durette,
Elle m'a reffusé,
Je reviens à vous.⠀⠀⠀⠀⠀⠀⠀⠀⠀⠀30

Elle m'a reffusé,
Je reviens à vous.
J'ay en ma boursete,
Dureau la durette,
J'ay en ma boursete
Cent escus de roy.

J'ay en ma boursete
Cent escus de roy,
Et bien aultre chose,
Dureau la duroye,⠀⠀⠀⠀⠀⠀⠀⠀⠀⠀40
Et bien aultre chose
Que je vous diray.

Et bien aultre chose
Que je vous diray.'
'De mon pucellaige,
Dureau la durette,
De mon pucellaige
Present vous feray.

De mon pucellaige
Present vous feray,   50
Et de bon couraige,
Dureau la durette,
Et de bon couraige
Je vous aymeray.

Et de bon couraige
Je vous aymeray.'
A Andely sus Seine,
Dureau la durette,
A Andely sus Seine
Trois basteaulx y a.   60

A Andely sus Seine
Trois basteaulx y a.
C'est pour mener Binette,
Dureau la durette,
C'est pour mener Binette
Au chasteau Gaillart.

C'est pour mener Binette
Au chasteau Gaillart.
Que fera Binette,
Dureau la durette,   70
Que fera Binette
Au chasteau Gaillart?

Que fera Binette
Au chasteau Gaillart?
Fera la lessive,

> *Dureau la durette,*
> Fera la lessive
> Pour blanchir les draps.
>
> Fera la lessive
> Pour blanchir les draps.   80
> Servira son maistre,
> *Dureau la durette,*
> Servira son maistre
> Quant il luy plaira.

The repetitions are given in full in **1535**.
See Brown, 'Catalogue', no. 296.
Also in **1537** and **1538**; in **1543**, a leaf is missing at this point.

57, etc.: *Andely sus Seine:* Les Andelys in Normandy.
66, etc.: *chasteau Gaillart:* Château Gaillard, on the cliffs above Les Andelys. Built by Richard Coeur-de-Lion in 1198-9.

27, 29, 31 All three sources read *reffusée* in each case; altered for the sense / 57, 59, 61 All three sources read *Andely,* not *A Andely;* altered for the sense.

39.   AULTRE CHANSON NOUVELLE

> M'amye m'a donné des soulliers
> Fermez de cordelette,
> Tout par amourette,
> Cointe et joliette,
> *Mais de ce bas, ce jolis mignon bas,*
> *— Gardez le moy, m'amye —*
> *Et de ce bas, ce jolis mignon bas,*
> *A d'aultre que à moy ne le prestez pas.*
>
> M'amie m'a donné des chausses
> Tout par amourette,   10
> Cointe et joliette,
> *Mais de ce bas, &c.*

M'amie m'a donné des liens,
   Ilz sont de taffetas,
   Pour Dieu n'en parlez pas,
Mais de ce bas, &c.

M'amie m'a donné des chemises
   Tout par amourette,
   Cointe et joliette,
Mais de ce bas, &c.   20

M'amie m'a donné ung pourpoint
   Bordé de taffetas,
   Pour Dieu n'en parlez pas,
Mais de ce bas, &c.

M'amie m'a donné ung sayon
   Qui est de taffetas,
   Pour Dieu n'en parlez pas,
Mais de ce bas, &c.

M'amie m'a donné ung bouquet
   Tout par amourette,   30
   Cointe et joliette,
Mais de ce bas, &c.

1535 prints the refrains in full, and adds the word *bis* after the first line of every stanza except the last two.

Also in **1537** and **1538;** in **1543,** a leaf is missing at this point.

2-4 This stanza contains one more line than the others.

25 *sayon:* 'A long-skirted Jacket, Coat, or Cassocke' (Cotgrave, *saye*).

40.   AULTRE CHANSON NOUVELLE

Fringuez, moynes, fringuez, Dieu vous fera pardon,
Et tousjours maintenez vostre religion!

Il estoit ung gris moyne qui revenoit de Romme,
En son chemin rencontre une si belle nonne.
Trois foys il l'a fringuée à l'ombre d'ung buisson,
Et puis l'a ramenée en sa religion.
Fringuez, moynes, fringuez, Dieu vous fera pardon,
Et tousjours maintenez vostre religion!

Le moyne qui retourne en son abbaye:
Les moynes luy ont dit: 'Vous n'y entrerez mye!   10
Vous n'estes q'ung fringueux, et nous ne fringuons point;
Dedans nostre abbaye vous n'y entrerez point.'
Fringuez, moynes, fringuez, Dieu vous fera pardon,
Et tousjours maintenez vostre religion!

'Or vous taisez, mes freres, dist il, je vous emprie.
Je vous ameneray la nonnette jolie!
Boutez vous en prieres trestous à deux genoulx,
Et devant qu'i soit nonne nous fringuerons trestous.'
Fringuez, moynes, fringuez, Dieu vous fera pardon,
Et tousjours maintenez vostre religion!   20

In Leroux de Lincy's *Recueil*, II, pp. 211-3, is a chanson on
the taking of Calais in 1558, whose timbre is 'Il estoit un gris moyne',
presumably the present chanson. The stanza-structure is the same.
Also in **1537, 1538,** and **1543.**

---

1 *fringuez:* Cotgrave, *fringuer:* 'To jet, or brave it; to be fine,
spruce, trimme, neat; also, to minionize, or wantonize it; and (more
particularly) to leacher, or lasciviously to frig with the taile, in leach-
ering'.

3 *ung gris moyne:* the medieval Franciscans wore grey habits but later changed to brown. At this date, the term could still apply to them, or else to the Minim Friars.

6 *en sa religion:* to her nunnery.

17 *à deux genoulx:* this phrase has an obscene connotation. Cf. the chanson 'Mauldit soit il qui dira mal du con' (no. 50 below), whose refrain is *Souvent à deux genoulx on luy baille sa proye.*

18 *nonne:* nones, the service held at 3 p.m.

41.   AULTRE CHANSON NOUVELLE

Nous mismes à jouer,
Il nous vint bien à point.
Nous prinsmes noz raquettes,
Nous mismes en pourpoint.
La dame estoit au coing
Qui sonnoit la retraicte:
Vous l'eussiez veu trotter,
     Oyez,
Avec la tourloura,
     La la,   10
Le long de la ruelle.

Il y avoit ung paintre
Qui ses couleurs mesloit,
Estant à la fenestre,
Contrefaisant le guet,
Tandis l'autre tastoit
Du vin par excellence,
Tandis Monsieur fringuet,
     Dehet,
Avec la tourloura,   20
     La la,
Madame à sa plaisance.

Nous fusmes aux estuves
La veille Sainct Françoys,
Où fusmes bien fringuées

De chevalliers courtoys.
De leurs robes de soyes
Nous fismes couvertures,
Faisant feu de gros boys,
    30
Avec la tourloura,
    La la,
A la bonne adventure.

La premiere acointance,
Ce fut au coing du lict.
Frappit trois coups de lance,
Son escusson fendit.
Elle s'escria ung si haut cry:
'Vous my faictes oultrance!'
Il s'est cuydé noyer,   40
    Oyez,
Avec la tourloura,
    La la,
Au plus grant con de France.

Nous ferons feu gregoys
Maulgré les mesdisans,
Porterons cotte blanche,
Couvrerons le devant.
... ...
De couvrir le derriere   50
Il ne nous chault comment,
    Oyez,
Avec la tourloura,
    La la,
Mais que soyons fringuées.

Qui fist la chansonnette?
Ce fut ung paovre oyon,
Estant en une chambre,
Faisant du compaignon
... ...   60

> Cuydant blasmer les dames.
> C'est ung beau esturgeon,
> ... ...
> *Avec la tourloura,*
> *La la,*
> Baillez luy une femme.

> Finis.

This chanson has the same form and refrain as **Nourry,** no. 36, 'Gentilz brodeurs de France'. Comparison with that chanson confirms that some lines are missing from this one: they are lines 30, 49, 60, and 63 in this edition. In lines 30 and 63 the word *Oyez* could be inserted on the analogy of lines 8, 41, and 52; at line 60 a repetition of the preceding line is indicated by the word *bis* against line 59 in all sources; but at line 49 a line rhyming in *-ant* seems definitely to be missing.

Also in **1537, 1538,** and **1543,** all with the same text. In all sources, the short lines do not appear as separate lines but are appended to the preceding line in each case.

---

3 *raquettes:* tennis rackets.

4 *pourpoint:* doublet.

19 *dehet:* merry.

23 *estuves:* baths.

47 *cotte blanche:* white is the colour of happiness; cf. nos. 119 and 135 below.

55 *oyon:* 'A green Goose, or young Goose' (Cotgrave). Here metaphorically.

38 All sources add *Oyez* after this line.

42.   AULTRE CHANSON NOUVELLE

Veu le grief mal où sans fin je labeure,
Je m'esbahis comment puis tant durer.
Par trop m'est long le terme d'endurer,
Car briefvement conviendra que je meure,
Puis que j'ay mis tout mon entendement

A vous aymer bien et parfaictement
De tout mon cueur pour vostre bonne grace;
A tout le moins le bien que je pourchasse
Octroyez moy, ou je meurs aultrement.

An anonymous musical setting *a 4* was published in Attaingnant's
Chansons nouvelles en musique, 1528 (Heartz 2); modern edition in
CMM 20. Another *a 4* by Heurteur was published in Attaingnant's
Chansons musicales à quatre parties, 1533 (Heartz 41).
Also in **1537, 1538,** and **1543.**
1535 adds the word *bis* against the last line.

---

4 *je* from **1543,** for the metre; not in the other sources.

43.   AULTRE CHANSON NOUVELLE

Pour bien aymer je demeure confus,
Grant tort avez de me mettre à bandon.
Se je ne fais à vostre gré ung don,
Est il conclud que mon cueur de vous parte?
O malheureux, souvent tu joues la perte.

N'en parlez plus, j'entens vostre blason.
C'est temps perdu, et vous le sçavez bien.
Quant argent fault l'on peult sçavoir combien
Amours vallent apres recepte mise
Et sans combien l'on a usé de remise.   10

Quiconques aura la tienne amour, m'amye,
Subject sera tenu pres et de court.
Car c'est raison qui tient dame ou amye
Qu'il aye argent, ou il faict grant follie.
Grant folie faict qui n'a bourse garnie.

This chanson is evidently corrupt, as the rhyme-scheme shows.
The meaning of lines 5, 9-10, and 12, is obscure. **1535** indicates
stanza-division only at lines 10-11.

Also in **1537**, **1538**, and **1543**.

---

2 *à bandon:* 'at large, roaving, at randome' (Cotgrave).

4 *Est il conclud:* perhaps a reference to the chanson 'Est il conclud par un arrest d'Amours' (see volume I, pp. 208-9).

6 *blason:* 'langage, propos' (Huguet).

5 *joues la perte* from **1537**, **1538**, and **1543**; **1535** reads *joues à la perte.*

44.   AULTRE CHANSON NOUVELLE

Puis que Fortune a sur moy entreprins,
Las, my doit on de tout plaisir bannir,
Et sans secours incessamment tenir?
Mieulx me vauldroit de la mort estre prins.

Oncques jamais je ne fus si surprins
Du dard d'aymer qui me griefve si fort,
Et sans secours je n'atens que la mort,
Par ma follie je suis mis hors du pris.

Rossignollet, tu te fais bien ouyr,
Au joly boys tu prens tous tes plaisirs.   10
Je te supplie, va dire à mon amy
Qu'il viengne à moy, ou bien iray à luy.

Also in **1537**, **1538**, and **1543**.

A musical setting *a 4* by Claudin de Sermisy was published in Attaingnant's *Trente et une chansons musicales,* 1529 (Heartz 14), and another by Mittantier in Attaingnant's *Onziesme livre,* 1541 (Heartz 101). Other settings by Le Cocq and Lassus are listed in Daschner.

---

8 *pris:* prize?

45.   AULTRE CHANSON NOUVELLE

Je my levay par ung matin,
Ung rossignol chanter ouy,
Et qui disoit, et qui disoit:
    'Fy fy fy fy fy fy
D'or et d'argent qui n'en a joye!'
Et qui disoit, et qui disoit:
    'Fy fy fy fy fy fy
D'or et d'argent qui n'en a joye!'

Las, je me prins à demander
Et si c'estoit ung oyselet.   10
Esse ung oyseau? esse ung oyseau?
    Ung oyseau? ung oyseau?
Madame my respond qu'ouy.
Esse ung oyseau? esse ung oyseau?
    Ung oyseau? ung oyseau?
Madame my respond qu'ouy.

Sur le Pont au Change m'en allé,
Ung oyseau g'y achepté,
Et qui disoit, et qui disoit:
    'Vy vy vy vy vy vy   20
Et vytz tousjours en esperance.'
Et qui disoit, et qui disoit:
    'Prens prens prens prens prens prens
Et prens tousjours en patience.'

Jusques au Louvre m'en allé,
Trois jeunes dames rencontré,
Et qui disoient, et qui disoient:
    'Fy fy fy fy fy fy
Et fy d'amours qui n'en a joye!'
Et qui disoient, et qui disoient:
    'Fy fy fy fy fy fy
Et fy d'amours qui n'en a joye!'

The repetitions are given in full in **1535.** In the third stanza, the words are not repeated but are different. The word *bis* appears against lines 17, 18 and 24 in **1535,** doubtless indicating repeats in a musical setting.

Also in **1537, 1538,** and **1543.**

---

1 This is the first line of many chansons.

46. AULTRE CHANSON NOUVELLE

De resjouyr mon paovre cueur,
Veu sa douleur qui est si terrible,
Helas, madame, il n'est possible
S'il n'a de vous quelque doulceur,
S'il n'a de vous quelque doulceur.

Finis.

Also in **1537, 1538,** and **1543.**
An anonymous musical setting *a 4* was published in Attaingnant's *Chansons nouvelles en musique,* 1528 (Heartz 2).

47. AULTRE CHANSON NOUVELLE

Mon pere, mon pere,
Vous avez faict mal, *derira,*
De m'avoir donnée
A un faulx vieillart, *derirette,*
A ung faulx vieillart, *derira.*

De m'avoir donnée
A ce faulx vieillart, *derira.*
Premiere nuictée
Qu'avec moy coucha, *derirette,*
Qu'avec moy coucha, *derira.*   10

Premiere nuictée
Qu'avec moy coucha, *derira,*
My tourna l'espaulle
Et puis s'endorma, *derirette,*
Et puis s'endorma, *derira.*

My tourna l'espaulle
Et puis s'endorma, *derira,*
Et je prins ma cotte,
Ainsi me vesta, *derirette,*
Ainsi me vesta, *derira.*   20

Et je prins ma cotte,
Ainsi me vesta, *derirette,*
Et je prins ma robe,
Sur mon pere alla, *derirette,*
Sur mon pere alla, *derira.*

Puis je prins ma robbe,
Sur mon pere alla, *derira,*
Mon pere, mon pere,
Vous avez faict mal, *derirette,*
Vous avez faict mal, *derira.*   30

Mon pere, mon pere,
Vous avez faict mal, *derira,*
De m'avoir donnée
A ce faulx vieillard, *derirette,*
A ce faulx vieillard, *derira.*

De m'avoir donnée
A ce faulx vieillard, *derira.*
Ma fille, ma fille,
De l'argent il a, *derirette,*
De l'argent il a, *derira.*   40

Ma fille, ma fille,
De l'argent il a, *derira.*
Mon pere, mon pere,

Je sçay bien qu'il a, *derirette,*
Je sçay bien qu'il a, *derira.*

Mon pere, mon pere,
Je sçay bien qu'il a, *derira.*
Fy de la richesse
Qui grant joye n'en a, *derirette,*
Qui grant joye n'en a, *derira!*   50

Fy de la richesse
Qui grant joye n'en a, *derira!*
Vieillesse et jeunesse,
Ce n'est que fatras, *derirette,*
Ce n'est que fatras, *derira.*

Vieillesse et jeunesse,
Ce n'est que fatras, *derira;*
Jeunesse et jeunesse,
Ce n'est que soulas, *derirette,*
Ce n'est que soulas, *derira.*   60

In order that the rhyme in -*a* might be preserved, this chanson
has some very odd verb forms which even at the time must have
sounded extraordinary: *s'endorma* (for *s'endormit*); *me vesta* (for *me
vestis*); *alla* (for *allay*).

The content and structure are similar to those of no. 6 above, q.v.
Also in **1537, 1538,** and **1543.**

48.   AULTRE CHANSON NOUVELLE

Mon pere, aussi ma mere, m'ont laissée sans amy.
De ma voulenté seulle j'en avois un choisi,
A mon gré, honneste homme, gracieulx aussi.
Pourtant se je suis povre m'a prins pour son plaisir.
Il en a bien une aultre qui est de plus hault pris.
Il n'est pas honneste homme, au besoing m'a failly,
Prendre fault pacience ou rendre l'esperit.

Mais avant que je meure manderay mes amys,
Feray ma couverture blanc, violet, et gris,
Bordée de cordeliere toute par escript: 10
Or suis je la maistresse morte pour son amy,
La plus loyalle amye que jamais homme vit.
Il est advis aux gens que je soye departy.
J'en jouys mieulx à mon ayse que jamais je ne fis.

Rossignollet saulvaige, prince des amoureux,
Je te prie qu'il te plaise de bon cueur gracieulx
De me faire un messaige à la belle aux beaulx yeulx
Qu'elle ne my tienne plus en si grosse rigueur.
Rigueur my faict mourir et aussi faict langueur.
Le departir de vous, m'amour, my fait transir le cueur, 20
Le souvenir de vous my faict revenir le cueur.

This chanson is related to nos. 5 and 8 in **1535**, qq.v., and its last
seven lines correspond to sections of those chansons. It is also in
1537, **1538**, and **1543**.

---

4 *pourtant se:* even though.
10 *cordeliere:* 'A Grey Friers girdle ... Hence, any knotted thread,
or string' (Cotgrave).

1 All sources read *laissé* / 5 *une* from **1537** and **1538**; **1535** and
1543 read *ung*.

49.   AULTRE CHANSON NOUVELLE

Contre raison vous m'estes trop estrange.
Esse bien faict, en aurez vous louenge,
D'ainsi m'avoir du tout desherité
De vostre amour sans l'avoir merité?
Vous faict il mal se à vous servir me renge?

Also in **1537**, **1538**, and **1543**.

A musical setting *a 4* by Claudin de Sermisy was published in
Attaingnant's *Trente et quatre chansons musicales*, 1529 (Heartz 5);

modern edition in *CMM 20*. Other settings by Janequin, Susato, and Faignient are listed in Daschner.

---

5 *renge:* i.e., *range.*

50.   AULTRE CHANSON NOUVELLE

Mauldict soit il qui dira mal du con;
Qui en dit mal, n'est pas bon compaignon,
Car on y prent souvent plaisir et joye;
Souvent à deux genoulx on luy baille sa proye.

Mon con s'en va la court du roy servir,
Tout habillé de velours cramoysi,
Et par dessoubz son hoqueton de soye
Souvent à deux genoulx on luy baille sa proye.

Mon con n'est pas de grant provision,
Il ne luy fault ne perdrix ne chappon,   10
Fors q'ung oyseau qui est vestu de soye;
Souvent à deux genoulx on luy baille sa proye.

An anonymous musical setting *a* 3 of a version of this chanson is in London, British Museum, MS Add. 35,087, ff. 42v-43. It has only one stanza and so lacks the fantastic and colourful imagery of this version. Another *a* 4 by Loyset Compère is published in Compère's *Opera Omnia,* edited by Ludwig Finscher (*Corpus Mensurabilis Musicae,* 15), volume V, 1972, pp. 15-16. Two others by Willaert and Richafort are in Antico's *La Couronne et fleur des chansons à troys,* Venice, 1536.

Also in **1537, 1538,** and **1543.**

---

7 *hoqueton:* 'A (fashion of) short Coat, Cassocke, or Jacket, without sleeves, and most in fashion among the countrey people' (Cotgrave).

10 *chappon:* capon.

2 **1535** and **1538** add *Car* at the beginning of the line and *il* before *n'est;* both deleted following **1537** and **1543,** for the metre.

51.   AULTRE CHANSON NOUVELLE

Mauldit soit jalousie et qui jaloux sera.
J'avois faict une amye depuis trois jours en ça,
Mais s'elle m'a laissé et faict nouvel amy,
Dont vint la congnoissance de m'amye et de moy?
En dansant une danse m'estraint le petit doy;
La dame luy demande: 'Serez mon amoureux?'
Le galland luy respond: 'Ma dame, je le veulx.'

J'ay veu que je souloye à m'amye parler,
En soulas et en joye je souloys triumpher.
Fault il que je vous laisse par si grant desplaisir?   10
Aumoins que je vous baise avant que departir.
Car pour la bonne chiere qu'avons fait, vous et moy,
Vous sera chier vendue, si sera elle à moy.

Rossignolet qui chante par dessoubz l'olivier,
Va t'en dire à m'amye que d'elle prens congié,
Et qu'elle se consente, je m'y consentiray,
Et s'elle ne s'y consent je fineray mes jours;
Helas, j'ay perdu mes amours.

'Mon amy, je te prie, prens en toy reconfort.
Ces mauditz envieulx ty pourchassent à mort.   20
S'il plaist à la justice, brief tu seras hors.'
'Monsieur le lieutenant, prenez de moy pitié.
En une basse fosse nous avez fait bouter.
Nous sommes sur la dure piteusement couchez,
De poulx et de punayses avons à grant planté.'
Qui fist la chansonnette? ung gentil escollier,
Du regret de s'amye, sans encre et sans papier,
Du regret de s'amye, car il la fault laisser.

This chanson appears to be based on **Nourry,** no. 1, q.v. But it
is incoherent and metrically confused. The last stanza tells us that it
was written by a student 'sans encre et sans papier': I am not
surprised.

The line division is that of **1535,** which adds *b*. and *bis* to lines 1 and 2.

Also in **1537, 1538,** and **1543.**

---

20 **1535** reads *ta mort,* which may show that this text was set from dictation / 23 **1535** reads *boutez.*

52.   AULTRE CHANSON NOUVELLE

Voullez ouir chanter
Une chanson si merveileuse
D'ung gentil coutellier
Qui a perdu son amoureuse?
C'est d'ung amour la plus facheuse
Que veis onc en mon vivant,
Et jamais je n'en dis autant.

Son pere si l'aymoit tant,
Sa mere la tenoit si chiere,
Mais elle avoit une maniere   10
De lever son corset devant,
Et jamais je n'en dis autant.

Elle a les tetins troussez
Soubz une fine collerette,
Et les yeulx vers comme cypres,
La couleur si vermeillette.
Mais quelque chose qu'on caquette,
Je l'iray veoir en sa maison,
Moy et deux de mes compaignons.
Et si vous l'aviez veu dancer   20
Seullement ung tour de dance,
Et vous diriez fin fermement,
Que tout le corps d'elle si tremble.
C'est le plaisir des compaignons;
Pleust à Dieu que nous la tinssions!

Et quant elle sort emmy la rue,
Elle est la mieulx pourmenée,
Et si n'a pas une couldée
Depuis les piedz jusques en amont.
Beau sire Dieu, quel esturgeon!   30
Belle, ne vous souvient il point
Que je vous donnay la ceincture?
Il y avoit de la verdure
Et estoit faicte à trois courans,
Et jamais je n'en dis autant.
Et si luy ay porté ung moy.
Je vueil bien que chascun le saiche
Et s'elle s'est mocquée de moy.
Mais que voulez vous que j'en face?
Je le dis brief et en la face   40
Que c'est ung mot trenché à deux
Et que plus d'elle je n'en veulx.
Et compaignon qui l'allez veoir,
Gardez bien qu'il ne vous baptise,
Car elle en est si treshabille
De baptiser les compaignons
Et leur donner chascun ung nom.

This poem resembles a dramatic monologue rather than a chanson.
See no. 30 above.

In **1535,** lines 1-2 and 3-4 are printed as two long lines. The only
stanza-divisions are at lines 7-8, 12-13, and 41-42; the last of these
is obviously wrong. The scansion, stanza-division, and sense are all
confused. Perhaps for this reason or because of its unusual style, it
was not taken up into **1538,** though it is in **1537** and **1543.**

7, 12, and 35 *Et jamais je n'en dis autant* appears to be a kind
of refrain.
47 Like, for example, *Espargnecon* in volume I, p. 93?

53.   AULTRE CHANSON NOUVELLE

Secourez moy, madame par amours...

[after Clément Marot]

See **La fleur 110,** no. 44, pp. 69-71 above.

54.   AULTRE CHANSON NOUVELLE

Languir me faitz sans t'avoir offencée,
Plus ne m'escriptz, plus de moy ne t'enquiers,
Mais nonobstant aultre dame ne requiers,
Plustost mourir que changer ma pensée.

Elle s'en va, de moy toute regretée,
Celle en qui gist de vertu le povoir,
Grace, beaulté, bon sens et grant sçavoir,
Selon le dit de ceulx qui l'ont hantée.

[after Clément Marot]

As with nos. 26, 27, and 53 above, the first stanza of this chanson is by Clément Marot but probably not the rest. The first stanza corresponds to the version of Marot's *L'Adolescence Clémentine,* but the second is quite different.

1537 and **1543** follow **1535; 1538** gives the version of *L'Adolescence Clémentine.*

55.   AULTRE CHANSON NOUVELLE

Sus toutes fleurs j'ayme la marguerite...

In **Nourry,** no. 27. See pp. 115-7 above.

56.   AULTRE CHANSON NOUVELLE

Et vous ne sçavez pas pourquoy
Suis en esmoy tout à par moy?
Entré je suis en pensée,
C'est d'une fille, sur ma foy,
A qui j'ay tout mon cueur donné,
Au matinet à la rousée.

La fillette dont je parle,
Puis que cela vient à propos,
Je la rencontray, sur mon ame,
Cueillant la viollette au clos.   10
Aupres d'elle je prins repos,
Faisant maintz tours tous par amours.
Illec en passant la journée,
Je luy cueilly chapeau de flours,
Sans luy jouer aulcuns faulx tours,
Et là fus prins à la pipée.

Quant la fille s'en fut allée
Mener ses brebiettes aux champs,
Tantost de par moy fut trouvée,
… … … … … … … … … …   20
Car je l'alloye pourchassant,
La souhaitant, la demandant,
S'elle vouloit estre m'amie.
Je la requis d'ung doulx baiser,
Et moy seullet je l'embrassé,
Tant que cuiday qu'elle cheust pasmée.

Quant la fille fut revenue,
Pource qu'elle demouroit tant
Despouillée fut toute nue,
Batue derriere et devant.   30
'Mais tout cela ny vault riens.
… … … … … … … … … …

Amy, pour vous je suis battue;
Avant qu'il soit soleil couchant
Entre voz bras seray gisant,
Dussay-je estre vive escorchée.'

Où estes vous, doulx messager
Qui s'apelle rossignollet?
Il vous fauldroit voller leger
Dire à m'amie ung motellet,   40
Sonner de vostre flagollet,
De bon het au matinet.
Illec en passant la journée
Il vous fauldroit faire un bouquet,
Ung chapellet tout de muguet,
Au matinet à la rousée.

The stanza shape and rhyme-scheme of this poem are irregular. The existence of a short stanza at the beginning suggests that it is a virelai; on the other hand, it is not in that part of **1535** which consists mostly of virelais, nor is its rhyme-scheme that of a normal virelai. Whatever its form, two lines appear to be missing. Probably it is in fact a virelai, with irregularities due to corruption.

1535 adds the word *bis* against line 5.

Also in **1537, 1538,** and **1543,** also with two lines missing.

---

2 *à par moy:* i.e., *à part moy,* by myself.
3 *Entré je suis en pensée:* cf. no. 130 below.
13, 43 *Illec:* there.
27ff. i.e., when she returned home.
42 *de bon het:* merrily.

16 *fus:* all sources read *fut.*

57.   AULTRE CHANSON NOUVELLE

Puis qu'en amours a si beau passetemps...

In **La fleur 110,** no. 18. See p. 53 above.

58.   AULTRE CHANSON NOUVELLE

Je ne sçay pas comment
A mon entendement
Plus fort je vous aymasse;
Car à mon jugement
Je voys mon sens perdant
Se je n'ay vostre grace.

Je pense bien souvent
Au grief departement,
Dont si grant dueil amasse
Qu'à peu mon cueur ne fent;   10
Mais Espoir ne consent
Que si tost je trespasse.

Il me dist doulcement:
'Attens allegement,
Car en brief malheur passe';
Mais ce m'est ung tourment
Et ennuy si tresgrant
Que tous les aultres passe.

An anonymous musical setting *a 3* was published in Attaingnant's
Quarante et deux chansons musicales, 1529, and later arranged for
keyboard (Heartz 10 and 22). Modern editions in *CMM 20* and in
Theatrical Chansons, no. 38. A setting *a 6* by Benedictus is also
in *Theatrical Chansons,* no. 39. For other references and later settings,
see Brown, 'Catalogue', no. 212. In addition, Daschner lists a setting
a 6 by Appenzeller.

Also in **1537, 1538,** and **1543.**

---

14 All sources have *Attendez;* altered for the metre.

59.   AULTRE CHANSON NOUVELLE

Joyssance vous donneray...

[Clément Marot]

In **Nourry,** no. 28. See p. 117 above. **1535** follows the text of *L'Adolescence Clémentine.* Also in **1537, 1538,** and **1543.**

60.   AULTRE CHANSON NOUVELLE

Viendras tu point ton amy secourir...

In **La fleur 110,** no. 39. See pp. 64-67 above.

61.   AULTRE CHANSON NOUVELLE

D'amour je suis desheritée...

See volume I, pp. 257-8, and above, p. 54.

62.   AULTRE CHANSON NOUVELLE

D'où vient cela, belle, je vous supplie...

[Clément Marot]

In **Nourry,** no. 32. See p. 118 above. **1535** gives only one stanza; so do **1537** and **1543. 1538** gives the full text.

63.   AULTRE CHANSON NOUVELLE

Amour et Mort me font oultraige...

[Clément Marot]

This chanson follows the text of Marot's *L'Adolescence Clémentine*. In the *Table* of **1535** the first line appears with *m'ont faict,* as in *L'Adolescence Clémentine,* instead of *me font.*

Also in **1537, 1538,** and **1543.**

An anonymous musical setting *a 4* was published in Attaingnant's *Trente et quatre chansons musicales,* 1529 (Heartz 5); modern edition in *Thirty Chansons.*

64.   AULTRE CHANSON NOUVELLE

Mon cueur est souvent bien marry,
Car de plaisir il n'en a point.
Le plus du temps il est transy
De son amy, qu'il ne voit point.
    L'on me menasse,
    Mais quoy qu'on face,
J'ay bon espoir que de brief temps
Verray celuy que j'ayme tant.

This is the first of eight poems of which musical settings are in three of Attaingnant's collections: *Chansons nouvelles en musique,* 1528 (Heartz 2), *Trente et sept chansons musicales,* 1529 (Heartz 9), and *Trente et sept chansons musicales,* 1532 (Heartz 32). The **1535** versions may well derive from one of these collections; cf. nos. 1(a) and 1(b) above, and nos. 192-212 below, which also appear to derive from an Attaingnant collection. On all these eight poems, see Heartz and Daschner. They are all also in **1537, 1538,** and **1543.** This one was set by Claudin de Sermisy; modern edition in *CMM 20.*

65.   AULTRE CHANSON NOUVELLE

Le triste cueur, puis qu'avec vous demeure,
Si quelque fois devant voz yeulx souspire,
Secourez le, allegeant son martyre,
Pour le garder qu'entre voz bras ne meure.

Finis.

See no. 64 above. The musical setting is anonymous. In **1535,** the last line is printed twice.

A later musical setting by Arcadelt is printed in Arcadelt's *Opera Omnia,* edited by A. Seay (*Corpus Mensurabilis Musicae,* 31), vol. VIII, 1968, no. 3.

66.   AULTRE CHANSON NOUVELLE

Vivray je tousjours en soucy…

In **La fleur 110,** no. 17. See pp. 51-52 and no. 64 above. The musical setting is by Claudin de Sermisy; modern edition in *CMM 20.* **1535** contains two stanzas.

67.   AULTRE CHANSON NOUVELLE

Quant tu chanteras pour ton ennuy passer
Ce triste estrif d'envieulx parlement,
Je te supplie que tu vueilles penser
N'estre au monde q'ung seul parfaictement
Qui est bien seur, si vray amour ne ment,
Qu'à tout jamais auront joyeuse vie
Par fermeté et l'amy et l'amye.

[after Francis I]

This is a corrupt version of the first stanza of a poem by Francis I. See *Poésies du Roi François Ier,* ed. A. Champollion-Figeac, Paris, 1847, p. 6, and no. 64 above. The musical setting is anonymous.

68.   AULTRE CHANSON NOUVELLE

Ma bouche rit et mon cueur pleure
Quant parmy genes je treuve l'heure
De veoir madame en ses soulas;

> Mais à part je luy dis: 'Helas,
> Belle, voulez vous que je meure?'

The first line is also the first line of a famous chanson by Ockeghem, but the rest of the text is different. See no. 64 above. The musical setting is anonymous.

69.   AULTRE CHANSON NOUVELLE

> Le departir de cil que tant j'aymoye
> Et aymeray, quoy qu'il advienne,
> En dueil m'a mis, dont si fort je larmoye,
> Que joye n'auray tant qu'il revienne.

In **1535,** the last line is printed twice, probably indicating a repetition in a musical setting.

See no. 64 above. The musical setting is anonymous; modern edition in *CMM 20.*

70.   AULTRE CHANSON NOUVELLE

> Changeons propos, c'est trop chanté d'amours...

> [Clément Marot]

In **Nourry,** no. 26; see p. 115 and no. 64 above. The musical setting is by Claudin de Sermisy; modern edition in *CMM 20.*

1535 gives only the first stanza, suggesting that it was taken from Attaingnant; so do **1537** and **1543. 1538** gives the whole poem.

71.   AULTRE CHANSON NOUVELLE

> Vive la serpe, les serpiers et le serpillon,
> La serpe taille la vignette;
> Voulez vous chose plus honneste,
> Pour vendenger, pour vendenger la grapillon,

Serpe et la serpette,
Les serpiers et le serpillon,
Vive la serpette,
Les serpiers et le serpillon.

The theme of the *serpe* and the *vigne* is taken up in Marot's 'Changeons propos, c'est trop chanté d'amours', which follows this chanson in all three of Attaingnant's collections. See no. 64 above. The musical setting is by Claudin de Sermisy.

72.   AULTRE CHANSON NOUVELLE

Le jaulne et bleu sont les couleurs
D'une dame que j'ayme fort,
Dont sentiray maintes douleurs.
A la servir je prens mon effort,
Dont j'acquerray sa bonne grace.
S'elle ne m'ayme, elle a grant tort,
Car aultre aymer je ne pourchasse.

An anonymous musical setting *a 4* was published in Attaingnant's *Trente et cinq chansons musicales,* 1529 (Heartz 6); modern edition in *CMM 20*.

Also in **1537, 1538,** and **1543**.

73.   AULTRE CHANSON NOUVELLE

J'attens secours de ma seulle pensée...

[Clément Marot]

This is in the same three Attaingnant collections as nos. 62 and 64-71 above and similarly may derive from one of them. **1535** gives only the first stanza; so do **1537** and **1543**. **1538** gives the whole poem. The musical setting is by Claudin de Sermisy; modern edition in *CMM 20* and also in *Chanson and Madrigal 1480-1530,* ed. James Haar, Cambridge (Mass.), 1964, ex. 11. Also in **Nourry,** no. 29.

74. AULTRE CHANSON NOUVELLE

L'autre jour jouer me alloye...

In **Nourry,** no. 4. See pp. 86-87 above.

75. CHANSON NOUVELLE SELON LA BATAILLE FAICTE DEVANT
PAVYE QUI SE CHANTE SUR LE CHANT
'QUE DICTES VOUS EN FRANCE'

Que dictes vous ensemble...

In **Nourry,** no. 5. See pp. 87-89 above.

76. AULTRE CHANSON NOUVELLE

Aydez moy tous à plaindre, gentilz adventuriers...

In **La fleur 110,** no. 2. See pp. 31-32 above.

77. AULTRE CHANSON NOUVELLE

Helas, que vous a fait mon cueur...

In **Nourry,** no. 2. See pp. 83-84 above.

78. AULTRE CHANSON NOUVELLE

Je ne me puis tenir...

In **Nourry,** no. 3. See p. 85 above.

79.   AULTRE CHANSON NOUVELLE

Madame la gorriere,
Vous avez beau derriere,
Mais le devant est tout chanssy,
Nicolas mon beau frere,
Mais le devant est tout chanssy,
Nicolas mon amy.

L'on dit parmy la ville
Qu'on vous fera mourir,
Brusler dans une caige,
Rostir dessus ung gril.   10
Mais les gens en auront menty,
Nicolas mon beau frere,
Mais les gens en auront menty,
Nicolas mon amy.

L'on vous a mis en caige
Pour vous aprendre à parler.
Le caige est rompu,
L'oiseau s'en est vollé.
Hors de Paris nous fault partir,
Nicolas mon beau frere,   20
Hors de Paris nous fault partir,
Nicolas mon amy.

Quant la poire est meure
On la doibt bien menger.
Quant la fille est en aage
L'on la doibt marier,
Qu'elle ne face à son plaisir,
Nicolas mon beau frere,
Qu'elle ne face à son plaisir,
Nicolas mon amy.   30

L'on dit que je suis grosse,
Las, vous le sçavez bien,
Si c'est de vostre affaire;
Las, vous m'entendez bien.
Faictes de moy à vostre plaisir,
Nicolas mon beau frere,
Faictes de moy à vostre plaisir,
Nicolas mon amy.

Nicolas mon beau frere,
Vous allez à Rouen.   40
Ne vous vueille desplaire
Se je demande argent,
Ou je feray ung aultre amy,
Nicolas mon beau frere,
Ou je feray ung aultre amy,
Nicolas mon amy.

M'en iray au vert bocaige
Faire mon hermitaige.
Mais baisez moy au departy,
Nicolas mon beau frere,   50
Mais baisez moy au departy,
Nicolas mon amy.

The difference in length of the first and last stanzas may be
explained by a musical setting. In **1535**, the refrains and repetitions
are given in full in the first and second stanzas and thereafter are
abbreviated. — A dance for solo lute entitled 'Branle Nicolas mon
beau frere' is in Attaingnant's *Dixhuit basses dances*, 1530 (Heartz 16).

Also in **1537, 1538,** and **1543.**

---

1 *gorriere:* 'as Gorgias; or (more then it) gallant both in apparell,
carriage, and gesture; also, proud, braggard, vaunting, vaine-glorious'
(Cotgrave).

3, 5 *chanssy:* 'Mustie, fustie, stinking, or unsavourie with age,
or ill-keeping' (Cotgrave, 'Chanci').

80.   AULTRE CHANSON NOUVELLE

Madame de sa grace m'a donné ung mullet;
Je vous jure mon ame, c'est ung asne bien faict!
N'oubliez pas la selle, aussi les esperons,
C'est pour mener m'amie jouer delà les mons.

Des loyaulx amoureux je porte le guidon.
Mon espoir my conforte, j'en auray le guerdon.
Mais en despit de ceulx qui en sont envieulx,
J'en auray mon plaisir, ilz en auront la peine.

M'amye m'a faict morfondre mainteffoys à son huys
En luy donnant aubades tant de jours que de nuictz.   10
Je m'en vois à la guerre, c'est pour le roy servir,
C'est en bonne esperance de vivre ou de mourir.

Helas, je n'ose dire encores ung aultreffois.
Adieu vous ditz, m'amie, en grant regret m'en vois.
Pour Dieu n'oubliez pas vostre loyal amy,
Celluy qui pour maistresse vous a voulu choisir.

Las, où sont les livrées que nous soulions porter?
Le jaulne m'est contraire, le gris me fault laisser.
C'est ung desternuant lequel my griefve tant;
Pout toute recompense le noir my fault porter.   20

Madame Saincte Barbe, vueillez moy secourir,
Et my donnez la grace que j'en puisse jouir.
Si mes amours sont faulces, je les changeray bien;
Nous en ferons bien d'aultres, ce moys de may qui vient.

From line 11 we gather that the author is going to the (Italian)
wars 'delà les mons' (line 4). Perhaps for this reason he refers in
line 21 to St. Barbara, the patron saint of artillerymen.

Also in **1537, 1538,** and **1543.**

---

3 **1535** apparently corrupt and changed accordingly; **1535** reads *Helas n'oubliez pas la selle et le bas aussi les esperons.*

5 *guidon:* banner.

8 after this line in **1535** is an extra hemistich *J'en auray le prouffit.*

19 *desternuant:* meaning obscure.

81.   AULTRE CHANSON NOUVELLE SUR LEDIT CHANT

Helas, se je vous ayme, n'ay je pas bien raison?
Car de plus honneste femme si belle ne veis onc.
Je vous ay servy jusques au mourir
Sans changer mon vouloir;
Je vous jure mon ame, j'en ay fait mon devoir.

Sur tous amans j'ay porté l'enseigne et le guidon.
Mon esperit my conforte, j'en auray le guerdon.
Mais en despit de ceulx qui en sont envieulx,
J'en feray mon devoir, ilz en auront la peine,
J'en auray le plaisir.   10

Fault il que je vous laisse encores une autre foys?
Adieu vous dy, m'amie, en grant regret m'en vois.
Helas, si je m'en vois, pour Dieu n'oubliez pas
Vostre loyal amy, celuy qui pour maistresse
Vous veult tousjours servir.

A fourth-rate contrafactum, with irregular lines, on the preceding chanson.

Also in **1537, 1538,** and **1543.**

---

14 *qui* from **1543;** the other sources read *que.*

82.   AULTRE CHANSON NOUVELLE

Plaisir n'est plus, je veis en desconfort;
Fortune m'a bien mis en grans douleurs.
L'heur que j'avoye m'est tourné en malheur,
Malheureux est qui n'a d'amours support.

La seureté n'est plus, ne le confort,
Confortez moy, m'amie, ou je suis mort.
Mort ou mercy en languissant sy fort,
Fors que de toy, de chascun ay support.

Supportez moy faisant ung bon rapport,
Rapportez bien que j'ayme loyaulment,   10
Leal je suis et ne veulx aultrement,
Aultre ne veulx pour me donner support.

Par terre et mers ou jamais prendre port,
Port te feray contre tous faulx rapport,
Porte mon cueur sans en faire transport,
Transporte toy faisant ung bon accord.

Accordez vous, ne prenez nulz discords,
Ne descordez vers amours les suppors,
Support aurez de moy jusques à la mort,
La mort me suyt attendant son confort.   20

[after Clément Marot]

As with nos. 26, 27, 53 and 54 above, the first stanza of this
chanson is by Clément Marot but the rest is probably not. Marot's
L'Adolescence Clémentine contains the same first stanza and then two
quite different ones. **1537** and **1543** follow **1535; 1538** gives the
version of *L'Adolescence Clémentine*.

The rhyme, or sometimes only the sense, of each line is picked
up at the beginning of the following line, making a kind of 'rime
annexée'. In **1535,** the last syllables of the third line of each stanza
are repeated: *Malheurs, Sy fort, Aultre., Transport, La mort.*

1535 adds _bis_ against the last line of each stanza.
The _Table_ of 1535 reads _suis,_ not _veis,_ in line 1.

---

8 _Fors:_ **1535, 1537,** and **1543** all read _Fort._

83.   AULTRE CHANSON NOUVELLE

Mon petit cueur qui vit en grant martyre;
Et mon pere et ma mere qui m'ont fait et nourry,
Et si ont eu grant peine de moy entretenir;
Mais maintenant suis avec les gens d'armes.

'Or my dictes, m'amye, my voulez vous servir?'
'Monsieur le capitaine, feray vostre plaisir.'
'Je vous donneray une robe de soye.'
'Une robe de soye, ce n'est pas la raison,
Mais une robe verte, c'est tresbien la façon,
Car c'est l'habit de fille habandonnée.'   10

'Las, pensez vous, l'hostesse, pourtant si suis icy,
Que soye habandonnée à ces gens d'armes icy?
Et nennin dea, car ilz m'ont desrobée.'
J'ay esté habillée comme ung compaignon,
C'est pour passer le pays de mon pere.

Du pays de mon pere, helas, quant j'en partis,
Je fus mal advisée de prendre tel chemin,
Veu la douleur où je me suis trouvé.

'Monsieur le capitaine, me donrez congé,
De aller veoir ma mere, puis je reviendray?'   20
'Regardez la, la mignonne affectée!

Je pense qu'elle cuyde ici de m'endormir,
Et qu'elle soit eschappée sans jamais revenir.
Mais non est da, car elle est bien gardée.'

Si j'estois sur la riviere ou sur le bort d'ung puis,
Je fineroys ma vie, plus vivre je ne puis.
Mais mieulx vauldroit estre morte et enterré.

The form and sense of this poem are corrupt. Almost certainly it represents a lost original consisting of a number of stanzas of three lines, but the corruption is too extensive to allow it to be restored. In each of the original stanzas, the first two lines probably had twelve syllables and the third ten, as for example at the end of this version. In this version, a line seems to be missing after line 14. I have left the text as it is in **1535,** with stanza divisions as marked there, with the following exceptions. Certain lines at the beginning (2, 3, 4, and 9) are printed in **1535** as two separate hemistichs. The word *bis* appears after *Mais maintenant* (line 4), and these words appear again after line 4 itself. *Bis* also appears after lines 7, 10, 13, 15, and 21. A further curious feature is that in certain lines (15, 18, 21, 24, and 27) the *first* syllable is printed twice. These things may have to do with a musical setting.
    Also in **1537, 1538,** and **1543.**

84.   AULTRE CHANSON NOUVELLE

Amoureulx suis des mignons appellé,
    C'est d'une jeune fille;
Puis qu'elle m'a du sien congé donné,
    Elle en aura grant blasme.

'A quoy tient il que vous blasmez aultruy?
    Dictes le moy, m'amye.
Vous ay je pas voz vouloirs acomply?
    Dictes le moy, m'amye.'

'Nennin, dist elle, mon mignon, mon amy,
    Je seroys mal advisée.   10
Quant l'autre soir je partismes d'icy,
    Je demeuray seullette,
    Habandonnée.'

Esse bien faict de blasmer son amy?
    Vray dieu, quelle desplaisance!
C'est d'une fille qui n'est pas loing d'icy,
    Qui en a deux ensemble.

Se elle en a deux elle en aura bien troys,
    Car l'ung amayne l'autre;
Je luy ay dit à la quatriesme foys: 20
    'Pourvoyez vous d'ung aultre'.

J'ay veu le temps que j'estoys son mignon
    Et que je la servoye.
Je la menoys jouer en la saison
    En soulas et en joye.

Paovre amoureux rendre je m'en iray
    Dedens ung hermitaige.
Jamais fille par amour n'aymeray;
    Mon cueur vit en destresse
    Pour l'amour d'elle.   30

Paovres amoureux, prenez exemple à moy,
    Par amour je vous prie.
Amours m'ont mis en si grant desarroy,
    En grant melencollie;
    Adieu, m'amye.

Celuy qui fist ceste chanson,
    Dieu luy doint bonne vie.
Ce fut ung compaignon gentil
    De France la jolie,
    Pour l'amour de s'amye.   40

Like the preceding chanson, this one seems to be corrupt in its form.

In **1535**, the final words of some last lines are repeated, probably as in a musical setting: line 4 *grant blasme*, 8 *m'amye*, 13 *habandonnée*, 21 *d'ung aultre*, 25 *en joye*, 30 *pour l'amour d'elle*, 35 *adieu* *m'amye*; twice the words are different: 17 *deux ou troys ensemble*, 40 *et de s'amye*.

Also in **1537, 1538,** and **1543.**

85.   AULTRE CHANSON NOUVELLE

Qui sont ces gentilz hommes
Qui veullent aymer tant?

Ilz n'en auront pas une,
Ilz perdent bien le temps.

Adieu les variables,
Adieu les faulx amans.

De mentir font coustume
Et d'y changer souvent.

Ilz en sont advertis,
Et si n'en font semblant.   10

Vous pensez qu'ilz vous ayment,
Mais vous les sachez tant.

Messieurs de bonne grace,
Que nous desirons tant,

Souvent allez au change,
Dont n'estes point contens.

Mais vous en aurez une
Qui vous payera contant.

Et si ne mettez ordre,
Vous en repentirez tant.   20

Changer il fault voz ruses,
Mais on vous congnoist tant.

Et quant on leur demande:
'Que leur dictes vous tant?'

Ilz preignent pour excuse:
'C'est pour passer le temps.'

Qui sont ces damoyselles
Qui veullent aymer tant?

Ilz sont aux Blancs Manteaulx,
Leurs mignons attendans.   30

Le nez à la fenestre,
C'est pour prendre le vent.

Leurs marys leur demandent:
'Que bigottez vous tant?'

Les femmes leur respondent:
'C'est pour nostre saulvement.'

An unusual poem from a feminine viewpoint.

In **1535,** line 2 is repeated and thereafter the second line of each stanza has the word *bis* against it. In addition, the last two syllables of the second line of each couplet are repeated, perhaps as in a musical setting; and lines 2, 12, 14, 20, 22, 24, 28, and 34 all end *tant et tant.*

Also in **1537, 1538,** and **1543.**

---

18 *contant:* i.e., *comptant.*
34 'Why are you so over-religious'?

19 *ordre:* from **1537, 1538,** and **1543; 1535** reads *orde* / 26 *c'est:* **1535** reads *ce est;* altered for the metre.

86.   AULTRE CHANSON NOUVELLE

L'aultre jour my cheminoys, *lalarigoy,*
A Paris la bonne ville.
En mon chemin rencontray, *la falarigoy,*
Une jeune damoyselle honneste.

Voire guin guin gué gué,
Et dieu qu'elle est malade,
Helas la paovre garse.

En mon chemin rencontray, *la falaride,*
Une jeune damoyselle.

Je luy prins à demander, *la fare laride,*   10
'Serez vous m'amye, la belle?'
Elle my respond que non, *la fare laride,*
Et qu'elle vouloit estre nonnette.
   Hin hin gué gué guin guin,
   Hé dieu qu'elle est malade,
   Helas la paovre garse.

Je la prins et l'embrassay, *la fare larigoy,*
Je la gettay sur l'herbette, *oette oette,*
   Hin hin gué gué guin guin guo guo,
   Et dieu qu'elle est malade,   20
   Helas la povre garse.

Je luy levis son corset, *la fare la,*
Puis apres sa chemisette honneste honneste,
   Hin hin gué gué guin guin guo guo,
   Helas qu'elle est malade,
   Helas la, &c.

J'avisay son jolys con, *tant mist tant gay tant falarigoy,*
Qui avoit la barbe faicte, *oette,*
   Hin hin, &c.
   Et dieu qu'elle est, &c.   30

Je debriday mon courtault, *tant fare larigoy,*
Et luy lansay en la playette, *oette oette,*
   Hin hin gué gué guin guin,
   Et dieu, &c.

Je luy ay faict ung enfant, *tant mist tant gay tant*
                                    [*farelarigoy,*
Et qui avoit quatre oreilles, *oette oette,*
    Hin hin gué gué &c.
    Et dieu &c.

Je l'ay menée chez Jehan Gossoy, *la fa,*
C'est pour batre les sonnettes, *oettes oettes,*   40
    Hin hin &c.

Je la menay chez Malloret, *la fa,*
C'est pour bailler bourde seiche, *oette oette,*
    Hin hin &c.
    Helas qu'elle est &c.

Je trouvay con de velours, *la fa,*
Couché sur une couchette, *hoette hoette,*
    Hin hin &c.
    Et dieu &c.

Je luy demanday en riant, *la fa,*   50
'Serez vous m'amye, la belle?' *ho ho,*
    Hin hin &c.
    Helas tant &c.

Elle m'a respondu que non, *la fa,*
Qu'elle suoyt la verolle, *ho ho,*
    Hin hin &c.

Le lendemain elle s'en va, *la fa,*
A Hulleu rendre professette, *oette oette,*
    Hin hin &c.
    Helas &c.   60

Elle y alloit pour sa dresse, *la fa,*
Mais on luy fist cheoir enverse,
    Hin hin &c.
    Et dieu &c.

Le lendemain je l'allis veoir, *la fa,*
Revisiter ces chausettes, *oette,*
   Hin hin &c.
   Et dieu &c.

Et je y cousis bien six pointz, *la fa,*
Sans deffiller mon esguillette, *oette oette,*   70
   Hin hin &c.

Je cuydoys couldre en drap neuf, *la fa,*
Mais cousois en vieilles brayettes, *oettes oettes,*
   Hin hin &c.

A cela bien l'apperceuz, *la fa,*
Car je y gaigné la verolle, *oette oette,*
   Hin hin &c.

This is one of a whole family of chansons which includes **La fleur 110,** no. 48; **Nourry,** no. 37; and **1535,** nos. 12 and 153. See Brown, 'Catalogue', no. 300.

The form is not consistent in **1535,** because of the haphazard use of abbreviations to indicate complicated refrains doubtless in a musical setting. Because of the extent of the inconsistency, I have not standardized them but printed them as in the original.

Also in **1537, 1538,** and **1543.**

---

36 A reference to the idea that a lover finishes off the ears of a child that the husband has started.

58 *Hulleu:* i.e., Huslieu: 'Près Saint Nicolas des Champs. Dans la tradition satirique, le type même du mauvais lieu' (Rabelais, *Pantagruel,* ed. V. L. Saulnier, Geneva, 1965, p. 195).

61 *dresse:* ?

69 *pointz:* stitches.

73 *brayettes:* codpieces.

66 *revisiter:* from **1543;** the other three sources omit the final -*r.*

87.   AULTRE CHANSON NOUVELLE

Gentil fleur de noblesse...

In **La fleur 110,** no. 10. See pp. 42-44 above.

88.   AULTRE CHANSON NOUVELLE

L'autre jour parmy ces champs...

See volume I, pp. 230-32, and p. 89 above.

89.   AULTRE CHANSON NOUVELLE

Enfans, enfans de Lyon...

In **Nourry,** no. 11. See pp. 90-92 above.

90.   AULTRE CHANSON NOUVELLE

De mon triste et desplaisir...

See volume I, pp. 245-7, and p. 92 above.

91.   AULTRE CHANSON NOUVELLE

De bien aymer je te jure...

See volume I, pp. 252-3, and p. 92 above.

92.   AULTRE CHANSON NOUVELLE

Nous estions trois gallans...

In **Nourry,** no. 14. See pp. 92-94 above.

93.   AULTRE CHANSON NOUVELLE

Tous compaignons adventuriers...

In **La fleur 110,** no. 42. See p. 94 above.

94.   AULTRE CHANSON NOUVELLE

A qui diray je ma plainte...

In **La fleur 110,** no. 46. See p. 94 above.

95.   AULTRE CHANSON NOUVELLE

Ces fascheux sotz qui mesdisent d'aymer...

In **La fleur 110,** no. 1. See pp. 30-31 above.

96.   AULTRE CHANSON NOUVELLE

Fortune, laisse moy la vie...

See volume I, p. 206, and pp. 53-54 above.

97.   AULTRE CHANSON NOUVELLE

Incessamment je my tourmente...

See volume I, pp. 206-7.
In **1535, 1537, 1538,** and **1543,** line 16 ends *pour les chiens.*

98.   AULTRE CHANSON NOUVELLE

Ung amoureux à la chasse s'en va
    Par ung lundy matin.
Tant a chassé que son furon lascha
    Pres du jolys connin.

Adonc la jeune dame s'approcha
Pres du gentil butin,
Et luy a dit: 'Botta! Saqua! Fringua!
Tout bas, boutte bien,
Mon amy, tant il me faict grant bien!'

The poem has, of course, an obscene meaning, like the hunting poem in volume I, p. 225.

Also in **1537, 1538,** and **1543.**

---

3 *furon*: ferret.

99.   AULTRE CHANSON NOUVELLE

L'esté venu, adieu froydure,
Que l'alouette chante hault,
Priant à Dieu qu'il face chault,
Car de l'yver el n'en a cure.

Au jolys boys sur la verdure
Il faict bon aller jouer
Pour ouyr le rossignol chanter,
Qui chante son chant par mesure.

En louant Dieu par sa voix seure
Jusques à ce qu'il ait des petis;   10
Quant il en a, prent son deduyt
A les nourrir, car c'est sa cure.

Also in **1537, 1538,** and **1543.**

---

8 This line, together with other phrases in the poem, recalls the famous chanson 'Il fait bon aymer l'oysellet' (see volume I, pp. 82-3).

100.   AULTRE CHANSON NOUVELLE

Petite fleur cointe et jolye,
Las, dictes moy se vous m'aymez.
Despeschez vous, plus n'attendez,
Car il m'ennuye, ma doulce amye.

Je n'aymeray jour de ma vie
Fille s'elle n'est à mon plaisir.
Je l'iray veoir sans contredit
De jour en jour, n'en doubtez mye,
    Ma doulce amye.

O Cupido, tant il m'ennuye,
Las, donnez moy aulcun confort,
Ou de brief mon cueur sera mort,
N'en doubtez mye, ma doulce amye.

This poem is related to 'Plaisante fleur gente et jolye', no. 149
below, q.v.
Also in **1537, 1538,** and **1543.**

101.   AULTRE CHANSON NOUVELLE

Dame Venus, donnez moy secours...

See volume I, pp. 255-6. **1535, 1537, 1538,** and **1543** have some
variants that are probably attempts to remedy the incoherent original.

102.   AULTRE CHANSON NOUVELLE

C'est bocané de se tenir à une...

See volume I, p. 188, and II, p. 55.

103.   LE CONTRAIRE DE LA CHANSON
                    'C'EST BOUCANÉ' &C.

C'est boucané d'en avoir plus d'une;
Le change est sot, quoy que l'on en ait dit,
Car par change l'homme pert son credit
Et ressemble droictement à la lune.

Qui ne tient foy ne promesse aulcune
Et tous les jours a son dit et son desdit,
Si d'Amours est bien souvent escondit,
Il n'en doit point en riens blasmer Fortune.

S'on est aymé de dame noire ou brune,
Secretement, de bon cueur, sans redit,   10
Servir la fault tousjours sans contredit;
Le sot amant faict la dame importune.

This is a parody on the preceding chanson, 'C'est boucané de se
tenir à une', no. 102 above, which had appeared as the first chanson
in **8(a)**. See volume I, p. 188. It expresses exactly the opposite senti-
ments to those of that chanson.
    Also in **1537, 1538**, and **1543**.

104.   AULTRE CHANSON NOUVELLE

Ung franc taulpin qui sur les champs alloit,
Et tousjours batre le bon homme vouloit;
Mais on luy dist sans point de demourée
Qu'i s'en allast tout droit delà les mons.
Vidagon, vignette sur vignon.

Le franc taulpin se leva au matin;
A son disner fault une fricassée,
De bonnes tripes qui soyent bien empouldrées;
A son souper de la souppe à l'ongnon.
Vidagon, vignette sur vignon.   10

Le franc taulpin ung gris manteau avoit
Tout enfumé dessoubz la chimenée;
A son costé une espée enrouillée,
Dedans son pied avoit ung esperon.
Vidagon, vignette sur vignon.

Le franc taulpin ung arc de chesne avoit
Tout vermoulu, sa corde renouée,
Et ses flesches de papier empanée,
Bruslée au bout par faulte de raillon.
Vidagon, vignette sur vignon.   20

Le franc taulpin une jument avoit,
Par dessoubz luy ung sac tout plain de paille,
Et les estriefz estoient faitz de cordaille,
Et la jument avoit ung poullichon.
Vidagon, vignette sur vignon.

Quant je le veis ainsi de blanc armé,
Luy demandis s'il alloit à l'armée.
'Ouy, dist il, pour gaigner la journée,
Et la journée du duc des Bourguignons.'
Vidagon, vignette sur vignon.   30

This is the earliest known text for a famous song about a franc
archer. The francs archers ('free archers') were soldiers levied in
France in the fifteenth century. A royal edict of 1448 laid down that
each parish must provide and equip one archer to serve in case of
necessity in time of war. They were free of certain obligations and
taxes: hence the word 'franc'. Soon they were the object of mockery,
above all for their supposed cowardice. A famous dramatic monologue
was composed in the late fifteenth century called the *Franc Archier de
Baignollet,* Baignollet (or Bagnolet) being a mere suburb of Paris. The
above details are taken from the edition of this work by L. Polak,
Paris, 1966.

The earliest versions of this poem probably used the word *archer*
rather than *taulpin. Franc taulpin* seems to have been a later
derogatory synonym for *franc archer*; Polak, pp. 15 and 70, quotes
its use in 1587 and c. 1524 respectively.

Although no full text is known to have survived from earlier than the present collection, the song is certainly much older. A musical setting by Loyset Compère appears in Petrucci's *Odhecaton* of 1501; see the edition of that work by Helen Hewitt, no. 28, and Compère's *Opera Omnia,* edited by Ludwig Finscher (*Corpus Mensurabilis Musicae,* 15), V, 1972, p. 57. The version of **1535** affords some degree of authenticity by its reference to the wars of the Dukes of Burgundy in line 29, but nevertheless may well have suffered some corruption. A version with three stanzas from Severin Cornet (1581) is published in J. B. Weckerlin's *La Chanson Populaire,* Paris, 1866, pp. 65-69. A third version, with fifteen stanzas, is in Leroux de Lincy's *Recueil de Chants Historiques Français,* Paris, 1842, pp. 272-5, from the Chansonnier Maurepas (Paris, Bibliothèque Nationale, MS fr. 12616). That the song maintained its popularity so well may perhaps be due to the reinforcement of the character of the braggart soldier in the farces of the early sixteenth century and in the *commedia dell'arte* and *commedia erudita* which became so popular in France from the mid-century on.

Also in **1537, 1538,** and **1543.**

---

1 *franc taulpin:* Cotgrave, *Taulpin, franc taulpin:* 'A trained man, or souldier, made of a husbandman; also, a chuffe, boore, swaine, hind'.

qui sur les champs alloit: Cotgrave, *Se mettre aux champs:* 'To brave it in shew, to put the better leg before; to set cock a hoop, or himself out to the utmost; also, to give himself scope, liberty, room enough'.

4 *les mons:* the Alps. The reference is to the Italian wars.

7 *disner:* lunch.

8 *empouldrées:* seasoned.

18, 19 *empanée, Bruslée:* grammatically, these should strictly be *empanées, Bruslées.*

18 *empanée:* feathered.

19 *raillon:* Cotgrave, *Fer de fleche à raillon:* 'A short-head; a forked, or barbed head'.

23 *estriefz:* i.e., *étriers,* stirrups.

cordaille: ship's rope.

24 *poullichon:* colt.

26 *de blanc armé:* martially equipped. The phrase derives from the colour of armour.

21 *franc:* **1535** reads *fran* / 29 *Bourguignons:* the final *-s* is editorial.

105. AULTRE CHANSON NOUVELLE

Au boys de dueil, à l'ombre d'ung soulcy...

See volume I, pp. 201-2, and p. 59 above.

106. AULTRE CHANSON NOUVELLE
SUR LE CHANT DE 'AU BOIS DE DUEIL'

Au boys de dueil, à l'ombre de soulcy...

In **Nourry,** no. 25. See pp. 112-115 above.

107. AULTRE CHANSON NOUVELLE

Le cueur est mien qui oncques ne fut prins...

See volume I, pp. 190-1, and p. 50 above.

108. AULTRE CHANSON NOUVELLE

Ce n'est pas trop que d'avoir ung amy
Sans en avoir ne deux ne trois ne quatre;
La chose n'est pas raisonnable;
Mais pour ung seul ne m'en puis repentir.

Las, quant je suis couchée aupres de luy,
Toute la nuict il my tient embrassée.
Mais c'est follie, j'ay bien ailleurs pensé;
J'en ay ung aultre que j'ayme mieulx que luy.

Danger cruel, mon mortel ennemy,
De mes amours je suis desheritée.   10
Et si suis fille qui vit en grant martire
Et si suis faicte pour souffrir mal pour luy.

Helas, pourquoy m'as tu donné mary?
Il ne m'est pas ung seul bon agreable.
J'en ayme ung aultre qui est plus amyable;
De ainsi vivre j'ayme mieulx mourir.

Adieu vous dy, mon tresloyal amy,
Long temps y a que vous m'avez aymée.
Mais maintenant vous m'avez oubliée,
Seullette suis demourée.   20

An incoherent poem in both form and content. The rhymes are
loose, the scansion imperfect.

Also in **1537, 1538,** and **1543.**

A musical setting *a 4* by Vermont was published in Attaingnant's
Trente et une chansons musicales, 1529 (Heartz 14).

---

5 *je* editorial, for the metre / 7 **1535** *pensée* / 9 *Danger* from
1543; 1535 and **1537** have *Lange,* which is meaningless, and **1538**
Dange.

109.   AULTRE CHANSON NOUVELLE

Ma bien acquise, je suis venu icy...

See volume I, pp. 188-90, and II, p. 55.

110.   AULTRE CHANSON NOUVELLE

C'est à l'ombre d'ung buissonnet,
Sur le bort d'une riviere,
Je trouvay le filz Marguet
Qui prioit sa dame chiere,
En luy disant en telle maniere:
'Je vous ayme d'ung cueur doulx.'
Adonc respondit la bergiere:
'Et Robinet, comment l'entendez vous?'

'Je l'entens bien, s'il vous plaist,
C'est que vous soyez m'amie.   10
Je vous donray ung chapeau
De violette jolie;
Mais d'une chose je vous prie,
C'est que m'aymez par amours.'
Adonc respondit la bergiere:
'Et Robinet, comment l'entendez vous?'

This is a version of the first two stanzas of 'Aupres d'un jolys boucquet' in MS Paris 12744, no. 9. See also volume I, pp. 114 and 216-7. Line 15 is missing from **1535**, and has been supplied on the analogy of MS Paris 12744.

Also in **1537, 1538,** and **1543,** with line 15 missing from all of them.

111.   AULTRE CHANSON NOUVELLE

Amy, helas, ma seur, dolente suis;
Helas, que feray je de mon amy
Que j'ay perdu sans nul recouvrement,
Mon bien, m'amour, et ma joye,
Et le regret que j'ay de luy.

Pour rien qui soit dessoubz le firmament
Jusques à la mort je n'aymeray aultre que luy.

A confused and probably corrupt poem.
Also in **1537, 1538,** and **1543.**

---

1 *ma seur* is repeated in **1535.**

112.   AULTRE CHANSON NOUVELLE

Amour vault trop qui bien s'en sçait deffaire
Et qui ne peult et y est longuement
    En user bien et loyaulment,
C'est tel ennuy qu'on ne s'en peult taire.

Another confused poem. An anonymous musical setting *a 3* was
published in Attaingnant's *Quarante et deux chansons musicales,* 1529
(Heartz 10) (modern edition in *CMM 20*), and later in other versions
and editions; see Heartz for details.

Also in **1537, 1538,** and **1543.**

113.   AULTRE CHANSON NOUVELLE

S'esbahist on se j'ay perdu mon taint,
Veu que à mon cueur tant de douleur je porte,
La bouche close, dont trop de dueil je porte?
Mais on supplie assez quant on se plaint.

In **1535,** the second and third lines are each split up into three
sections: V*eu que à mon cueur / Tant de douleur / Je porte / La
bouche close / Dont trop de dueil / Je porte,* perhaps because of the
internal rhyme of *cueur* and *douleur.*

Also in **1537, 1538,** and **1543.**

An anonymous musical setting *a 3* was published in Attaingnant's
Quarante et deux chansons musicales, 1529 (Heartz 10).

114.   CHANSON NOUVELLE DU JUGEMENT D'AMOUR
              PAR DEUX DAMES EN OPPINIONS CONTRAIRES,
                 COMME EN CE BIEN EXPERIMENTÉES,
               SUR LE CHANT 'LA SEURETÉ N'Y SERA PLUS'

Deux dames voulus escouter...

In **Nourry,** no. 23. See pp. 109-111 above.

115.   LA CHANSON DE LA VEROLLE,
       CHASTIANT L'AMOUREUX
  QUI NE LA VOULUT À DAME RECONGNOISTRE,
  SUR LE CHANT 'LA SEURETÉ N'Y SERA PLUS'

Au jardin de plaisance entray...

In **Nourry,** no. 24. See pp. 111-112 above.

116.   AULTRE CHANSON NOUVELLE

Las, pourquoy m'estes vous si rude,
Vous qui me souliez tant aymer?
Vostre depart m'est trop amer,
C'est ung grant mal qui trop me dure.

Las, je l'ay prinse par sa ceinture,
Dessus l'herbe je l'ay jectée,
Deux ou trois fois l'ay embrassée,
Et de son corps j'en ay prins la mesure.

Two apparently independent stanzas.
Also in **1537, 1538,** and **1543.**
An anonymous musical setting *a 4* was published in Attaingnant's
Trente et deux chansons musicales, 1529 (Heartz 7); see Heartz for
later arrangements for lute solo and for lute and voice, and modern
editions of these.

117.   AULTRE CHANSON NOUVELLE

Il me suffist de tous mes maulx,
Puis qu'ilz m'ont livré à la mort.
J'ay enduré peine et travaulx,
Tant de douleur et desconfort.

Que fault il que je face
Pour estre en vostre grace?
De douleur mon cueur si est mort
S'il ne voit vostre face.

Also in **1537, 1538,** and **1543.**

A musical setting *a 4* by Claudin de Sermisy was published in
Attaingnant's *Trente et quatre chansons musicales,* 1529 (Heartz 5);
modern edition in *CMM 20.* See Heartz and Daschner for later
settings and arrangements.

118.   AULTRE CHANSON NOUVELLE

Il est venu ung petit oysillon,
    Ce moys de may certainement,
    Chanter aupres de ma maison;
Le cueur de moy s'en resjouyst souvent.

    Ce faict le doulx rossignollet
    Qui est venu du vert bocaige,
    Qui en son joly chant disoit:
    'Or sus, amans!' en son langaige.

Or est venu le temps et la saison
    Que amoureulx chantent loyaulment;   10
    Ce moys de may, c'est bien raison;
Quant est de moy, g'y metz mon pensement.

    'Est il ainsi, mon doulx amy,
    Que vous m'en dictes vostre pensée?'
    'Ma doulce seur, il est tout vray,
    Confortez moy, s'il vous aggrée.'

'Mon bon amy, par bonne intention,
    Mon cueur vous donne entierement.
    Mais gardez vous de mesprison,
Car les jaloux nous guerrient durement.'   20

This chanson is in MS Paris 12744, no. 67, with four stanzas; and in the MS de Bayeux, no. 28, also with four stanzas, of which only the first two are the same. **1535,** which has five stanzas, is related to these two versions, but the differences of detail appear too great for it to have been derived directly from either of them.

The chanson is in virelai form, to which the five stanzas of **1535** are more appropriate than the four stanzas of either of the two MSS. Also in **1537, 1538,** and **1543.**

---

4 *souvent:* added from MS Paris 12744 and the MS de Bayeux for the rhyme and the metre. Missing from **1535.**
10 *Que amoureulx:* i.e., *Qu'amoureulx.*
19 *mesprison:* mistake, error.

119. AULTRE CHANSON NOUVELLE

Quant je voy renouveller
La gracieuse saison,
Mon cueur est bien en prison.
Quant je n'ose plus chanter.

Las, je ne chanteray plus,
Mon cueur est trop douloureulx,
Quant le Val de Vire est jus
Qui souloit estre joyeulx.

Et la blanche livrée porter,
Chascun son blanc chapperon,   10
Et tout par bonne intention,
Nullement sans mal penser.

Adieu soit esbatement
Et le joly dieu d'amours.
Je le quitte entierement
Se de luy je n'ay secours.

Vrays amoureux, sans plus tarder,
Gettez moy hors de prison,
Et me donnez guarison,
Ou je suis au trespasser.   20

Like the preceding chanson, this one is also in MS Paris 12744, no. 42, and the MS de Bayeux, no. 38. These versions and that of **1535** correspond closely except that the MS de Bayeux adds one extra stanza. It is also in the MS de Vire (Paris, Bibliothèque Nationale, MS n.a. fr. 1274).

The chanson is in virelai form, to which the five-stanza form is appropriate. The extra stanza of the MS de Bayeux appears to be a later addition.

This and no. 135 below are laments on the passing of the Val de Vire, the songs associated with it, and the possibly legendary poet-hero Olivier Basselin. See the article 'Vaudeville' by Daniel Heartz in the encyclopaedia *Die Musik in Geschichte und Gegenwart.*

Also in **1537, 1538,** and **1543.**

---

7 *jus:* down.

9 *la blanche livrée:* white as the colour of happiness, as in **1535,** nos. 41 and 135.

1 **1535** adds *la* after *je*; deleted following the MSS, for the metre / 17 *Vrays amoureux:* MS Paris 12744 reads *Vray dieu d'amours,* which seems more likely.

120.   AULTRE CHANSON NOUVELLE

> Plaisante fleur, allegez le martyre
> Dont mon cueur a la peine et doulour.
> Il vous plaira que ce que je desire
> My soit donné, belle, c'est vostre amour.
>
> Sans vostre amour je ne puis nullement
> Estre joyeulx, ne avoir le cueur gay.
> Si vous supplie, belle, treshumblement,
> Qu'i vous plaise prendre pitié de moy.
>
> Ou aultrement, helas, je puis bien dire
> Qu'en ma vie n'y a point de secours.   10
> Helas, amours, my lairrez vous occire,
> Que j'ay servy loyaulment chascun jour?

'Mon bel amy plaisant et gracieulx,
N'y pensez plus fors que d'estre celé,
Car vous aurez, maulgré ces envieulx,
Le cueur de moy, je le vous ay donné.

Je vous prometz et vous jure, beau sire,
Que aultre que vous n'en sera le seigneur.
Maulgré jaloulx et mesdisans plains d'ire
Vous serviray loyaulment chascun jour.'   20

Like the two preceding chansons, this virelai is also in MS Paris
12744 and the MS de Bayeux. In MS Paris 12744 it appears as
no. 65, 'Fleur de gaieté, allegez le martire', and in the MS de Bayeux
as no. 31, 'Fleur de gaicté, allegés la martire'. **1535** and MS Paris
12744 both have five stanzas, generally corresponding with each
other; the MS de Bayeux after the first stanza has only six incoherent
lines. The poem is also in the MS de Vire (Paris, Bibliothèque
Nationale, MS n.a. fr. 1274). See Brown, 'Catalogue', no. 133.

Also in **1537, 1538,** and **1543.**

3-4 The unusual enjambement is marked in **1535** by a stroke (/)
after *donné.*

14 *celé:* hidden (i.e., from the *envieulx*).

10 *n'y a:* from MS Paris 12744, for the metre. **1535** reads *n'a /*
11 *lairrez* altered from **1535**'s *laisserez*, for the metre, on the analogy
of *lairras* (tu) in MS Paris 12744 / 18 *le* not in **1535;** added from
MS Paris 12744 for the metre.

121.   AULTRE CHANSON NOUVELLE

My voulez vous laisser mourir,
Mon bien, m'amour, ma souvenance,
De douleur et de desplaisance,
Par deffault de my secourir?

N'ay je pas assez longuement
Attendu pour avoir confort?

Et si n'ay pensé nullement
En aultre chose que en la mort.

Pourtant, madame, je vous prie
Que vous my donnez allegeance,   10
Ou aultrement sans demourance
Je croy qu'il my fauldra mourir.

Qui veult aymer secrettement,
Il ne le fault dire à nully,
Car mesdisans sont tousjours prestz
De dire mal dessus aultruy.

De bref, puissent il tous mourir,
Et leur doint Dieu malle meschance;
Si en aura mon cueur vengeance,
Il en sera plus resjouy.   20

Je vous pry, belle, cherement,
Que ne my vueillez oublier.
Mon cueur est en vous tellement
Que je ne le sçauroye oster.

De rechief vous vueil requerir
Que vous my donnez allegeance;
Ne aultre que vous n'a la puissance
De my sçavoir mes maulx guerir.

The rhyme-scheme of this poem, with the recurring identical rhymes in alternate stanzas, is that of a virelai. Together with the antiquated subject-matter, this suggests that this is an older chanson like those on either side of it in **1535**.

Also in **1537**, **1538**, and **1543**.

---

7 *n'ay* editorial; **1535** reads *ny* / 15 the rhyme-scheme suggests that this line should in fact rhyme in *-ent* / 17 this line is one syllable short in **1535**. *Tous* is an editorial suggestion to restore the metre.

122.   AULTRE CHANSON NOUVELLE

Le perier qui charge souvent
Doibt bien avoir soulas et joye
Quant le dieu d'amours s'i attend.

En ce perier y a une fleur
Qui est plus blanche que christal,
Et plus vermeille la couleur
Que n'est ne rose ne sendal,

Et tout entour boutons d'argent
Qui sont penduz en latz de soye;
L'on y prent son esbatement.   10

En ce perier y a ung fruict,
De le cueillir il en est temps.
Mais le jaloux si est dessoubz
Qui crie comme hors du sens.

Et si m'a dit: 'Comment, comment!
Vous y sçavez trop bien la voye,
Vous y marchez secrettement!'

This virelai is also in MS Paris 12744, no. 41, and in the MS de Bayeux, no. 53, in versions generally corresponding.

An anonymous musical setting *a 4* is printed in *Theatrical Chansons*, no. 49. See also Brown, 'Catalogue', no. 261.

In **1535,** after lines 3 and 10 is printed *Ent, ent, ent, ent,* presumably indicating the repetition of the final syllable in a musical setting.

Also in **1537, 1538,** and **1543.**

---

1 *perier:* pear-tree.
2 *charge:* bears fruit.
7 *sendal:* sandalwood.
13-14 These lines recall the *villain jaloux* in 'Il fait bon aymer l'oysellet' (see volume I, p. 83).

123.   AULTRE CHANSON NOUVELLE

Plaisante fleur que j'ay tant desirée,
  Je vous supply treshumblement
  Que me donnez allegement,
Ou en ce jour je tiens ma vie finée.

  Je suis sur le point de finer
  S'il ne vous plaist à my donner
  Vostre gentil corps advenant;
  Et si ne m'en sçauroye garder
  Quant je vous voy de souspirer;
  Secourez moy, j'ay besoing grant.   10

Dame d'honneur, ayez vostre pensée
  A qui vous ayme loyaulment,
  Ou je suis au trespassement;
Sans nul retour plus ne vivray journée.

  Helas, ma seur, helas, pourquoy
  Vous ne tenez compte de moy?
  Oncquesmais ne fus tant esbahy.
  'Beau sire, or attendez ung poy,
  Le faulx jaloux est empres moy
  Qui nuict et jour vit en soulcy.   20

La vostre amour, elle est parmy la moy,
  Je le vous jure mon serment.'
  Je vous mercie, ma seur, vrayement,
Vostre doulceur m'a mis hors de pensée.

The form of this poem is that of a virelai. This and the antiquated
subject-matter suggest that this is an older poem, like those on either
side of it in **1535**. It is not the same poem as MS Paris 12744, no. 37,
which begins with the same first line.

Also in **1537, 1538,** and **1543.**

1535 makes no division at lines 10-11, 20-21.

---

17 *Oncquesmais:* pronounce as two syllables, for the metre.
21 meaning obscure; probably corrupt.
23 *vrayement:* pronounce as two syllables, for the metre.

124.   AULTRE CHANSON NOUVELLE

Mourir puissent ces envieulx
Qui m'ont voulu charge donner
Par leur faulx et maulvais parler,
Disans que je suis amoureux.

Par mon serment, se je l'estoye
J'en penseroys mieulx valloir;
Tres voulentiers y apprendroye
C'est belle chose que d'aymer.

Car le mestier est gratieulx
A qui le sçauroit bien aymer;   10
Celluy qui commença le premier
Avoit cause d'estre joyeulx.

Ilz ont dit que j'ay bel amye,
Mais je ne la vueil pas nommer;
Ce seroit à moy grant follie
De dire ce que je doy celer.

Je suis celluy qui en tous lieux
Qui vouldroit celer et garder
L'honneur des femmes sans faulcer
En tous lieux qui sont dangereux.   20

This chanson, again in virelai form, is also in MS Paris 12744,
no. 31, beginning 'Mauldiz soyent tous ses envieulx', which is a
syntactically better first line. The first line of **1535** is probably corrupt.

Also in **1537**, **1538**, and **1543**.

---

13 *bel* in **1535** (not *belle*); **1537**, **1538**, and **1543** read *belle*.
17-20 confused, probably corrupt.

125.   AULTRE CHANSON NOUVELLE

> J'eusse encor desir d'aymer,
> Mais je n'en ose parler
> A nule femme qui soit née.
> Quant je m'en vueil dementer,
> Elle me dit: 'Allez vous chauffer
> Au coing de la cheminée!'
>
> Elle m'a troublé mon advis
> Et m'apelle: 'Villain tout gris,
> Vostre saison est passée'.
> Mon estat est en bas mis.   10
> Si soulois je estre joly
> Et mener joyeuse vie.
>
> Es femmes faitz assavoir
> … … … … … … … …
> Se j'eusse que leur donner;
> Mais je n'ay ne maille ne denier
> Que je leur puisse donner,
> Ne avoir bont ne vollée.
>
> Les femmes n'aymeray plus;
> Quant de moy ont fait reffus,   20
> Je command à Dieu liesse;
> Par le Dieu qui est là sus,
> Je vivray comme ung reclus;
> J'ay grant regret à jeunesse.
>
> Vieillesse matin et soir
> Ne my cesse d'agacher,

246

> Las, par chascune journée,
> Et ne me veult delaisser;
> Il me fauldra renoncer
> A jeunesse qui m'agrée.   30

A line seems missing from this chanson, perhaps at line 14, and
I have accordingly inserted a line of dots at that point. The poem
seems corrupt in other ways also. It is also in the MS de Vire (Paris,
Bibliothèque Nationale, MS n.a. fr. 1274), in a version roughly corresponding, and in **1537**, **1538**, and **1543**.

1535 makes no divisions at lines 12-13 and 24-25.

---

4 *dementer:* complain.
18 *bont ne vollée:* amorous terminology derived from tennis. *Bont:*
bounce. *Vollée:* volley (when the ball does not bounce).

11 *joly:* **1535** and the three later sources read *jolie;* altered for
the sense.

126.   AULTRE CHANSON NOUVELLE

> L'orée d'ung boys resplendissant
> Trouvay la belle au vis cler,
> Qui en esmoy estoit
> D'aller veoir son amant.
>
> Je fus si fort esmerveillé
> Et entray en grant pensement,
> Quant je la vy au long du bois
> Toute seulle si loing des gens.
> Je la salue doulcement,
> Puis apres je luy demanday: 10
> 'Esse pour moy qu'estes attendant?'
>
> La belle respondit: 'Ouy,
> Mon amy, tenez vous joyeulx,
> Car je vous ayme par ma foy
> Plus que homme qui soit soubz les cieulx.

Chantons, je vous prie, nous deux
De noz amours en esperant
Que vous et moy n'aura q'ung cueur
Desormais et d'icy en avant.'

Also in **1537, 1538,** and **1543.**

---

1 *L'orée d'ung boys*: at the edge of a wood.

127.   AULTRE CHANSON NOUVELLE

Une joyeuse pensée
Est dedans mon cueur entrée
L'autre soir en me dormant.
J'ay songé ceste nuictée
Que j'estoye en la rosée
Avec mon amy plaisant.

J'ay songé cest chose vraye
Que entre ses deux bras j'estoye
Pour luy faire son plaisir,
Et que je luy demandoye   10
S'il sçavoit point où j'auroye
Ung joly chapeau de lys.

Quant je me fus resveillée
Je me trouvay courroucée,
Je ne le fus oncques autant;
Car je ne m'estoye hobée
Comme je m'estoye couchée
Avec mon mary meschant.

Las, quant viendra la journée
Que celluy m'eust embrassée   20
Que mon cueur desire tant?
Ma joye seroit doublée,
M'amour luy avoye donnée
Tout le temps de ma vie.

Je vis en bonne esperance
Qu'il viendra ung coup de chance
Que nous serons, luy et moy,
Ensemble par ordonnance
A faire nostre plaisance
En ce joly moys de moy.   30

The rhyme-scheme of stanzas 1-3 shows this to be a virelai. However, if it is a virelai one would expect the rhymes *-ée* and *-ant* to appear in stanza 5 instead of in stanza 4 as is in fact the case. The poem is most probably a virelai corrupted in the process of transmission, and in an earlier version stanzas 4 and 5 were probably reversed.

Also in **1537, 1538,** and **1543.**

---

16 *hobée:* Cotgrave, *hober:* 'To stirre, move, remove from place to place; (a rustie, and rusticall word.)'.

20 *m'eust embrassée;* i.e., *m'embrasserait.*

30 *moy:* i.e. *may.*

128.   AULTRE CHANSON NOUVELLE

Dame d'honneur, puis que vous dictes cela,
Devant voz yeulx my verrez trespasser.
Se vous laissez ung amant deffiner
Jamais nul jour Dieu ne vous pardonnera.

'Par Dieu, sire, vous avez ung grant tort!
Laissez moy en paix, ou ce seroit follie.'
Las, je doy bien mener grant desconfort
Quant me convient pour vous perdre la vie.

'En nom de Dieu qui nous fist et forma,
Mon doulx amy, vueillez moy pardonner.   10
Je me mettray si bien à mon devoir
Qu'à mon advis il vous amandera.'

There are several different chansons beginning 'Dame d'honneur'. See Jaap van Benthem, 'Einige wiedererkannte Josquin-Chansons im Codex 18746 der Österreichischen Nationalbibliothek', *Tijdschrift van de Vereniging voor Nederlandse Muziekgeschiedenis,* XXII (1971), 18-42, footnote 9. The rhyme-scheme shows that this one is a virelai.

Also in **1537, 1538,** and **1543.**

---

1 and 4 These two lines each have one syllable too many. Line 1 could be amended by omitting *vous;* line 4 by omitting *Dieu* or pronouncing *pardonnera* with three syllables.

129.   AULTRE CHANSON NOUVELLE

Desespoir me contrarie,
Doulce fleur gente et jolie,
De la grant douleur que j'ay.
Las, j'ay mis mon estudie
Vers vous, et si n'aurez mie
Un foys mercy de moy.

Ayez de moy remembrance
Et me donnez allegeance,
Je vous supplie en ce jour.
J'avoye en mon esperance   10
Des le temps de mon enfance
D'estre vostre serviteur.

Vostre amour si me maistrie
Tant que je mourray d'envie
Si je ne suis conforté.
Las, je ne sçay que je die;
Se je m'en vois sans amye,
Jamais joyeulx ne seray.

Tresdoulce fleur de noblesse,
Allegez moy de la destresse   20
Que j'ay pour vous chascun jour.

'Pour vous octroyer largesse
J'en prendray la hardiesse,
Mon doulx amy par amour.

Mais d'une chose je vous prie,
Se je vous faitz courtoisie:
Soyez secret et celé.'
Ma seur, je le vous affie,
Pour la mort ne pour la vie
Je ne vous accuseray.   30

The rhyme-scheme shows that this is a virelai.
Also in **1537**, **1538**, and **1543**.

---

13 *maistrie:* i.e., *maîtrise.*

11 *de* not in **1535**; supplied for the metre / 13 *me* not in
1535; supplied for the metre and the sense.

130.   AULTRE CHANSON NOUVELLE

Je suis entré en grant pensée
Pour vostre amour, fleur de gayetté.
Si vous requiers en charité,
Donnez la moy, s'il vous agrée.

Je vous requiers par grant doucour,
Gratieuse fleur souveraine,
Que me donnez la vostre amour
Qui nuict et jour me tient en peine.

Oncques puis que vous eu advisée
En ce gratieulx temps d'esté,   10
Mon cueur n'eust oncques de santé
Se aulcunement à vous n'estoye.

Je ne fus onc si desirant
De creature qui soit née;
Quant je vis voz beaulx yeulx riant,
Mon cueur va tressaillant de joye.

... ...
Se de vous je ne suis aymé,
Je prendray la mort à bon gré;
Adieu, celle que tant j'aymoye.   20

The rhyme-scheme of this poem shows it to be a virelai. A line is missing at line 17.

'Entré je suys en grant pensée' is the first line of the second stanza of a chanson in MS Paris 12744, no. 139, but that chanson is otherwise unrelated. 'Entrée suis en grant pensée' is the first line of a chanson by Josquin des Prez, also otherwise unrelated; see Martin Picker, *The Chanson Albums of Marguerite of Austria*, Berkeley and Los Angeles, 1965, pp. 132-3. See also no. 56 above, line 3.

Also in **1537, 1538,** and **1543,** all of them lacking line 17.

3 *requiers*: **1535** reads *requiert*; altered for the sense.

131.   AULTRE CHANSON NOUVELLE

Rossignollet du boys ramé,
Va my saluer, je te prie,
Mon doulx amy plaisant et gay,
Et luy dy qu'il ne m'oublie mye.

Je te supply, rossignollet,
Va my tantost faire ung messaige:
Va à mon amy et luy dy
Que je l'attens au vert bocaige.

Et qu'il vienne parler à moy
Et j'en seray plus resjouye.   10
Toutes les foys que je le voy,
De tous mes maulx je suis guerie.

La nuict quant je my doy dormir
Je my resveille tressaillant.
Il m'est advis que doy tenir
Mon doulx amy que j'ayme tant.

Puis qu'il m'ayme sans faulceté
Je luy seray loyalle amye,
Et l'eussent mesdisans juré,
Par sur toutes il m'a choisie.   20

The rhyme-scheme shows that this is a virelai.
Also in **1537, 1538,** and **1543.**

---

15 **1535** adds *je* before *doy*; deleted for the metre.

132.   AULTRE CHANSON NOUVELLE

Je suis en telle melencolie
Que je ne puis la nuict dormir
Quant il me vient ung souvenir
D'une fleur plaisante et jolye.

Quant il me souvient de la flour,
Celle à qui j'ay donné m'amour,
Je suis tout desesperé,
Et je la pense nuict et jour;
Je luy vois faire ma clamour,
En ce jardin où je la voy.   10

'Dieu vous gard, madame jolye,
Qui d'aymer my faictes languir;
Mais ne prenez en desplaisir
Nulle chose que je vous dye.

Dictes moy vostre voulenté,
Madame, je vous respondray
Notablement, ce m'est advis;
Je vous ayme sans faulceté;
Se vostre cueur ne m'est donné,
De vostre amour je suis occis.'   20

'Doulx amy, je ne te croy mye,
Que tu en ayes si grant desir
D'avoir m'amour pour departir
De celle que tu as choisie.'

'En verité, ma doulce seur,
Je ne donnay oncques mon cueur
A nulle aultre femme que vous.
Je vous ayme du bon du cueur.
Mais je ne vouldroye à nul feur
Que nully s'apperceust de nous.   30

Vostre parler si fort me lye
Que de vous ne puis departir.
Belle, vueillez my secourir,
Par sur toutes vous ay choisie.'

The subject-matter of this virelai, especially lines 21-24, recalls
'Je vous vueil dire ma pensée' in MS Paris 12744, no. 61.
The stanza-divisions at lines 10-11, 20-21, and 30-31 are editorial.
Also in **1537, 1538,** and **1543.**

---

7 This line is a syllable short. It could be lengthened, for
example, by adding *par* before *tout*.
28 *du bon du cueur:* with all my heart (Huguet).
29 *à nul feur:* at any price.

20 *De:* **1535** reads *Et;* altered for the sense / 30 *s'apperceust:*
1535 reads *l'apperceust;* altered for the sense.

133.   AULTRE CHANSON NOUVELLE

Suis demourée seulle esgarée
Avec cent mille douleurs,
Puis que mon amy m'a laissée;
Je l'ay perdu, le bon seigneur.
Je my complains de mes malheurs,
Puis que j'ay perdu mon amy,
Et si ne l'ay pas desservy.

Le bleu je porte pour livrée,
Mais desormais le vueil laisser;
Puis que mon amy m'a laissée,   10
De noir me feray habiller.
Je my complains de mes malheurs,
Puis que j'ay perdu mon amy,
Et si ne l'ay pas desservy.

Au fort je prendray en patience,
Pour ung perdu deux recouvers;
Puis que mon amy m'a laissée,
De noir me feray habiller.
Je my complains de mes malheurs,
Puis que j'ay perdu mon amy,   20
Et si ne l'ay pas desservy.

This poem is a version of 'Je demeure seulle esgarée', which I
published in volume I, p. 208, and illustrates the process of trans-
formation of chanson verse. That poem itself was a version of an
older one. The present one seems to be a more modern version. It
will be seen that the last three lines of the first stanza of the poem
in volume I have here been treated as a refrain which occurs in each
stanza; that line 4 has been changed; that in order to fill in two lines
in the third stanza, two have been borrowed from the second; but
that the stanza shape itself has not been changed.

The refrain is given in full each time in **1535**.

Also in **1537, 1538,** and **1543.**

134.   AULTRE CHANSON NOUVELLE

> *Ung esprevier venant du verd bocaige,*
> *Il est jolys et de belle façon;*
> *Se je le puis tenir et mettre en caige,*
> *G'iray voller le temps et la saison.*

> G'iray voller si tresparfaictement
> Que faulx jaloux seront tous esbahis.
> S'ilz me demandent que je quiers nullement,
> Je leur diray que je quiers la perdrix;
> Mais je querray la belle au cler vis,
> Celle par qui je suis joyeulx et gay.   10

> *Ung esprevier venant du verd bocaige,*
> *Il est jolys et de belle façon;*
> *Se je le puis tenir et mettre en caige,*
> *G'iray voller le temps et la saison.*

This is a corrupt version of a poem which is in MS Paris 12744, no. 45, and in the MS de Bayeux, no. 42. Both those versions are fuller than this one.

In **1535**, the refrain is abbreviated the second time.

Also in **1537**, **1538**, and **1543**.

---

9 *je* not in **1535;** added for the metre.

135.   AULTRE CHANSON NOUVELLE

> *Helas, Olivier Basselin,*
> *Orrons nous plus de voz nouvelles?*
> *Vous ont les Anglois mis à fin?*

> Vous souliez gayement chanter
> Et demener joyeuse vie,
> Et la blanche livrée porter

Par tout le pays de Normandie,
Jusques à Sainct Gille en Cotentin
En une belle compaignie;
Oncques mais ne vy tel pelerin.   10

Helas, Olivier Basselin,
Orrons nous plus de voz nouvelles?
Vous ont les Anglois mis à fin?

Les Angloys ont faict desraison
Es compaignons du Val de Vire;
Vous n'orrez plus dire chanson
A ceulx qui les souloyent bien dire.
Nous prierons Dieu de bon cueur fin
Et la doulce vierge Marie
Qu'il doint aux Anglois malle fin.   20

Helas, Olivier Basselin,
Orrons nous plus de voz nouvelles?
Vous ont les Anglois mis à fin?

Basselin faisoit les chansons,
C'estoit le maistre pour bien dire;
Il hanta tant les compaignons
Qu'il ne luy demoura que frire;
Car fust de sidre ou fust de vin,
Il en buvoit jusqu'à la lye,
Et puis revenoit le matin.   30

Helas, Olivier Basselin,
Orrons nous plus de voz nouvelles?
Vous ont les Anglois mis à fin?

This chanson is in MS Paris 12744, no. 56, and the MS de Bayeux, no. 40. **1535** gives one more stanza than either of those MSS. Together with no. 119 above, it is a lament on the passing of the Val de Vire, the songs associated with it, and the possibly legendary poet-hero Olivier Basselin. See the article 'Vaudeville' by

Daniel Heartz in the encyclopaedia *Die Musik in Geschichte und Gegenwart*.
Also in **1537, 1538,** and **1543.**

---

6 *la blanche livrée:* white as the colour of happiness, as in **1535,** nos. 41 and 119.
8 *Sainct Gille en Cotentin:* 'Saint-Gilles, village à sept kilomètres de Saint-Lô (comm. de La Meauffe), qui était le but d'un célèbre pèlerinage' (Gaston Paris).
28 *fust:* the verb, as in modern French *fût;* or *fust,* barrel.

136.   AULTRE CHANSON NOUVELLE

Pour eviter à fantasie,
Je vous requiers, accollez moy
Et allons sur l'herbette jolye
Pour nous esbatre, vous et moy.
Allons dessoubz le joly may,
Je vous requiers, ma godinette,
Ouyr le chant de l'alouette,
Qui nous ostera hors d'esmoy.

Rossignollet du vert bocaige,
Va dire à ces faulx envieux   10
Qu'ilz puissent tous mourir de raige.
Trop sont meschants et malheureux
D'avoir parlé dessus nous deux.
Mais en despit de leur follie
Nous menerons joyeuse vie
En ce moys de may gracieulx.

Eviter in the sixteenth century was sometimes construed with *à* (Huguet), but even so the sense of the first line is obscure. The *Tables* of **1535, 1537,** and **1543** read *Pour eviter fantasie.* Text and *Table* of **1538** read *Pour eviter la fantasie;* and the text of **1543** reads *Pour eviter ma fantasie.*

---

6 *godinette:* 'A prettie peart lasse; a loving, or lovely girle' (Cotgrave).

137.   AULTRE CHANSON NOUVELLE

Se je ne puis estre joyeuse,
N'ay je pas bien raison pourquoy?
Mon amy est trop loing de moy,
Mourir my faict qu'i tant demeure.

Que ne vient il? il en fust heure,
Mais il doubte ces faulx jaloux.
Il est beau, il est gracioulx,
Mourir my faict qu'i tant demeure.

Je my rendray religieuse,
Et tant comme je seray là   10
Jamais homme ne my verra;
Là fineray ma vie piteuse.

In each stanza in **1535,** the first hemistich of the first line, and
both hemistichs of the last line, are repeated, as are certain other
syllables, probably indicating repeats in a musical setting.
Also in **1537, 1538,** and **1543.**

4, 8 *qu'i*: i.e., *qu'il.*

138.   AULTRE CHANSON NOUVELLE

Il m'est prins si grant envie
D'une fleur cointe et jolie
Que je ne puis arrester;
Mais si ne sçay je encore mye
S'el vouldroit estre m'amye;
Il le my convient sçavoir.

Je retourneray par devers el,
Luy requerray en charité
Qu'el me donne aulcun confort.

Dieu m'en face bien haitté;   10
Je seroye bien courroucé
Se nous n'estions d'acord.

G'iray où je l'ay ouye
Chanter par melencolye,
Doulcement la saluer:
'Belle, la vierge Marie
Qui a sur tous seigneurie,
Vous vueille de mal garder!'

'Bien vienne le compaignon!
Dictes moy quel achoison   20
Vous amaine maintenant?'
'J'ay bien l'intention
Que my donnez en pur don
Vostre gentil corps plaisant.'

'Mon amy, je vous mercye,
Mais d'une chose vous prie,
Que j'aye temps de m'aviser.
Quant on trouve sa partie
On faict bien grant folie,
Certes, de la reffuser.'   30

The rhyme-scheme of this poem shows it to be a virelai.
Also in **1537, 1538,** and **1543.**

---

10 *haitté:* cheerful, happy.
20 *achoison:* occasion.

139.   AULTRE CHANSON NOUVELLE

Or voy je bien que dueil my porte
Et mon espoir m'a failly;
Veoir je ne puis mon amy,
Mauldit soit celle qui me l'oste.

La nuict quant reposer my doy,
En souspirant my desconforte;
C'est du regret du mien amy,
Pour luy je vouldroye estre morte.

Il m'avoit dit en convenant
Qu'il ne me changeroit pour aultre,　　10
Ne pour femme qui soit vivant,
S'il ne veoit sur moy la faulte.

D'une chose my desconforte:
Si je ne suis au gré de luy,
Et je ne suis à son plaisir,
Laisse moy en prendre ung aultre.

Also in **1537, 1538,** and **1543.**

140.　　AULTRE CHANSON NOUVELLE

Ce moys de may que fruictz et fleurs
Natura debent parere,
Que ces oyseaulx s'efforcent tous
Cantus et melos promere,
Une fillette sans conduit
Intendens flores legere,
Par ung matin va au deduit —
Iam lucis orto sydere.

Quant sy seulle la vy aller
Summo mane diluculo,　　10
Gramment la prins à souhaiter,
Cordis carnis oculo.
Par ung sentier m'en vins aller,
Captus amore vinculo,
Et la priay du dieu d'aymer —
Ex more docti mistico.

'Sire escollier, point ne m'aurez
Vestris blandis sermonibus.
Allez vous en estudier
Cum ceteris scolaribus.   20
Aultre confort de moy n'aurez
Nisi sit preesse viribus.
Mon pucellaige my lairrez —
Veni creator spiritus.'

'Nulle force ne vous feray,
Turpis esset iniquitas,
Mais ung peu vous acolleray
Ut placeat lascivitas.'
Je l'acollay, si fist elle moy,
Aparuit benignitas,   30
Onc si doulce ne trouvay —
O lux beata trinitas.

Dix francs de ma bourse tiray,
Promisi fide media,
Et puis sur l'herbe la gettay,
Oscula dedi milia.
Mon corps je luy habandonnay
Per fregis claustra ministra,
Et puis jouasmes, elle et moy —
Beata nobis gaudia.   40

Or prions Dieu que tous amans
Fuyans ab omni crimine,
Et que ces jaloux mesdisans
Comburentur de fulmine.
La belle à qui Dieu doint bon jour
Qui est flos sine crimine,
Et a mon cueur, et j'ay le sien —
A solis ortu cardine.

This is one of the rare macaronic poems in these collections,
another being 'Langueo d'amours, ma doulce fillette' in **La fleur 110,**
no. 47.

Each stanza ends with the first line of a famous medieval Latin hymn.

Also in **1537, 1538,** and **1543.**

---

5 *sans conduit:* unaccompanied.
7 *deduit:* pleasure.
11 *Gramment:* very much.

28 **1535** reads *plasceat.*

141.　　　AULTRE CHANSON NOUVELLE

Ma femme s'est advisée
Que je ne seray pas marchant,
Et que je faitz trop du gallant:
Elle s'en tient pour enginée.

Elle dit qu'elle yra son tour
Au marché certainement,
Et qu'elle y est la meilleur
Pour y employer nostre argent.

Elle dit que je despendroye
Plus que nous n'avons vaillant　　　　　　　10
Et que je suis le plus gourmant
Qui soit en ceste contrée.

Elle dit qu'elle peult bien aller
Et qu'elle a bon saufconduit,
Et qu'elle sçaura bien parler
Et aux grans et aux petis.

. . . .
Qu'elle yra doresnavant,
Et que je berseray l'enfant
Et buray de la fumée.　　　　　　　20

Elle porte de la marchandise
Que je ne porteroye pas,
Elle en peult faire à sa guise
Trestout son hault et son bas.

S'elle fait longue demourée
Et je luy dy ne tant ne quant,
Elle m'apelle: 'Villain truant,
Or chantez s'il vous ennuye!'

The rhyme-scheme of this poem shows that it is a virelai. Some corruption is indicated by the inconsistent variation of the lines between seven and eight syllables. A line is missing at l. 17. The stanza-divisions at lines 4-5, 8-9, 16-17, and 24-25 are editorial.

Also in **1537, 1538,** and **1543,** with a line missing.

---

4 *enginée:* tricked, deceived.

142.   AULTRE CHANSON NOUVELLE

Pource que je suis vieil homme,
Les femmes ne m'ayment pas,
Et s'entredient que je somme
Comme chat au pied du pas.

Par ma foy, quant j'estoye jeune
Ils m'aymoient bien, ce m'aist Dieux!
Quant viendra sur la vieillesse,
Vous serez trestous ytieulx.

Mais par Sainct Pierre de Romme,
Quant vous viendrez à ce pas,   10
Il n'y a ne vieil ne jeune
Qui prise à rien les esbas.

Beaulx seigneurs, je ne puis mie
(Car certes je me vieillis)
Faire le plaisir es femmes
Comme je le faisoye jadis.

> Quant je suis en leur besongne,
> Je faitz trestout au compas,
> En branslant comme une pomme
> Qui veult cheoir du hault en bas. 20

The rhyme-scheme shows that this is a virelai. The stanza-divisions at lines 8-9 and 16-17 are editorial.

Also in **1537, 1538,** and **1543.**

---

3 *somme:* for *sommeille?*
4 *au pied du pas:* ?
6 *ce m'aist Dieux:* so help me God.
8 *ytieulx:* ?
18 *au compas:* in moderation.

143.   AULTRE CHANSON NOUVELLE

> Esbatement vueil à Dieu demander,
> Puis qu'il vous fault prendre nouvel usaige.
> Jamais nul jour je ne sçauroye chanter;
> Il est bien fol qui se met en mariage.
>
> Ma femme m'a dit que je ne chante plus;
> Hé Dieu, helas, que m'est il advenu?
> Il est trop tard d'aller fermer son huys
> Quant le cheval est prins et perdu.
>
> Par mon serment, el my peult bien prescher
> Et hault crier avant que je soye saige! 10
> Elle feroit bien aussi tost boutter
> Ung vieil regnart dedans ung hermitaige.
>
> Elle tense à moy pour bien peu d'occasion,
> Par chascun jour et encor plus souvent;
> Se je luy dy une seulle raison
> Qui luy desplaise, el m'en dy plus de cent.

. . . .
Car elle parle si bien à mon visaige;
Maulgré mes dentz il me fault endurer,
Soit mon prouffit ou soit mon dommaige.   20

Again this chanson is in virelai form. Lines 8, 11, and 20 are one syllable short, which suggests that the poem is to some extent corrupt. A line is missing at line 17. The stanza-divisions at lines 8-9 and 16-17 are editorial.

Also in **1537, 1538,** and **1543,** with a line missing.

---

13 *tense:* scolds.
19 *maulgré mes dentz:* against my will.

144.   AULTRE CHANSON NOUVELLE

Helas, j'ay esté destroussé
De la plus plaisante à mon gré
Que je veis onc jour de ma vie.
Si m'avoit elle juré sa foy
Qu'el n'aymeroit aultre que moy;
Maiz el m'a bien sa foy faulsye.

Elle m'a failly de convenant,
Je le voy trop bien maintenant;
Jamais ne la devray aymer!
Et est pourveue d'ung aultre amant,   10
D'ung vieillart gris pelé devant,
Pour qu'il avoit d'argent assez.

C'est ce qui m'en a destroussé;
Je l'eusse encor se j'eusse dequoy;
Par finance je pers m'amie.
Je doy bien hair paovreté!
Jeunesse n'aura plus posté,
Or et argent a la maistrie.

Or et argent a bien l'honneur,
Car il n'y a si grant seigneur   20
Qui ne l'ayme parfaictement.
On en refraint yre et coureur
Et en acquiert l'en grant honneur;
D'en avoir j'eusse grant talent.

Certes se Dieu plaist j'en auray,
Et puis adonc retourneray
Devers la belle tant jolye.
Or et argent luy porteray,
Et puis apres je chasseray
Le vieillard à la barbe moysie.   30

This virelai is also in the MS de Bayeux, no. 70. Lines 19-24 are absent from the MS de Bayeux. The five-stanza version of **1535** is more appropriate to the virelai form than are the four stanzas of the MS de Bayeux.

The stanza-divisions at lines 12-13 and 24-25 are editorial.

Also in **1537, 1538,** and **1543.**

---

1 *destroussé:* robbed, deprived.
3 *si:* indeed.
4 *elle:* pronounced as one syllable (also at line 6).
7 *convenant:* agreement.
11 *pelé:* bald.
17 *posté:* power.
22 *refraint:* curbs.
   coureur: i.e., *courroux?*

6 This line is missing from **1535** and the three later sources, and is supplied in this edition from the MS de Bayeux / 9 **1535** add *je* after *Jamais;* deleted for the metre / 21 *Qui:* **1535** reads *Quil:* altered for the sense / 26 **1535** adds *je* before *retourneray;* deleted for the metre.

145.   AULTRE CHANSON NOUVELLE

C'est belle chose que ordonnance
Et d'avoir bon gouvernement,
Et se contenir gentement

De ce qu'on est en enfance,
Et se refraindre à suffisance.

Trestout homme qui a envie
D'avoir l'autruy sans occasion,
Il ne peult qu'il ne luy meschie
Soit pres ou loing, car c'est raison.

S'il ne l'acquiert de sa chevance,   10
Durer ne luy peult longuement,
Car il ne l'a pas loyaulment;
Au jeu de detz tourne la chance,
Il n'est rien qui vienne à plaisance.

De despenser oultre mesure
Onc homme n'en veit bien jouir,
Car nul ne sçait son adventure
Ne le temps qui doibt advenir.

De grant orgueil et grant bombance
Et d'estre gay de la gent,   20
Maint homme en est paovre et dolent;
D'humilité et obeissance
Ce n'est rien que amour et plaisance.

This moralizing poem is a virelai.
The stanza-divisions at lines 9-10 and 18-19 are editorial.
Also in **1537, 1538,** and **1543.**

---

7 *l'autruy:* other people's possessions.
10 *chevance:* wealth, goods.
20 This line seems corrupt.

3 *contenir:* thus all sources; possibly *contenter* is meant? / 19
1535 adds *de* after *et;* deleted for the metre.

146.   AULTRE CHANSON NOUVELLE

J'ayme bien mon amy
De bonne amour certaine,
Car je sçay bien qu'il m'ayme,
Et aussi faitz je luy.

Et puis qu'il est ainsi
Que je congnois qu'il m'ayme,
Je serois bien villaine
D'aymer aultre que luy.

Il n'est aultre plaisir
En ceste vie mondaine   10
Que d'aymer bien sans faindre,
Mais qu'on ait bien choysi.

'Madame, je vous pry
Que vous tenez certaine
Que je prendray grant peine
Tousjours à vous obeir.'

Also in **1537, 1538,** and **1543.**

This poem is also in the MS de Bayeux, no. 29, as 'J'aymeray
mon amy', with only two stanzas.

147.   AULTRE CHANSON NOUVELLE

J'ay eu long temps grant envie...

See volume I, p. 232. Also named in the *Table* of **La fleur 110,**
but not in the only known copy. Also in **1537, 1538,** and **1543.**

1535 explains line 16 by printing a stroke (/) after *si*, indicating
the punctuation *N'a q'ung si: elle est mortelle*, i.e., 'she has only one
drawback: she is mortal'. **1537** also has the stroke, and **1538** a comma;
1543 has no punctuation.

148.   AULTRE CHANSON NOUVELLE

L'amour de moy si est enclose
Dedans ung petit jardinet,
Où croist lavende et le muguet,
Et aussi faict la passe rose.

Le jardin est bel et plaisant,
Qui est garny de toutes fleurs;
On y prent son esbatement,
Par ma foy, la nuict et le jour.

Helas, il n'est si doulce chose
Que du gentil rossignolet,   10
Qui chante au soir et matinet;
Quant il est las, il se repose.

Je la vy l'autre jour cueillant
La violette en ung vert pré.
Elle my sembla bien advenant,
Et voulentiers my amusay.

Je la regarday une pose;
Elle estoit blanche comme laict,
Et doulce comme ung aignelet,
Et vermeille comme la rose.   20

This virelai is also in MS Paris 12744, no. 27; the MS de Bayeux,
no. 27; and **90(a),** no. 6. See volume I, p. 48. **1535** differs in details
from all of them, and so I print its text in full.
Also in **1537, 1538,** and **1543,** all following **1535.**

149.   AULTRE CHANSON NOUVELLE

Plaisante fleur gente et jolye,
Las, dictes moy si vous m'aymez,
Vistement, et vous advisez,
Car il m'annuye, n'en doubtez mye.

Car il m'annuye trop longuement
Que je ne sçay vostre pensée;
Si vous supplie treshumblement:
Confortez moy, s'il vous aggrée.

Car j'ay de vous si grant envie,
Belle, si vous le sçaviez,   10
En verité n'en doubtez mye,
De moy pitié auriez.

Madame, prenez tout en jeu
Ce que je vous dy, par ma foy.
Si vous requier, au nom de Dieu,
Se j'ay failly, pardonnez moy.

Helas, je plaide sans partie;
Je vous ayme, vous me hayez;
Se ainsi vous m'en envoyez,
En la fin en serez marrie.   20

'Doulx amy, je ne vous hay pas,
Ainsi feroye que villaine.
Mais vous sçavez que d'ung tel cas
Que l'en le celle trop à peine.

Se j'en devoye perdre la vie
Vous aurez ce que demandez.'
Ma chere dame, c'est assez,
Du bon cueur je vous mercie.

This virelai is also in MS Paris 12744, no. 48, as 'Petite fleur coincte et jolye', and in the MS de Bayeux, no. 96, as 'Plaisante flour gente et jollie'. MS Paris 12744 and **1535** each have seven stanzas, differing only in details; the MS de Bayeux has only the first five stanzas. For references to other musical settings, see Brown, 'Catalogue', no. 338, and Daschner.

The poem is related to no. 100 above.

Also in **1537, 1538,** and **1543.**

---

13 *prenez:* a statement, not an imperative.
28 *du bon du cueur:* with all my heart (Huguet).

9 *Car:* added for the metre, from both MSS; not in **1535** /
10 *le* added for the metre, from both MSS; not in **1535** / 19 *vous*
added for the metre, from both MSS; not in **1535.**

150.   AULTRE CHANSON NOUVELLE

Souvent m'esbas et mon cueur est marry,
Et vis en dueil et en grant desplaisance,
Toutes les foys qu'i me vient souvenance
De la belle qui a vers moy failly.

Elle m'avoit promis et baillé foy
Qu'elle m'aymeroit par sus tous loyaulment;
Avec elle ung aultre j'ay trouvé,
Qui son plaisir faisoit secretement.

Oncques jamais plus traistresse ne vy,
Car de m'aymer elle monstreroit semblance,   10
Et si disoit qu'elle n'avoit desirance
D'aymer aultre; mais elle a bien failly.

Pas n'eusse creu — certes, n'en doubtez mye —
Qu'elle eust voulu pour rien me decevoir.
Celuy est bien esprins de grant folie
Qui cuyde femme pour luy tout seul avoir.

De leurs amours et d'elle je dy fy,
Car tout leur faict, ce n'est que decevance.
Il est bien fol qui en femme a fiance,
Car à bien peu elles sont toutes ainsi.   20

This virelai is also in MS Paris 12744, no. 38, and in the MS de
Bayeux, no. 7. **1535** and the MS de Bayeux each have five stanzas,

differing only in details; MS Paris 12744 adds two supernumerary stanzas after line 12. The poem is also in the MS de Vire (Paris, Bibliothèque Nationale, MS n.a. fr. 1274).

Two anonymous musical settings *a 3* were published in Antico's *Chansons à troys*, Venice, 1520; see Lawrence F. Bernstein, 'La Courone et fleur des chansons a troys', *Journal of the American Musicological Society*, 26 (1973), p. 9. Another *a 4* is in Crequillon's *Tiers Livre*, Antwerp, Susato, 1544 (Daschner).

Also in **1537, 1538,** and **1543.**

11-12 The unusual enjambement is marked by a stroke (/) after *aultre* in **1535.**

6 *sus:* from MS Paris 12744, for the metre; **1535** and the MS de Bayeux read *dessus* / 16 *tout:* from MS Paris 12744 and the MS de Bayeux, for the metre; not in **1535** / 20 *à:* from MS Paris 12744 and the MS de Bayeux, for the sense; **1535** reads *ia.*

151.   AULTRE CHANSON NOUVELLE

Ce moys de may par ung doulx assoirant,
J'ay ouy chanter une jeune pucelle.
Par une sente je m'en allay devant,
En luy disant: 'Dieu vous gard, damoyselle!

Damoyselle, le dieu d'amours vous gard,
Et vous doint ce que vostre cueur desire!'
'Si face il vous. Dictes moy quelle part
Voulez aller, je vous prie, beau sire.'

'Je viens à vous comme loyal amant
Pour vous compter ma raison et querelle: 10
C'est vostre amour, dont je suis desirant.'
Oncques femme ne my sembla si belle.

'Ne m'en parlez plus, sire, nullement;
Vostre plaisir faire je n'oseroye.'
'Las, si ferez, doulce royne des fleurs;
Pour rien qui soit je ne vous changeroye.'

'Puis qu'ainsi est que nous sommes au bout
De noz amours, ferons chanson nouvelle.
Nous deux irons au joly boys plaisant,
Au jolys boys, à la verte couldrette.'   20

This virelai is in MS Paris 12744, no. 63, with four stanzas, and
in the MS de Bayeux, no. 80, with three stanzas. The MS de Bayeux
also contains, at no. 72, a version differing entirely after the first line.

Also in **1537, 1538,** and **1543.**

---

1 *assoirant:* evening.
10 *compter:* i.e., *conter.*
20 *couldrette: coudraie,* hazel-grove.

3 *je* from MS Paris 12744, for the metre; not in **1535** / 4
1535 adds *ma* before *damoyselle;* deleted following both MSS, for
the metre / **1535** adds *à* after *il;* deleted following both MSS,
for the metre / 8 **1535** adds *Vous* before *voulez;* deleted following
both MSS, for the metre.

152.   AULTRE CHANSON NOUVELLE

Le grant desir d'aymer me tient
Quant de la belle me souvient
Et du joly temps qui verdoye.

Tantost aller my convient
Vers la belle qui mon cueur tient;
Hé dieux, qu'elle en aura grant joye!

'Madame, Dieu vous doint bon jour.
Je suis venu par devers vous,
Vostre amour tresfort me guerroye.'

'Amy, bien venu soyez vous.   10
Que vous fault il? que demandez vous?
Vous fault il chose que j'aye?

Je suis celle qui rien ne tient
A son amy quant il y vient,
Car de le veoir j'en ay grant joye.

Mon tresloyal amy celé,
Se vous venez à moy parler,
Gardez que la gent ne vous voye.

Car se vous estiez trouvé,
J'aymeroye plus cher en verité
A jamais n'avoir esté né.

Les faulx jaloux ont advisé
Que vous y seriez guetté
Pource qu'avec vous j'estoye.'

20

This chanson is also in MS Paris 12744, no. 135; the MS de Bayeux, no. 25; and **90 (a)**, no. 4. See volume I, p. 46. **1535** differs in details from all of them, and so I print its text in full.

Also in **1537, 1538,** and **1543,** all following **1535.**

153.   AULTRE CHANSON NOUVELLE

En revenant de Sainct Anthoine en Brie,
    Dire mot sans rire,
Je rencontray une tresbelle fille,
    Dire mot sans dire mot, dire mot sans rire.

Je rencontray une tresbelle fille,
    Dire mot sans rire,
Je luy demanday s'elle seroit m'amye,
    Dire mot sans dire mot, dire mot sans rire.

Je luy demanday s'elle seroit m'amye,
    Dire mot sans rire,   10
Elle my respond qu'elle estoit trop petite,
    Dire mot sans dire mot, dire mot sans rire.

[The repetitions and refrain continue in **1535** according to the above pattern. For reasons of space in this edition, I give only the new lines of text, as follows:]

'Petite ou non, si serez vous m'amye?'

Je la gettay sur l'herbette jolie.

Je luy levay son corset, en apres sa chemise,

Et je luy fis la petite follie.

Et quant ce fut faict, el se print à soubzrire:

'Recommencez, mon amy, je vous prie.'

'Je n'en puis plus, l'alaine m'est faillie.'

'Velà ung flacon, buvez, je vous en prie,   20

Il est plain de vin de Romanie.'

Sur ce propos, sa mere si arrive.

'Et gouvernez vous bien, ma fille.'

'Il n'est pas temps de le dire,

Car je suis grosse d'une fille.'

'Et qui te l'a faict, ma fille?'

'Ç'a esté ung François, par courtoisie.'

'Et que t'a il donné, ma fille?'

'Il m'a donné ung sac de pouldre fine,

C'est pour faire ma gesine.'   30

This is one of a family of chansons which includes **La fleur 110,** no. 48; **Nourry,** no. 37; and **1535,** nos. 12 and 86. A similar chanson, in a musical setting by Rogier, is in MS Florence 2442, no. 28.

Perhaps because of its length, or because it so resembles no. 12 above, it was not taken up into **1537** or **1543.** But it is in **1538,** no. 237, textually identical except only that the first line has been changed to 'En revenant de Sainct Fiacre en Brie'.

I have found no place called Saint Antoine in Brie. Saint Fiacre is a village some 10 kilometres south-east of Meaux. According to the MS de Bayeux, no. 87, it was there that King Henry V of England died.

154. AULTRE CHANSON NOUVELLE

Soubz une aubespine fleurie
Il m'est venu souvenement
D'une fleur plaisante et jolie
Que j'ay desirée longuement.

Ma pensée est en voulenté,
Et est mon cueur entalenté,
D'aller veoir la belle au cler vis.
J'en avoye bonne voulenté,
Mais je crains trop la grant durté
De ces faulx jaloux ennemis.   10

Ilz ont sur nous si grant envie;
Dieu les mauldie prochainement!
Car ilz l'ont de si pres gardée,
Veoir ne la puis nullement.

Si jaloux debvoient enraiger,
Maulgré trestout leur faulx dangier,
Je l'iray veoir ceste saison;
Et souvent je l'iray baiser
Dessoubz l'ombre d'ung franc rosier
Qui croist aupres de sa maison.   20

Puis qu'elle est ma loyalle amye,
Je l'iray veoir doresnavant.
Maulgré les jaloux plain d'envie,
M'amour luy donne entierement.

This virelai is in the MS de Bayeux, no. 41, in a version which
differs in many details and adds four extra lines which are inap-
propriate to the virelai form; and in MS Paris 12744, no. 44, in a
much shorter version.

The stanza-divisions at lines 10-11 and 20-21 are editorial.

Also in **1537, 1538,** and **1543.**

---

15 *Si:* even if.
19 *franc rosier:* red rose-bush (Cotgrave, *franc*).

1 *aubespine:* **1535** reads *espine;* altered following both MSS, for the metre / 2 **1535** adds *ung* before *souvenement;* deleted following both MSS, for the metre / 11 *si* not in **1535;** added from the MS de Bayeux, for the metre / 18 this line is missing from **1535** and is supplied from the MS de Bayeux / 23 *les* not in **1535;** suggested editorially for the metre.

155.   AULTRE CHANSON NOUVELLE

Femmes, battez voz marys
Qui sont plains de jalousie;
Mais ne battez pas le mien,
Par amour je vous en prie,
 Et au chant guerelo.

Car mon doulx amy my fait
Ce que ung aultre ne fait mie:
Il se leve entour minuict
Pour berser l'enfant qui crie,
 Et au chant guerelo.   10

Il se leve entour minuict
Pour berser l'enfant qui crie.
Il se leve au point du jour
Pour my chauffer ma chemise,
 Et au chant guerelo.

Il se leve au point du jour
Pour my chauffer ma chemise,
Et me la porte en disant:
'Levez vous, ma doulce amie',
 Et au chant guerelo.   20

[From this point on, **1535** gives confused repetitions of couplets and refrain. In this edition, I give only the new couplets, as follows:]

'Helas, comment my leveroye?
J'ay la chaulde maladie.'

'Et que vouldriez vous menger?
Dictes le moy, ma doulce amie.

Voulez vous d'ung bon chapon
Ou d'une allouette rostie?

Ou se voulez d'ung bon canart
Qui soit fait à la dodine?

Ou se voulez d'ung bon chapon
Qui soit fait à la dodine?'   30

'Et je ne le sçaurois menger
Se je n'avois compaignie.'

'Quel compaignie voulez vous?
Dictes le moy, ma doulce amie.

Voulez vous Messire Jehan,
Ou se voulez la graverie?'

'Je ne veulx Messire Jehan,
Et si ne veulx la graverie,

Mais je veulx le petit clerc
Qui sçait bien lire et escripre.'   40

Entre vous, gentilz gallans,
Qui cheminez par la ville,

Se rencontrez mon mary,
Pour Dieu ne le battez mie.

The refrain appears in **1535** as *Et au chant guerelo* except **at** lines 5 and 15, when it is *Et au chant derelo*.

Also in **1537, 1538,** and **1543.**

28 *dodine:* Cotgrave, *Canars à la dodine:* 'Served in with (French) onion sauce'.

36 *graverie:* ?

156.   CHANSON NOUVELLE SUR LE CHANT 'QUANT PARTY DE LA
RIVOLTE' ET AUSSI SUR LE CHANT DE
'GENTIL FLEUR DE NOBLESSE'

Qui veult avoir lyesse...

In **Nourry,** no. 19. See pp. 99-101 above.

157.   AULTRE CHANSON NOUVELLE

Adieu plaisir, adieu soulas...

In **90(a),** no. 1, and elsewhere. See volume I, p. 43. **1535** follows **90(a).** Also in **1537, 1538,** and **1543.**

158.   AULTRE CHANSON NOUVELLE

C'est simplement donné congé...

In **90(a),** no. 2. See volume I, p. 44. Also in **1537, 1538,** and **1543.** This chanson gives us textual evidence that **1537, 1538,** and **1543** derive from **1535** and not from earlier collections: **1535** omits a line from the last stanza (line 23) by homoeoteleuton and the imperfect stanza then reappears in the later collections.

159.   AULTRE CHANSON NOUVELLE

Puis qu'elle m'a fermé son huys...

In **90(a),** no. 3. See volume I, p. 45. Also in **1537, 1538,** and **1543.**

19 **1535** reads *Venez au soir, j'ouvriray l'huys* / 23 **1535** reads *Que je mourray ceste année.*

160.   AULTRE CHANSON NOUVELLE

Puis que de vous me fault partir...

In **90(a),** no. 12, and elsewhere. See volume I, pp. 57-9. **1535** follows **90(a).** Also in **1537, 1538,** and **1543.**

161.   AULTRE CHANSON NOUVELLE

Mon seul plaisir, ma doulce joye...

In **90(a),** no. 7. See volume I, pp. 49-50. Also in **1537, 1538,** and **1543.**

162.   AULTRE CHANSON NOUVELLE

En plains et pleurs je prens congé...

In **90(a),** no. 8, and elsewhere. See volume I, pp. 50-51. Also in **1537, 1538,** and **1543.**

163.   AULTRE CHANSON DE VERDELET

Que mauldit en soit la journée...

In **90(a),** no. 9, and elsewhere. See volume I, pp. 52-4. **1535** follows **90(a).** Also in **1537, 1538,** and **1543.**

164.   AULTRE CHANSON NOUVELLE

Vray dieu [d'amours, re]confortez ma dame...

In **90(a),** no. 26, and elsewhere. See volume I, pp. 76-7. **1535** follows **90(a).** Also in **1537, 1538,** and **1543.**

165.   AULTRE CHANSON NOUVELLE

Tous loyaulx amoureux...

In **90(a)**, no. 10, and elsewhere. See volume I, pp. 54-5. **1535** follows **90(a)**. Also in **1537, 1538,** and **1543.**

---

11 **1535** reads *ris* for *vis*.

166.   AULTRE CHANSON NOUVELLE

Faulte d'argent...

In **90(a)**, no. 11, and elsewhere. See volume I, pp. 55-7. **1535** follows **90(a)**. Also in **1537, 1538,** and **1543.**

167.   AULTRE CHANSON

Maulgré dangier...

In **90(a)**, no. 13, and elsewhere. See volume I, pp. 59-61. **1535** follows **90(a)**. Also in **1537, 1538,** and **1543.**

168.   AULTRE CHANSON NOUVELLE

En ce jolis temps gracieulx...

In **90(a)**, no. 14, and elsewhere. See volume I, pp. 61-3. **1535** follows **90(a)**. Also in **1537, 1538,** and **1543.**

---

50 **1535** reads *s'amie* for *sa dame*.

169.   AULTRE CHANSON NOUVELLE

Les regretz que j'ay de m'amye...

In **90(a)**, no. 5, and elsewhere. A very different version is in **11,**
no. 4. See volume I, pp. 47 and 157-58. **1535** follows **90(a).** Also
in **1537, 1538,** and **1543.**

170.   AULTRE CHANSON NOUVELLE

Madame, mon souverain desir...

In **90(a)**, no. 15 (from which the last three stanzas are missing
because of a missing leaf); **53,** no. 10 (complete); **90(b),** no. *19;
and **Fragment B,** no. *2. See volume I, pp. 63-5. In volume I,
I printed a composite version. **1535** follows **90(a)** and so helps to
reconstruct the part missing from **90(a),** but on the other hand
contains corruptions, so that there is little net gain in sense. Also
in **1537, 1538,** and **1543.**

171.   AULTRE CHANSON NOUVELLE

Nous irons jouer...

In **16,** no. 10, and **17,** no. 11. See volume I, pp. 242-43. **1535**
follows **16** with some corruptions. Also in **1537, 1538,** and **1543.**

172.   AULTRE CHANSON NOUVELLE

Qui veult aymer, il fault qu'il soit joyeulx,
Et aller veoir sa dame souveraine
Deux ou trois foys ou quatre la sepmaine
Pour en avoir ung peu le cueur joyeulx.

'Helas, où est mon amy gratieulx?
Il a les yeulx plus vers que marjolaine;
C'est celluy qui tient mon cueur en peine,
Et c'est pour luy que je suis en langueur.

Vous my promistes que n'estions que nous deux,
Que m'aymeriez d'ung amour si certaine.　　　10
Vous m'avez fait la promesse villaine,
Ce n'est pas fait d'ung loyal amoureux.'

Or suis je bien le roy des malheureux,
De tant aymer celle qui point ne m'ayme.
Or voy je bien que j'ay perdu ma peine;
Je m'en iray rendre religieux.

This poem is missing from **90(a),** on whose title-page it appears
as no. *17, and from **90(b),** in which it is no. *21; and it was in
the missing **Fragment B,** no. *4. See volume I, p. 65. **1535** is the
earliest known collection in which the text is preserved. It is also
in **1537, 1538** and **1543.**

The sense appears to have become somewhat disconnected between the third and fourth stanzas.

A musical setting *a* 3 by Willaert was published in Antico's *La
Courone...,* Venice, 1536. For details on this and other settings,
see Lawrence F. Bernstein, '*La Courone et fleur des chansons a
troys*', *Journal of the American Musicological Society,* 26 (1973),
pp. 64-5.

173.　　　AULTRE CHANSON NOUVELLE SUR
'COMMENT PEULT AVOIR JOYE QUI FORTUNE CONTRAINT'

Une jeune fillette
En l'aage de quinze ans,
Elle a fait la chosette,
Elle est grosse d'enfant.
Sa mere brait et crie
Et maine grant tourment:

'N'esse pas grant follie
Pour ung coup seulement?'

'Or vous taisez, ma mere',
Dist la fille au cueur gent,   10
'S'il m'a vituperée
J'en auray de l'argent.
Puis que m'amour luy donne,
Il ne fault plus parler;
Il dit qu'il est bien homme
Pour my recompenser.

Il m'a sa foy promise,
Je croy qu'il la tiendra.
En prenant ma chemise
Il my depucella,   20
En disant: "Ma mignonne,
Allegez mes douleurs,
Faictes moy une aulmosne
Touchant le jeu d'amours."

Je fus deliberée
D'acomplir son desir;
Sur son lict m'a gectée,
Me fist à son plaisir.
Certes en mon entente
Jamais ne me blessa,   30
Mais je fus mal contente
Qu'il ne recommença.

Or vous taisez, ma mere,
Pour Dieu ne plourez plus;
Jamais jour de ma vie
Si ayse je ne fus.
Je l'ay faict à l'emblée,
Mais point ne le celay.
J'en suis toute assotée,
Jamais je ne m'en tiendray.'   40

Qui fist la chansonnette?
Ung gentil compaignon,
Qui trouva la fillete
En l'ombre d'ung buisson,
Celluy qui bien luy haite,
Luy faisant un bouquet,
Dessoubz une espinette,
Au joly verd bousquet.

This poem is missing from **90(a)**, on whose title-page it appears as no. *18, and it was in the missing **Fragment B.** See volume I, p. 66. **1535** is the earliest known collection in which the text is preserved. It is also in **1537, 1538,** and **1543.**

In all four sources, each stanza is printed with four long lines instead of eight short ones; I have divided them because of the rhyme.

The timbre, 'Comment peult avoir joye qui Fortune contraint', is an old melody which was set by, among others, Josquin des Prez. For his setting and for discussion of the other versions, see Helen Hewitt's edition of *Canti B,* no. 19. For that edition, Helen Hewitt recovered an eight-line text; her conclusion that 'Qui Fortune contraint' is in fact the correct second line is now confirmed by the presence of these words in **1535.**

---

45 *haite:* pleases.

31-32 missing from **1535,** and supplied from **1538.** Also missing from **1537** and **1543,** which put *bis* against lines 29-30 in an apparent attempt to compensate for the irregularity / 34 *Pour Dieu ne plourez plus* is a composite line: **1535** and **1537** have *ne plourez plus,* **1538** *pour Dieu n'en parlez plus,* and **1543** *et si ne plourez plus* / 41 *Qui:* from **1543;** the other sources read *Et* / 48 *bousquet:* **1535** reads *boucquet.*

174.   AULTRE CHANSON SUR 'MARIEZ MOY MON PERE'

Noble cueur d'excellence...

In **90(a),** no. 19, and elsewhere. See volume I, pp. 66-7. Also in **1537, 1538,** and **1543.**

175.   AULTRE CHANSON NOUVELLE

Fille qui a faict nouvel amy...

In **90(a)**, no. 21, and elsewhere. See volume I, pp. 69-70. Also
in **1537, 1538,** and **1543.**

176.   AULTRE CHANSON NOUVELLE

Depuis q'une jeune fille...

In **90(a)**, no. 20, and elsewhere. See volume I, pp. 68-9. Also
in **1537, 1538,** and **1543.**

177.   AULTRE CHANSON NOUVELLE

Damoyselle plaine de grant beaulté...

In **90(a)**, no. 22, and elsewhere. See volume I, pp. 70-72. Also
in **1537, 1538,** and **1543.**

178.   CHANSON NOUVELLE SUR 'VIVE L'ESPICIERE'

Belle, puis que ne voulez plus...

In **90(a)**, no. 23, and elsewhere. See volume I, pp. 72-3. **1535**
follows **90(a)**, and does not restore the missing line 14. Also in
1537, 1538, and **1543.**

179.   AULTRE CHANSON NOUVELLE

Je voys, je viens, mon cueur s'en volle...

In **90(a)**, no. 24. See volume I, p. 74. Also in **1537, 1538,** and
1543.

180. AULTRE CHANSON NOUVELLE

A tout jamais, d'ung vouloir immuable...
[Jean Marot]

In **90(a)**, no. 25, and elsewhere. See volume I, pp. 74-6. Also in **1538**, but not in **1537** or **1543**. It seems that the compiler of **1537** decided to omit this antiquated chanson (exceptionally, for he took over practically everything else from **90(a)**), but that the compiler of **1538** decided to retain it.

181. AULTRE CHANSON NOUVELLE

Ne suis je pas bien malheureux...

In **16,** no. 11; **17,** no. 12; and listed in the *Table* of **La fleur 110** but not in the text of the only known copy. See volume I, pp. 243-4, and volume II, p. 76. **1535** follows **16.** Also in **1537, 1538,** and **1543.**

182. AULTRE CHANSON NOUVELLE

Allons allons gay...

In **90(a)**, no. 29, and elsewhere. See volume I, pp. 81-2. Also in **1537, 1538,** and **1543.**

183. AULTRE CHANSON NOUVELLE

Mon mary m'a diffamée...

In **90(a)**, no. 32, and elsewhere. See volume I, p. 85. Also in **1537, 1538,** and **1543.**

184.   AULTRE CHANSON

Helas, je l'ay aymée...

In **90(a)**, no. 27, and elsewhere. See volume I, pp. 77-9. **1535** follows **90(a)**. Also in **1537, 1538,** and **1543.**

---

13 **1535** reads *desirée* for *redoubtée.*

185.   AULTRE CHANSON

Hé l'ort villain jaloux...

In **90(a)**, no. 31, and elsewhere. See volume I, p. 84. **1535** follows **90(a)**. Also in **1537, 1538,** and **1543.**

186.   AULTRE CHANSON NOUVELLE

Adieu soulas, tout plaisir et liesse...

In **90(a)**, no. 33, and elsewhere. See volume I, p. 86. Also in **1537, 1538,** and **1543.**

187.   AULTRE CHANSON NOUVELLE

Or suis je bien au pire...

In **90(a)**, no. 34, and elsewhere. See volume I, pp. 86-8. **1535** follows **90(a)**. Also in **1537, 1538,** and **1543.** For references to musical settings by Gallus and Waelrant, and a second one by Willaert, see Lawrence F. Bernstein, 'La Courone et fleur des chansons a troys', *Journal of the American Musicological Society,* 26 (1973), p. 61.

188.   AULTRE CHANSON NOUVELLE

Mon cueur vit en esmoy...

In **90(a)**, no. 35, and elsewhere. See volume I, pp. 88-9. **1535**
follows **90(a)**. Also in **1537, 1538**, and **1543**.

25 **1535:** *Se point ne le revoy.*

189.   Se j'ayme mon amy...

In **90(a)**, no. 36, and elsewhere. See volume I, pp. 89-90. **1535**
follows **90(a)**. Also in **1537, 1538**, and **1543**.

190.   AULTRE CHANSON

> *Sus l'herbe, brunette,*
> *Sus l'herbe m'atendez.*

M'amyette m'a mandé,
> *Sus l'herbe m'atendez,*
Que j'allasse à elle parler.
> *Sus l'herbe, brunette,*
> *Sus l'herbe m'atendez.*

Que j'allasse à elle parler,
> *Sus l'herbe m'atendez,*
Et je n'y sçaurois aller.   10
> *Sus l'herbe, brunette,*
> *Sus l'herbe m'atendez.*

Et je n'y sçaurois aller,
> *Sus l'herbe m'atendez,*
Mes chevaulx sont defferrez.
> *Sus l'herbe, brunette,*
> *Sus l'herbe m'atendez.*

Mes chevaulx sont defferrez,
　Sus l'herbe m'atendez,
Nous les ferons enferrer.　　　　　　　20
　Sus l'herbe, brunette,
　Sus l'herbe m'atendez.

Nous les ferons enferrer,
　Sus l'herbe m'atendez,
De cinquante cloux dorez.
　Sus l'herbe, brunette,
　Sus l'herbe m'atendez.

De cinquante cloux dorez,
　Sus l'herbe m'atendez.
Mareschal qui les ferrez,　　　　　　　30
　Sus l'herbe, brunette,
　Sus l'herbe m'atendez.

Mareschal qui les ferrez,
　Sus l'herbe m'atendez,
Vous n'en aurez ja denier.
　Sus l'herbe, brunette,
　Sus l'herbe m'atendez.

Vous n'en aurez ja denier,
　Sus l'herbe m'atendez,
Q'ung acoller et q'ung baiser.　　　　　40
　Sus l'herbe, brunette,
　Sus l'herbe m'atendez.

The refrain and repetitions are sometimes abbreviated in **1535**.
An anonymous musical setting *a* 3 beginning 'Sus l'herbe, brunette, sus l'herbe m'atendés' is in Antico's *Chansons à troys*, Venice,
1520, but the words thereafter are different.

Also in **1537** and **1538,** but one of only three chansons from **1537**
which were not taken up into **1543**.

---

20 *enferrer:* **1535** reads *enferrez.*

191.   AULTRE CHANSON

Dieu doint des raisins aux vignes...

In **90(a)**, no. 39. See volume I, pp. 93-5. Also in **1537, 1538,**
and **1543.**

Finis.

This is the end of the 'N' gathering in **1535.** On the next page,
f. Oi, begins a new section, containing 27 more recent poems. They
are all also in **1537, 1538,** and **1543.** The first 21 are all also found
in Attaingnant's *Trente et une chansons musicales,* 1534 (Heartz 54)
and are probably derived from it, as are also probably nos. 1(a) and
(b) at the very beginning of **1535.** In this new section, the division
between poems is not always explicit: in **1535** nos. 192-200 are all
printed as one single poem, and so are nos. 204-5 and 209-10.

192.   AULTRE CHANSON NOUVELLE

O doulce amour, o contente pensée
Qui me rend seur, certain, et satisfaict,
Comme ma peine est bien recompensée
Quant chascun doubte et j'ay le bien parfaict.

Je voys l'ouvraige à plusieurs imparfaict,
Mais j'ay le mien plus mien que mon desir;
Car mon amour me donne par effaict
Sçavoir, debvoir, fermeté, et plaisir.

193.   S'il est en vous le bien que je desire,
       Je n'en ay rien, mais mon cueur est tant vostre
       Qu'il ayme mieulx, donc ne le puis desdire
       Languir pour vous que de mourir d'ung aultre.

194. Si par souffrir l'on peult vaincre fortune,
    Je croy en plus le pris me demourer,
    Car nuict et jour je ne fais que penser
    A ma douleur et soubdaine infortune.

195. La grant doulceur de ma loyalle seur
    M'a asseuré et donné seuretté
    De son amour, parquoy me tiens tout seur
    Que son doulx cueur je suis par seureté.

196. Amour, passion increable,
    Qui m'as si tost faict miserable
    Pour estre en ta dure prison,
    Veulx tu me donner guerison?
    Fais à m'amye le semblable.

197. Par fin despit je m'en iray seullette
    Au joly boys en l'ombre d'ung buisson,
    En attendant passer ma marrison
    Et que j'auray ma voulenté parfaicte.

198. Ung coup d'essay avant que bailler gaige,
    Ne se partir sans avoir tripoté,
    C'est le droict jeu, puis choisir des plus saiges,
    Tant qu'il y ait aumoins equalité.

199. J'ay congé prins sans l'avoir merité,
    Dont je me sens de perplexité,
    Car à tousjours j'ay perdu ma maistresse,
    Pour ses vertus digne d'estre princesse,
    Celle n'eust faulte de charité.

200.   Souffrez ung peu que vous baise et acolle,
Prenez pitié, rigueur soit subvertie;
C'est à ce coup qu'il fault que je bricolle,
Ou bien quitter le jeu et la partie.

D'ung seul bon coup frappé en chaulde colle
On pourroit veoir la chasse amortie;
Bricoller fault tant que la bourre en volle,
Ou bien quitter le jeu et la partie.

---

3 *bricolle:* Cotgrave, *bricoller:* 'To tosse, or strike a ball sideways; to give it a bricke wall, at Tennis; (Hence) also, to reele, stagger... also, to leacher'.

7 *bourre:* tennis ball.

201.   AULTRE CHANSON NOUVELLE

De vray amour ne me vient que tristesse
Et ne puis faindre et fuyr verité;
Le plus amant a le moins de liesse
Et Faulx Semblant a le mieulx herité.

202.   AULTRE CHANSON NOUVELLE

Du cueur le don a le loyal amant,
Par temps gaigner pour toute recompense,
Mais son traveil du corps merite audace
Pour mettre fin à son mal et tourment.

203.   AULTRE CHANSON NOUVELLE

Jectez les hors de joyeuse queste,
Et soit chassé d'amoureuse entreprinse
Celluy qui a belle dame conquise
Et ne sçauroit fournir à sa requeste.

204.　　　　AULTRE CHANSON NOUVELLE

Amour au cueur me point
Quant bien aymé je suis;
Mais aymer je ne puis
Quant on ne ayme point.

Chascun soit adverty
De faire comme moy,
Car d'aymer sans party,
C'est ung trop grant esmoy.

[Clément Marot]

This is Chanson XXI of Marot's *L'Adolescence Clémentine*.

205.　　L'espousé la premiere nuict
Asseuroit sa femme farouche:
'Mordez moy, dist il, s'il vous cuist,
Voilà mon doy en vostre bouche.'
Elle s'i consent, il s'escarmouche.
Apres qu'il l'eust bien dehoussée,
'Or ça, dist il, tendre rousée,
Vous ay je fait grant mal ainsi?'
Alors respondit l'espousée:
'Je ne vous ay pas mors aussi.'　　　　　10

[Clément Marot]

Attaingnant and **1535** are the earliest known sources for this epigram by Clément Marot. It was later published in *La Suite de l'Adolescence Clémentine,* Paris, edition of 1537. See Clément Marot, *Les Epigrammes,* ed. C. A. Mayer, London, 1970, p. 130.

---

6 *dehoussée:* 'Dispatched...' (Cotgrave).

206.   AULTRE CHANSON NOUVELLE

Le doulx baiser que j'euz au departir
Faict à mon cueur griefve douleur sentir.
Puis en apres je pensay à moy mesmes:
'Qui te le faict? Esse ce que tu aymes?'
Certes ouy, l'amour ne peult mentir.

---

4 *le* editorial, added for the sense and the metre.

207.   AULTRE CHANSON NOUVELLE

J'ay trop d'amours et peu de recompense,
En lieu de bien de l'atendue presence,
J'ay redoublé mon infelicité
Et si ay bien tant de necessité,
Que tout mon plaindre est reputé offence.

208.   AULTRE CHANSON NOUVELLE

Les mesdisans qui sur moy ont envie
Me font souvent hors que je vois m'amie.
Ou me debveroys resjouyr, chanter,
Jecter soupirs et si fort lamenter,
Que maintesfoys mon paovre cueur lamente.

The sense of this poem is confused.

209.   AULTRE CHANSON NOUVELLE

Cesse, mon oeil, de plus la regarder,
Puis que ton mal procede de son bien;
Et toy, mon cueur, qui ne te peulx garder
De la servir, aprens à estre tien.

Ou si tu es contrainct demourer sien
Par les effors de sa grace et beaulté,
Ne monstre pas aumoins ta loyaulté;
Car d'autant plus que la feras congnoistre,
Plus sentiras sa grande cruaulté
Et moins vouldra tes labeurs recongnoistre.   10

[Claude Chappuys]

See Claude Chappuys, *Poésies intimes,* ed. Aline Mary Best, Geneva, 1967, pp. 225-6. The poem has also been attributed to Mellin
de Saint-Gelais: see his *Œuvres complètes,* ed. P. Blanchemain, volume
3, Paris, 1873, p. 48.

---

6 *sa:* **1535** reads *la* / 9 *cruaulté:* **1535** reads *loyaulté.*

210.   Madame ung jour doulx baiser me donna,
      Et me promist que j'auroys la sequelle.
      Mais tost apres elle m'abandonna
      Pour ung amoureulx qui fut amoureux d'elle.

211.   J'ay veu soubz l'ombre d'ung buisson
      Une fille de bonne taille,
      Qui disoit à son mignon:
      'Tu ne sçais chose qui vaille.'
      Remues la paille, gentil garsonnaille,
      Sur le joly jonc, dessus le joly jonc.

      Craignez vous que je vous faille?
      J'iray d'estoc et de taille
      Pour appaiser le bedon.
      Remues la paille, gentil garsonnaille,
      Sur le joly jonc, dessus le joly jonc.

212.   AULTRE CHANSON NOUVELLE

Mon confesseur m'a dict que je m'exente
De vous aymer, et que je me repente
Luy qui ne sçait que c'est de bien aymer
Ne sçauroit tant amour desestimer.

Qui de tant plus d'amour ne me contente,
Ja ne fera qu'à ses dictz je consente.
Plustost vouldrois — se je mens, Dieu me mente —
Qu'on le jectast au parfons de la mer.
Mon confesseur, &c.

Et la laisser y est trop apparente,   10
Car la beaulté de celle qui me tente
Est si parfaicte et tant à estimer;
Et s'il avoit ouy son nom nommer,
Il entreroit en amour vehemente,
Mon confesseur, &c.

The words *Mon confesseur* appear after lines 9 and 14, suggesting
a repetition. The form, however, appears confused.

---

1 *m'exente:* **1535** reads *me rente*. Altered following Heartz, for
the sense.

213.   AULTRE CHANSON NOUVELLE

D'ung nouveau dard je suis frappé
Par amour trop cruelle
D'elle pensois estre eschapé
Mais cuidant fuyr me deçoy
Et remende n'apperçoy
A ma douleur secrete

Fors de chanter: 'Allegez moy,
Doulce plaisant brunette.'

[Clément Marot]

This is a slightly different version of the first stanza of chanson
no. 18 in *L'Adolescence Clémentine*. **1538** gives the full version and
follows *L'Adolescence Clémentine*.

This and the following five chansons are all also found in
publications of Attaingnant: see Heartz for details. They are all also
in **1537** and **1538**; the first four are also in **1543**, and doubtless
the other two also were but a leaf is missing at this point in the
only known copy.

214.   AULTRE CHANSON NOUVELLE

Le bergier et la bergiere
Sont en l'ombre d'ung buisson.
Ilz sont si pres l'ung de l'autre
Qu'à grant peine les voit on.

La dame dist à son mignon:
'Reprenez vostre alaine;
Les loups emportent noz moutons,
Pour Dieu saulvez moy la laine.'

1535 adds *mon compaignon* after line 7.

215.   AULTRE CHANSON NOUVELLE

Assouvy suis mais sans cesse desire,
J'ay mes souhaitz et ne me peult suffire.
Las, je languis et suis content d'amours;
Je suis tout seul et si doubte tousjours;
A vostre advis, dois je pleurer ou rire?

216.   AULTRE CHANSON NOUVELLE

Fortune, helas, as tu mis en oubly
Celle qui estoit par toy mise en lyesse?
Rendez moy celuy par qui suis en destresse;
En ce faisant m'osteras hors de soucy.

217.   AULTRE CHANSON NOUVELLE

Content desir qui cause ma douleur,
Heureux savoir qui mon travail renforce,
O fort amour qui m'as rendu sans force,
Donne secours à ma peine et langueur.

218.   AULTRE CHANSON NOUVELLE

Laissez cela, ne m'en parlez jamais;
Vous perdez temps, cela je vous promectz,
Car de ma part à vous je n'entendray,
A mon amy ma parolle tiendray
Sans le servir de divers entremetz.

Cy finissent plusieurs chansons
nouvellement imprimmées à Paris.

**S'Ensuivent / plusieurs belles Chansons nou= / velles,
et fort joyeuses, avec plu / sieurs autres retirées
des an= / ciennes impressions, comme / pourrez veoir
à la table, / en laquelle sont com= / prinses les pre-
mie= / res lignes des / chansons. / Mil cinq cens.
xxxvii. / On les vend à Paris en la rue neuf / ve
Nostre Dame à l'escu de France. /**

Chantilly, Musée Condé, VI.E.43.

In-8º c. 9 × 13'5 cm.; 104 ff. sign. A⁸-N⁸. 27 lines plus one
line of title per page. Black-letter.

This collection resembles **1535** in size, appearance, and
content. Indeed, it is in fact a new edition of **1535** in which
the order of the chansons has been changed, six chansons
omitted and fourteen new ones added. It contains 226
chansons.

The only known copy is at Chantilly in the Musée Condé. It came there on the death of Armand Cigongne in
1859, in whose collection it had been until then. It is no.
1203 in the *Catalogue des livres ... de M. Armand Cigongne*,
Paris, 1861. Its earlier history is unknown. In 1860 J.-C. Brunet listed it in his *Manual du Libraire*, I, col. 1789.

The place and date, Paris, 1537, appear on the title-page.
The printer is not named, but the printer's address on the
title-page, 'en la rue neufve Nostre Dame à l'escu de France', is that of Alain Lotrian (see volume I, Introduction).
No. 9 refers to events which took place in April 1537, so
the collection must have appeared after that month.

The title-page of **1537,** like that of **1535,** is printed in
red and black, with a decorated initial letter and a woodcut
floral surround. After the title-page there follows a *Table*
headed 'Cy commence la table de ce present livre' which
occupies ff. A[i] verso to A[v] verso. The rest of the book,
ff. A[vi] to N[viii], is occupied by the text of the chansons,
ending with the word 'FINIS'. The book is foliated i (f A[vi])
to xci [sic, for xcix] (f. N[viii]).

The six chansons from **1535** which **1537** omits are **1535,** nos. 1, 2, 4, 30, 153, and 180. There are good reasons for most of the omissions. No. 1 is a composite chanson; no. 2 is a corrupt version of a chanson by Marot; no. 30 is very long; no. 153 closely resembles **1535,** no. 12; and no. 180 is a very antiquated chanson and was perhaps omitted for that reason. The fourteen chansons which **1537** adds are, in this edition, **1537,** nos. 1-12, 107, and 151.

I have not considered it necessary to give a full contents list for **1537.** Other than the fourteen new ones, all of its chansons are close copies of those in **1535,** although not in the same order. Examination has revealed no significant variants from **1535.** Since the text has been newly set up, naturally there are many differences of orthography; but I have found no major differences.

Contents:

1. Le seigneur de la Marche
   Title in text: Chanson de Peronne sur le chant 'N'oseroit on dire'
   Refrain: *Helas, la don don, / N'oseroit on dire / Que à Peronne allon?*
2. J'ay bien esté sept ans
   Title in text: Chanson au chant de l'alouette
   Refrain: *Au chant de l'alouette...*
3. Nansot à grant puissance
   Refrain: *Dampmartin et Florenge*
4. Ne desplaise aux Normans ny à leur compaignie
   Refrain: *Nous servirons le roy...*
5. Monsieur de Bacqueville a charge de mille hommes
   Refrain: *Buvons d'autant, ayons le cueur joyeulx...*
6. Gens de la Tharentaise
7. La fille qui n'a point d'amy
   Refrain: *A qui dit elle sa pensée...*
8. Par devant Sainct Ricquer
   Title in text: Chanson nouvelle sur le chant de 'Madame la Regente'
9. Hedin fut assaillie [Jehan Chaperon]
   Title in text: Aultre chanson sur le chant de 'Marseille la jolye'

10. Peuple de Picardie
11. Bourguignons venoient aux barrieres
12. Je vous salue, mon amy gracieulx

Nos. 13-226 were all already in **1535,** except only for:

107. Gentilz brodeurs de France
151. *Confiteor* de ma jeunesse

1. CHANSON DE PERONNE
SUR LE CHANT 'N'OSEROIT ON DIRE'

Le seigneur de la Marche
Ne dort ne nuyt ne jour,
Chevauchant la Champaigne
Pour trouver Bourguignons.
Helas, la don don,
N'oseroit on dire
Que à Peronne allon?

Chevauchent la Champaigne
Pour trouver Bourguignons.
En son chemin rencontre   10
Troys gentilz compaignons.
Helas, la don don,
N'oseroit on dire
Que à Peronne allon?

En son chemin rencontre
Troys gentilz compaignons.
'Dieu vous gard, capitaine!'
'Et à vous, compaignons!'
Helas, la don don,
N'oseroit on dire   20
Que à Peronne allon?

[In **1537,** the repetitions and refrain continue in the same pattern.
In this edition, for reasons of space I give only the lines of new text,
as follows:]

'Avez vous point ouy dire
Où sont les Bourguignons?'

'Par ma foy, trescher sire,
Devant Peronne sont.'

Print moreau par la bride,
Piqua des esperons.

Quant fut devant Peronne,
On lui descend le pont.

Monta sur les murailles,   30
Hardy comme ung lyon.

Delaschant coulevrines,
Bombardes et canons.

Les fossez de Peronne
Remplis de Bourguignons.

On leur a faict la barbe
Ric à ric du menton.

Le seigneur de la Marche
Ne dort ne nuyt ne jour.

This chanson about the siege of Peronne in August-September
1536 is in Leroux de Lincy's *Recueil de chants historiques françois*,
Paris, 1842, pp. 107-9, and is listed in Picot's *Chants historiques
français*, p. 67, qq.v. for historical details.

Also in **1543.**

---

33 *coulevrines:* culverins.
37 *ric à ric:* precisely, exactly.

2. CHANSON AU CHANT DE L'ALOUETTE

J'ay bien esté sept ans
En une tour jolye,
Où j'ay long temps esté;
Maintenant on my maine
Sur la mer pour voguer.
Au chant de l'alouette
Et du rossignolet,
Plus n'iray voir m'amie
Cueillant le jolys muguet.

'Capitaine Prejan,   10
Par amour je vous prie
Que ne my mettez mye
Coucher sur le tillas.
Je suis homme d'eglise,
Jamais je n'euz travail.
Au chant de l'alouette
Et du rossignolet,
Plus n'iray voir m'amie
Cueillant le jolys muguet.

Je serviray bien   20
A faire la cuysine,
Et si porteray bien
Harnoys et Brigandine
Et l'espée au costé
Si quelcun contredise
A vostre voulenté.'
Au chant de l'alouette
Et du rossignolet,
Plus n'iray voir m'amie
Cueillant le jolys muguet.   30

This galley-slave's song was printed by Picot in his *Chants historiques français,* pp. 45-6. Line 10 refers to Prégent de Bidoux, the celebrated French admiral, on whom see volume I, p. 194, and **Nourry,** no. 14. The song must date from before c. 1528, when Prégent de Bidoux died. Picot dates it c. 1525.

The number of lines in the stanzas is not constant, which suggests that the song has undergone some corruption.

There is no apparent resemblance to Janequin's famous 'Chant de l'alouette'.

Also in **1543.**

Both sources add *bis* against line 2.

---

13 *tillas* (*tillard* in **1543**): 'The Orelop, or Arloup; or, more generally, the hatches of a ship' (Cotgrave, 'tillac').

23 *Harnoys:* armour.

Brigandine: a particular type of armour.

3.   AULTRE CHANSON

Nansot à grant puissance
De Guise est party
Par grant resjouissance
Chevauchant jour et nuit,
Chevauchant jour et nuit,
Pour retourner en France,
Mais pas ne l'avoient dit
Dampmartin et Florenge.

Quant Nansot vit Peronne,
Demandit à ses gens: 10
'Vray Dieu, quelz capitaines
Trouverons nous dedans?
Ne me chault pas d'un blanc
D'homme qui soit en France,
Mais que ne soyent dedans
Dampmartin et Florenge.'

Peronne la jolye
Ville de grant renom,
Las, tu es bien gardée
De gentilz compagnons.   20
Les capitaines y sont
Qui font honneur en France
Cercus et Sainseval,
Dampmartin et Florenge.

O nobles capitaines,
Nous vous remercions
De nous avoir gardée
De ces faulx Bourguignons,
De ces faulx Bourguignons,
De leur gendarmerie,   30
Ces mauditz Allemans,
Tous violeurs d'eglise.

S'ilz eussent prins Peronne
Comme avoient entrepris,
Ilz eussent fait mervelles
Pour venir vers Paris,
Pour venir vers Paris,
Pour faire les vendanges;
Mais pas ne l'avoient dit
Dampmartin et Florenge.   40

Où est l'artillerie
Qui fut prinse à Cambray,
Qui a battu Peronne
Par si grant desarroy?
Par si grant desarroy;
Peronne la jolye,
Rompit son bastillon
De son artillerie.

Qui fit la chansonnette?
Ung noble adventurier   50
Qu'au partir de Peronne

N'avoit pas un denier;
N'avoit pas un denier
Pour revenir en France,
Mais avoit bon credit
Parmy la noble France.

This is another chanson on the siege of Peronne. It is in Leroux de Lincy's *Recueil*, pp. 110-1, and is listed in Picot's *Chants historiques français*, p. 67.

Also in **1543**.

Lines 4, 28, 36, 44 and 52 have *b* or *bis* against them in **1537**, and so are repeated in this edition.

---

47 *bastillon:* small fortress.

4. AULTRE CHANSON NOUVELLE

Ne desplaise aux Normans ny à leur compaignie
S'ilz ont donné l'honneur à ceulx de Picardie.
Ce sont gens de mise et de noble façon,
Qui en telle poursuyte sçavent bien leur leçon.
Nous servirons le roy comme promis avons,
En toutes ses affaires jamais ne luy fauldrons.

Françoys roy, nostre sire, comme plain de noblesse,
Luy mesme à beau pied leur a monstré l'adresse.
C'estoit une noblesse à le voir ainsi marcher;
Je croy que en tout le monde n'en est point ung tel.   10
Nous servirons le roy comme promis avons,
En toutes ses affaires jamais ne luy fauldrons.

En la ville d'Amiens a esté l'assemblée
De six mille pietons, natifz d'une contrée.
Tous gentilz compagnons, ne querant que combat,
Et d'aller à la guerre, c'est tresbien leur estat.
Nous servirons le roy comme promis avons,
En toutes ses affaires jamais ne luy fauldrons.

Si vous voulez sçavoir la fleur des capitaines
Qui pour le roy servir ne craignent point leur peine: 20
Le premier, c'est Cany, et monsieur Douchy,
Qui en telle poursuyte n'ont point le cueur failly.
Nous servirons le roy comme promis avons,
En toutes ses affaires jamais ne luy fauldrons.

N'esse pas grant honneur de voir telle compaignie
Marcher si bravement, de ung ordre bien jolie?
A voir leur felonnie chascun bien pourpensoit
Qu'ilz ont tresbonne envie de bien servir le roy.
Nous servirons le roy comme promis avons,
En toutes ses affaires jamais ne luy fauldrons.   30

N'esse pas grant honneur à ceulx qui ont la conduite
D'avoir si bien instruyt en peu de temps la suyte?
Ce sont tous gens de tiltres et de noble façon
Qui en telle poursuyte sçavent bien leur leçon.
Nous servirons le roy comme promis avons,
En toutes ses affaires jamais ne luy fauldrons.

This poem refers to a review of six thousand Picard troops by
Francis I at Amiens in 1535. It was printed in *La grande et trium-*
phante monstre et bastillon des six mille Picardz faicte à Amiens à
l'honneur et louenge de nostre sire le Roy, le xx jour de juing mil
cinq centz xxxv, faicte en maniere de chanson, et se chante sur celle
de: Monsieur de Bacqueville, capitaine de mille hommes (no place
or date). It was edited by Montaiglon in his *Recueil de poésies*
françoises, I, Paris, 1855, pp. 176-9 (from which the above title is
taken), and also in Picot's *Chants historiques français,* pp. 61-3. Both
Montaiglon and Picot give many historical details and a number of
variants.

The timbre is no. 5 below, which also refers to a review of troops
by Francis I. The rivalry between Normans and Picards is the subject
of no. 10 below.

Also in **1538** and **1543**.

---

27 *felonnie:* perhaps 'colère, fureur, violence' (Huguet).

22 *poursuyte:* from **1538** and **1543**; **1537** reads *poursuyt* / 34
telle: from **1538**; **1537** and **1543** read *tel*.

5.   AULTRE CHANSON NOUVELLE

Monsieur de Bacqueville a charge de mille hommes,
Dont y en a cent qui sont tous gentilz hommes,
Le demeurant sont jolys adventuriers
Qui d'aller en la guerre en sont bien coustumiers.
Buvons d'autant, ayons le cueur joyeulx,
Faisons grant chere sus ces bons laboureux.

Monsieur le bastard en est le porte enseigne,
De boire voulentiers ç'en est le capitaine.
... ...
... ...   10
Buvons d'autant, ayons le cueur joyeulx,
Faisons grant chere sus ces bons laboureux.

Les enfans de Paris disent qu'en ses affaires
Bien serviront le roy à toutes ses affaires,
A toutes ses affaires sans maille et sans denier,
Et d'aller en la guerre, c'est bien leur droit mestier.
Buvons d'autant, ayons le cueur joyeulx,
Faisons grant chere sus ces bons laboureux.

Entre vous, jeunes gens, qui jamais n'eustes gaiges,
Empruntez hardiement dessus voz mariages.   20
Vous aurez chausses, pourpoint de taffetas,
Et d'argent ung grant tas que le roy vous donra.
Buvons d'autant, ayons le cueur joyeulx,
Faisons grant chere sus ces bons laboureux.

This poem is printed in Picot's *Chants historiques français*, pp. 60-
61. According to Picot, it refers to an occasion in April 1535 when
Francis I reviewed troops in Rouen under the command of Charles
Martel, seigneur de Bacqueville, and others. It is a timbre to no. 4
above, which also refers to a review of troops by Francis I.

Also in **1538** and **1543**.

The fact that it is a timbre to no. 4 makes the placing of the
refrain certain, which would otherwise be in doubt. **1537** gives it in

full at lines 4-6 but then only the word *Buvons* after *capitaine* (line 8). **1538** does the same. **1543** gives it in full at lines 4-6, but omits lines 7-8 completely; after *donra* (line 22) it gives *Beuvons d'autant,* &c.

The form shows that two lines are missing from **1537** and **1538**; **1543** covers up the problem by omitting lines 7-8. Lines 2, 3, 5, and 6 seem not to have enough syllables. Because of this, it seems that this is a corrupt version of the poem; however, no other is known.

---

1 The text of **1537** omits *a,* which is given in the *Table* / 8 *ç'en:* both sources read *sen:* altered for the sense.

6. AULTRE CHANSON NOUVELLE

Gens de la Tharentaise,
Où prendrez vous confort?
Par trop estre à vostre ayse
Vous avez desconfort.
Le Roy est le plus fort,
Vous en sçavez nouvelles;
Aumoins ayez remort
Que avez esté rebelles.

Quant vinstes à Grenoble
Vers le conte Sainct Pol,   10
Ung gentil homme noble
Qui n'estoit pas trop fol,
Demander tout d'ung vol
Les trefves pour huytaine,
On luy dist par Sainct Pol
Qu'i ne perdoit que peine.

Lors Sainct Pol fut habille:
Mena à Brienson
Des Lansquenetz huyt mille
D'une estrange façon,   20
Disant: 'Sus, amasson!
Tuons ceste mesgnie!

Et si les destrousson,
Pour Dieu, je vous suplie!'

Le bon conte d'Aumarle
Avecques les François
Marchoit bien en bataile
Criant à haulte voix:
'Enfans, à ceste foys
Faictes chose qui vaille!   30
Ne soyez pas courtoys
A ceste orde quenaille!'

Le conte de Brienne
Marchoit d'une autre part,
Le hault de la montagne,
Trop plus fier q'ung liepart.
Sans craindre leur rempart
Avoit l'arrieregarde
D'Ytaliens à part,
Dont se prenoit de garde.   40

Le conte de Candalle
Estoit avecques luy
Qui menoit l'avangarde,
Le seigneur Julle aussi,
Conduyt si bien cecy
De si bonne maniere
Qu'il entra sans nul si
A la pointe premiere.

Le seigneur de Guistelle
Marchoit tresfort en point,   50
Joint comme une esrondelle,
La harquebuse au point.
Et ne les doubtoit point
Ne aussi leur querelle,
Mais leur vouloit à point
Livrer guerre mortelle.

Le mont de la Coulombe
Et les passages estroiz
Monterent tous ensemble
En soufflant à leurs dois,   60
Disans: 'A ceste foys
Prenons trestous courage,
Abatons tous le boys
Et gaignons le passage.'

Quant à la Tarentaise
Vindrent Ytaliens,
Firent feu à leur ayse
De maison et de biens.
Il n'y demeura riens
Que tout ne fut en pouldre,   70
Puis hurlent comme chiens
Tant qu'il sembloit la fouldre.

Qant vindrent pour la prendre
La ville de Monstier,
Pas ne se vouloit rendre,
Mais luy en fut mestier.
Chascun print à crier:
'Vive la noble France!'
Puis vindrent à entrer
A toute grant puissance.   80

Quant furent dens la ville,
Ce fut la grant pitié.
N'y eust femme ne fille
Qui ne se print à plorer.
Or, argent, à planté,
Et tout autre bagage
Fut tout sacquemanté,
Aussi mis au pillage.

Puis de l'autre partie
Estoyent partis les lansquenetz,   90
Faisant grant pillerie
Sans point estre estonnez.
Faisoient passages netz
Et metoyent en flambe;
Par eulx estoient bruslez
Les Tarins, ce me semble.

Tharins de povre affaire,
Plus ne soyez ingratz.
Vostre arrogance fiere
Vous a bien mis au bas.   100
Criez trestous 'Helas',
Faictes obeyssance,
En joingnant mains et bras,
Au noble roy de France.

La chanson en Savoye
Fut faicte à Chambery,
Par ung que Dieu convoye,
Qui estoit bien marry.
Il en venoit aussi
Et s'en alloit en France,   110
Racompter tout cecy
A la noble puissance.

This song refers to an uprising in Savoy and its quelling in March 1537. It was printed separately as *Chanson nouvelle de la prinse de Tharantaise* (only known copy in Paris, Bibliothèque Nationale, Rés. p Ye 216, with the pages bound in the wrong order), which has the same woodcut, incidentally, as that on the title-page of **La fleur 110**; there are some variants. The song is printed in Picot's *Chants historiques français,* pp. 77-81, where many historical details are given.

Also in *S'ensuyt plusieurs belles chansons nouvelles* (Paris, Lotrian, 1542), and in **1543.**

32 *quenaille:* i.e., *canaille.*

21 *Chanson ... Tharantaise* reads *Lans, avançon!* / 57 **1537** omits *la;* added following *Chanson ... Tharantaise* / 84 *Chanson ... Tharantaise* reads *De qui on eust pitié.* This may well be the original version; perhaps the compiler of **1537** altered it in order to avoid the repetition of the rhyme word *pitié* / 90 **1537** adds *partis* after *Estoyent;* deleted following *Chanson ... Tharantaise* for the metre.

7. AULTRE CHANSON NOUVELLE

La fille qui n'a point d'amy,
　　Comment vit elle?
Elle ne dort ne jour ne nuyct,
　　Car tousjours veille.
Ce sont amours qui la reveille
Et qui la garde de dormir;
A qui dit elle sa pensée,
La fille qui n'a point d'amy?

Et mon amy, si tu t'en vas
　　Et je suis grosse,　　　　　　　　　　10
A qui lairrons nous cest enfant,
　　Car il est vostre?
Il est vostre, sur mon ame,
Le petit cueur de moy aussi.
A qui dit elle sa pensée,
La fille qui n'a point d'amy?

Et mon amy, si tu t'en vas,
　　Laisse moy gaige.
Je te lairray mon gentil corps,
　　Mon pucellaige.　　　　　　　　　　20
Je te lairray mon pucellaige,
Mon gentil corps pour te servir.
A qui dit elle sa penséɔ,
La fille qui n'a point d'amy?

Je m'en iray gesir au boys,
    Au boys à l'ombre.
Je orray le chant du rossignol
    Et de l'aronde,
Et de la jolie turterelle
Qui pleurera pour le mien amy.   30
A qui dit elle sa pensée,
La fille qui n'a point d'amy?

Je m'en iray planter le may
    A la vallé.
C'est pour sçavoir le doux pays
    Où je fus née.
Le doux pais et la contrée
Où je fis mon premier amy.
A qui dit elle sa pensée,
La fille qui n'a point d'amy ?   40

Dy moy de quel pays tu es
    Ou de quel terre,
Si tu es de ce pays cy
    Ou d'Angleterre,
Ou si tu es devers Peronne.
Nous sommes tous deux d'ung pays.
A qui dit elle sa pensée,
La fille qui n'a point d'amy?

Ceulx qui firent ceste chanson
    Que je vous chante,   50
Ce furent troys gentilz compaignons
    Qui sont de France.
L'ung la chante, l'autre compose,
Et l'autre la met en escript.
A qui dit elle sa pensée,
La fille qui n'a point d'amy?

An anonymous monophonic setting of this chanson is in MS Paris
12744, no. 11, with three stanzas of which only the first corresponds

to **1537**. A number of other settings are also known, including an anonymous one *a 4* in *Canti B,* no. 15; see Helen Hewitt's edition of that work for discussion and concordances (to which add two different settings by François de Layolle printed in Moderne's *Le Parangon des Chansons,* 1538 and 1539; see Samuel F. Pogue, *Jacques Moderne,* Geneva, 1969, pp. 137 and 153). The present text is the longest one known. It is also in **1543**. Because these chanson collections contain many texts which are demonstrably much older than the date of printing, there is no way of telling whether this is an old version or a modern elaboration of the poem.

The last stanza makes an interesting claim such as I have not found in any other chanson poem: that three people *firent ceste chanson: L'ung la chante, l'autre compose, Et l'autre la met en escript.* This seems to mean that one person composed words to a melody, another wrote them down, and another sang them.

1537 and **1543** print the word *bis* against the last line of each stanza.

---

28 *l'aronde:* from **1543; 1537** reads *la Ronde.*

8. CHANSON NOUVELLE SUR LE CHANT DE
'MADAME LA REGENTE'

Par devant Sainct Ricquer
Sont venus Bourguignons,
Ruer, frapper, bucquer
Maintz coups et horions.
Ainsi que escorpions
Se trainoient contre terre;
Mieulx sembloient formions
Que compaignons de guerre.

Tout droit au point du jour
Vindrent donner l'assault;   10
Sans nous donner sejour
Nous prindrent en sursault.

L'ung court bas, l'autre hault,
Chascun fuit aux murailles;
Les femmes de prinsault
Chasserent les quenailles.

De là s'en sont allez
Tirant vers Sainct Quentin.
Maint village ont pillé,
Emporté le butin.   20
Mais craignans le hutin,
Se sont tirez arriere;
Caretes et Frestin
Sont allez à Mezieres.

A Guyse ont mis le siege
Pour la premiere foys,
Le cuydant prendre au piege
Ainsi que loups au boys.
Collembault fut courtois,
Il cremoyt leurs mitaines;   30
Leur rendit à Degoys
Chasteau et capitaines.

De là vindrent ruer
Au chasteau de Clery;
Tel se cuydoit jouer
Qui en terre est pourry.
Nansot fut si marry
Quant veit ses gens par terre,
Qu'il fist pendre et mourir
Sept compagnons de guerre.   40

Pour nous donner en somme
Sont venus tarier
Nostre fille Peronne,
Pour se reparier.
Mais sans point varier
Dit de voullenté franche:

'Jamais à Hennuyer
Ne prendray alliance.'

La responce fut dure
Aux meschans Bourguignons.   50
Chargerent bonne allure
Bombardes et canons.
Plus de cent horions
Tirerent aux murailles;
Picars qui dedans sont
N'y comptent pas troys mailles.

'Retournez en Bourgongne,
Hennuyers, Allemans!
Car par devant Peronne
N'avez gaignez six blans.   60
Ce sembloyent queues de Paons
Que de veoir voz bannieres,
Voz hallecretz luysans
Acouplez de lanieres.

Peronne la jolye
Vous a fort amatis.
Vous fistes grant follye
D'assaillir telz patis.
Retirez vous quetilz
Au pays de Bourgongne,   70
Car les Françoys gentilz
Vous ont fait grant vergongne.

Vous y avez esté
Troys sepmaines ou moys,
Sans avoir conquesté
Une esculée de pois.
Vous estes fort courtois
Laisser tel pucellotte,
Sans taster à Degoys
Sa grosse mamelotte.   80

Sans payer vostre giste
Vous laissiez le dongon;
Si vous mettez en fuyte
A grant confusion.
Bien puis sans fiction
Crier à voix ysnelle
Par toute region:
"Vive la Peronnelle!" '

Adventuriers de France,
Tu es vray amoureux   90
De Peronne tant france
A tout son cueur joyeulx.
Car tu fus courageux
La deffendre à la lance,
Que Bourguignons n'ont peu
Luy monter sur la pance.

This is another chanson on the siege of Peronne in 1536, and was published separately in *Chansons nouvelles des Bourguignons faictes devant Peronne* (no place or date) (only known copy in Paris, Bibliothèque Nationale, Rés. p Ye 198), with few variants. It is in Picot's *Chants historiques français*, pp. 70-73. Peronne is personified as a *pucellotte* whom the Burgundians have not succeeded in ravishing. In line 88, *Vive la Peronnelle!* recalls the heroine of the famous song 'A vous point veu la Peronnelle' (see volume I, pp. 144-5).

Also in **1543** (up to line 84 only; thereafter a leaf is missing from the only known copy).

---

   3 *bucquer:* hit.

   4 *horions:* blows.

   7 *formions:* small ants (Cotgrave also lists *formillon,* a kind of spider).

   16 *quenailles:* i.e., *canaille.*

   30 *cremoyt:* feared.

   41 *en somme:* meaning obscure (*en somme* from **1543; 1537** reads *enssomme*).

   42 *tarier:* i.e., *tharier,* provoke, excite (Godefroy).

   63 *hallecretz:* 'corselets de fer protégeant la poitrine et le dos' (Huguet).

69 *quetilz:* ?
76 *esculée:* i.e., *écuellée.*
86 *ysnelle:* light, lively.

39 *Chansons ... Peronne* reads *prendre* / 69 *Chansons ... Peronne*
reads *quetis.*

9.   AULTRE CHANSON SUR LE CHANT DE
         'MARSEILLE LA JOLYE'

Hedin fut assaillie
Par le Roy des Françoys
Devant Pasques fleurie
En merveilleux arroys.
Prinse fut toutesfoys
Sans grande resistance
Par le bon Roy Françoys
Et gens de sa puissance.

Auchi, bon capitaine,
Y fut frapé à mort,   10
Dont par jour et sepmaine
J'ay au cueur un remort.
Et puis par grant effort
On mist l'artillerie
Devant le chasteau fort,
Y faisant baterie.

Par ung moys fut batue
La tour du fort chasteau,
La muraille abatue
Six toises en ung lambeau.   20
Mais le traistre troupeau
De nuyt tous se rendirent,
Ce qui ne nous fut beau,
Car plusieurs en mourirent.

Le noble roy de France
Leur donna pardon,

Qui neantmoins l'offence
Ne leur estoit guerdon.
Car par coups de canon
A mort mirent en la bresche   30
Harocourt le baron,
Qui nous fut dure empesche.

Or laissons ces parolles
Et chantons tous d'amours.
Filles, faictes carolles,
Et laissez voz clamours.
Reprenons noz amours
En ce moys de plaisance,
C'est may tant humble et doulx
Qui a sur nous regence.   40

Ung compaignon de France
La chanson composa,
Qui au lict de souffrance
Fortune disposa.
Chaperon se nomma,
Des malheureux l'esclave,
Qui du camp retourna
En estat non trop brave.

[Jehan Chaperon]

This poem refers to the capture of Hedin in April 1537. Its
author, named in the last stanza, is Jehan Chaperon, a soldier and a
poet. The poem appeared in 1537 not only in the present collection
but also in Chaperon's *Le Dieu gard de Marot* (Paris, Bibliothèque
Nationale, Y 4496 Rés.). It is also in *S'ensuyt plusieurs belles chansons
nouvelles,* Paris, Lotrian, 1542, and was in **1543** according to the
Table of that collection, but a leaf is missing at that point in the only
known copy. It was printed by Picot in his *Chants historiques français,* pp. 84-7, together with historical details. Picot lists other chansons
to be sung to the same timbre.

3 *Pasques fleurie:* Palm Sunday.
4 *arroys:* order, array.

10. AULTRE CHANSON NOUVELLE

Peuple de Picardie,
Bien est par toy destruit
L'honneur de Normandie,
Qui cuidoit avoir bruit
Et renommée en France
D'avoir adventuriers
Entre tous sans doutance
Preux, hardis, et goriers.

Mais presumption folle
Par trop vous abusoit, 10
Comme le bruit en volle,
Ainsi que chascun voyt.
Point ne fault qu'on le die,
Chascun en est instruit,
Car s'on n'y remedye
Picardie a le bruyt.

Jamais vivant d'homme
Ne furent veuz Picars
Autour de l'eaue de Seine
Si pompeux et gaillars! 20
Et croyez que prestz estoient
D'aller par mons et vaulx,
Car ilz ne demandoient
Qu'estoupes et bandeaux.

Quant le preux Roy de France
Les vit si bien en point,
De sa voulenté franche
Se bouta en pourpoint,
Et puis devant les dames
Conduit le bastillon, 30
Où pas n'a acquis blasme,
Mais louenge et regnom.

Vous eussiez veu oeillades
De dames et damoiseaulx,
Et faire mains virades
Et courses de chevaulx.
Dampierre porte enseigne
A sa louenge et heur
Des dames à la Champaigne
Acquist tresgrant honneur.   40

Puis pour sa renommée
Plus acroistre et monter,
S'en vint en my l'armée
Pour en bataille entrer.
Monte comme Sainct George
Avec ses bons souldars,
Cuydant couper la gorge
Aux six mille Picars.

Eulx estans sur leur garde
Se monstrerent vaillans,   50
Car pour traict de bombarde
N'ont point esté mouvans,
Mais comme gens de guerre
Se sont en ordre mis
Et tenu bonne serre
Contre tous ennemys.

Pour vaillant capitaine
Se demonstra Sarcus,
En pompe souveraine
Sans espargner escus.   60
Vous eussiez veu par voys
Porter à toutes gens
Drap d'or et drap de soye
Comme petis regens.

Du bien en grant bombance
Avec ses Boullenoys
Y monstra sa vaillance
Sec comme ung Genevoys;
Aussi le venerable
Seigneur de Sessaval,   70
Qui pour chose louable
Eust bruit special.

This poem, like no. 4 above, was printed in *La grande et triumphante monstre et bastillon...* and refers to the same review of Picard troops. It is also printed in Montaiglon's *Recueil*, I, pp. 179-81, and is listed in Picot's *Chants historiques français*, pp. 63-4. The timbre given in *La grande et triumphante monstre et bastillon* is 'Las, que dit on en France de Monsieur de Bourbon' (see **Nourry,** no. 5).

Also in **1538**; and it was in **1543** but a leaf is missing at this point from the only known copy.

---

8 *goriers:* gallant, proud.
24 *estoupes:* tow.
30 *bastillon:* appears to mean a gathering or display of troops.
35 *virades:* rapid turns.

11(a).   Bourguignons venoient aux barrieres
En se monstrant noz ennemys.
On les a faict tirer arriere
A grans horions et bons cris.
Il est ainsi que par vaillance
Ceulx du Roy gaignerent le pris,
Veu qu'ilz estoyent grant compaignie
De gens d'armes bien asseurez.

Ilz craindoient trop l'artillerie
Qui bondissoit de tous costez.   10
Les coulevrines les ont servis,
De la grosse ilz n'ont pas tasté.

Ilz ont laissé la forteresse,
En Haynault sont retournez;
S'ilz ont esté parmy la place,
Blecez ilz sont tous acostez.

Nous n'en debvons avoir menace,
Point ne les avions mandez.
Entrepassant devant l'eglise
Qui s'appelle de Marie mont,   20
Longuement firent leur devise
En confortant leur compaignon.
Plusieurs avoyent rouges chemises,
La tainture leur en cousta bon.

Qu'est devenu leur entreprinse?

(b).   Monseigneur de la Marche,
        Prenez nous à mercy.

        Donc a dit la Marche,
        Le seigneur de Faulcy,
        Compagnons de Therases
        Et des postes aussi;
        De leur oultrecuydance,
        De leurs cueurs endurcis,
        Nous en aurons vengeance,
        Maulgré noz ennemys.   10

        Płourez, plourez, gens d'armes,
        Hanotins glorieux,
        Et getez jus voz armes,
        Vous estes malheureux.
        A Rosoy la jolye
        Fut faict pour vous farcer;
        Prenez en patience,
        Par là vous fault passer.

These two poems are printed as one in **1537,** but are evidently in fact two. The first seems to end at line 24, and line 25 has no proper place. The second seems to begin with an unattached couplet. Picot prints them both in his *Chants historiques français,* pp. 74-5. The first is once again on the siege of Peronne in 1536, and the second on an encounter between French and Imperial troops. Their formal corruption may be due to an accident in textual transmission.

Both were printed in *Chansons nouvelles des Bourguignons faictes devant Peronne* (no place or date) (only known copy in Paris, Bibliothèque Nationale, Rés. p Ye 198). Both were also in **1543,** to judge from its *Table;* but because of a missing leaf only the last part survives in the only known copy, from *Prenez nous à mercy* on.

---

4 *horions:* blows.

1 **1537** reads *au:* altered following *Chansons ... Peronne.*

12. AULTRE CHANSON NOUVELLE

Je vous salue, mon amy gracieulx.
De mes beaulx yeulx sortist larmes et pleurs,
C'est pour la douleur, helas, que j'aye au cueur,
    Tout pour l'amour de vous,
    Car j'ay bien congneu
    Et aussi apperceu
    Que avez amy ailleurs.

'Ma doulce amye, comment vous va, comment?
Je songeoys l'autre jour la nuyt en mon dormant.
Belle, baisez moy et je vous acolleray.   10
    Face Dieu son plaisir,
    Car je vous aymeray,
    Et deussay je mourir.'

C'est la façon à tous gentilz merciers
D'estre amoureux, ilz le sont voulentiers
    Pour leur beau parler.

Ilz s'y font aymer en place et en tous lieux.
De dancer les jeux ilz sont delicieux
　　Maulgré tous envieulx.

This poem is structurally odd and almost certainly corrupt. It is
also in **1543,** which offers no further clues. **1537** and **1543** add *bis*
against the last line of each stanza.

Nos. 13-106 were already in **1535.**

107.　AULTRE CHANSON DES BRODEURS SUR LA TOULOURA

Gentilz brodeurs de France...

In **Nourry,** no. 36. See pp. 122-24 above.

Nos. 108-150 were already in **1535.**

151.　　AULTRE CHANSON NOUVELLE

Confiteor de ma jeunesse
Et de mon fol gouvernement.
Fortune m'a mis en destresse
En me livrant peine et tourment.
Nuyt et jour crie incessamment:
'Helas, il est faict de ma vie!
Secourez moy, vierge Marie,
Ou je mourray bien briefvement!'

Misereatur, quoy qu'il en aille,
Vous aurez vostre payement.   10
Souvent celuy qui autruy raille
Se treuve raillé plainement.
Le temps passé, ne sçay comment,
Avez parlé de la verolle;
Maintenant vous estes du rolle
Des verolleux plains d'oignement.

Confiteor que je desire;
Vivray je tousjours en langueur?
Endureray je tel martire
Sans avoir fin de mon malheur?   20
J'endure challeur sur challeur,
La goutte me faict grant rudesse,
Et puis apres quant l'on me gresse
Cela me faict changer couleur.

Misereatur, c'est la deserte,
Veu que l'aviez bien merité;
Qui chasse et prent n'a point de perte
Comme l'on voit en verité.
Notez bien donc l'auctorité:
Qui suyt le train de paillardise,   30
Il fault à la fin qu'il mandye,
Ou vivre en grant calamité.

Other poems on the *verolle* or pox are in **Nourry,** no. 24, and
1538, nos. 266 and 267. This one is in the form of a confession,
with alternate stanzas in the mouth of the sinner and of his confessor.
Cf. volume I, pp. 229-30.

Also in **1538** and **1543.**

---

31 *mandye:* i.e., *mendie.*

12 *Se:* all three sources read *Ce;* altered for the sense / 30 all
three sources add *Que* at the beginning of the line; deleted for
the metre.

The remainder of **1537** — that is, nos. 152-226 — was already in **1535**.

Finis.

Les chansons / nouvellement assemblées / oultre les anciennes / Impressions. / [Woodcut of men singing] / **M.D.XXXVIII.** /

Stuttgart, Württembergische Landesbibliothek, R 16 Mar 1.

In-8° c. 7 × 11 cm.; 152 ff. sign. A⁸-T⁸. 28 lines plus one line of title per page. Roman type.

This collection contains 267 chansons, and is the largest of all the chanson collections known up to this date. Most of the chansons were already in **1535** or **1537** or both, but there are also 26 others of which 14 are known from earlier sources and 12 are new. The first section of the book has its own separate title and contains 32 chansons by Clément Marot.

The only known copy is at Stuttgart in the Württembergische Landesbibliothek. Its earlier history is unknown. The date, 1538, appears on the title-page. There is no place or name of printer. Typographically, it differs from all chanson collections published up to this time: it uses arabic foliation instead of roman, roman type-face instead of gothic, and illustrates with woodcuts throughout. It is foliated 2 (f. Aii) to 146 (f. Tii), with six unnumbered folios (ff. Tiii-T [viii]) for the *Table*.

After the title-page, a separate heading on f. 1 verso reads: 'Plusieurs belles chansons nouvelles reveues et restitués [sic] en leur entier par Clement Marot de Cahors en Quercy valet de chambre du roy.' Ff. 2-14 verso are occupied by 32 chansons by Marot, ending with the words 'Fin des chansons de Clement Marot, Valet de Chambre du Roy.' On f. 15 is a new heading, 'S'ensuyvent aultres plusieurs belles Chansons nouvelles, Et premierement. Je vous Salue.' The text of the rest of the chansons occupies ff. 15-146 verso, ending with the words 'Fin des Chansons.' Ff. 147-152 (unnumbered) are occupied by the *Table*. The verso of the last page has a woodcut. Many other woodcuts appear throughout the book.

The heading on f. 1 verso seems to claim that Marot revised his chansons for this collection. But there is an ambiguity in the heading: does it mean that they are chansons which have been 'reveues et restitués' by Clément Marot, or that they are chansons by Clément Marot which have been 'reveues et restitués' by someone else? Whatever the case, the section consists simply of the first 32 chansons of Marot's *L'Adolescence Clémentine,* as published, for example, by C. A. Mayer in Marot's *Oeuvres lyriques,* London, 1964, pp. 173-201. It would have been very easy for the printer to copy an edition of *L'Adolescence Clémentine,* in which case there is no need to believe that Marot had any direct connection with this book at all. Nor (contrary to what I said in volume I, pp. 32 and 261) is there any reason to suppose that he edited the rest of the book.

After the section of chansons by Marot, **1538** is closely based on **1537.** It omits some chansons, and adds four others that were in **1535** but were not taken up into **1537.** At the end, nos. 227-257, is a section containing first several older chansons that were not in either **1535** or **1537** but were in earlier collections; then some from the beginning of **1537;** and then some which are new. This last section is the only part of this collection which is of significant interest.

Contents:

Nos. 1-32 are all by Clément Marot, and are the first 32 chansons in his *L'Adolescence Clémentine,* 1532. They are as follows:

1. Plaisir n'ay plus, mais vy en desconfort
2. Secourez moy, ma dame par amours
3. Dieu gard ma maistresse et regente
4. Jouyssance vous donneray
5. J'attens secours de ma seulle pensée
6. Amour et Mort m'on faict oultrage
7. Celle qui m'a tant pourmené
8. Si de nouveau j'ay nouvelles couleurs
9. Quand j'ay pensé en vous, ma bien aymée
10. Je suis aymé de la plus belle
11. Qui veult avoir lyesse

12. Tant que vivray
13. Languir me fais sans t'avoir offensée
14. Dont vient cela, belle, je vous supply
15. Ma dame ne m'a pas vendu
16. J'ay contenté / Ma voulenté / Suffisamment
17. Je ne fais rien que requerir
18. D'un [1] nouveau dard je suis frappé
19. Mauldicte soit la mondaine richesse
20. Le cueur de vous ma presence desire
21. Amour au cueur me poingt
22. Qui veult entrer en grace
23. Long temps y a que je vy en espoir
24. Quant vous vouldrez faire une amye
25. Une pastorelle gentille
26. En entrant en ung jardin
27. D'amours me va tout au rebours
28. J'ay grant desir
29. O cruaulté logée en grant beaulté
30. J'ayme le cueur de m'amye
31. Si je vy en peine et langueur
32. Changeons propos, c'est trop chanté d'amours

Nos. 33-236 were all already in **1535** or **1537** or both.

237. En revenant de Sainct Fiacre en Brie
238. Nous estions troys filles
239. Or est Noel venu son petit trac [Clément Marot]
      Title in text: Noel nouveau sur le chant 'J'ay veu
      le temps que j'estoie à Basac', faict par Clement
      Marot
240. Venez, venez, venez, venez / Veoir Maistre Pierre du
      Quignet
241. Mon pere m'a mariée
      Refrain: *Il est jour, dict l'alouette...*
242. De retourner, mon amy, je te prie
243. Il estoit ung beau varlet
244. Je n'aymeray jamais grant homme
      Refrain: *Tu as dict que j'en mourres...*

---

[1] **1538** reads *Du.*

245. Les chevaliers preux de la table ronde
246. Elle s'en va, elle est presque perie
247. Est il conclus par ung arrest d'Amours
248. En contemplant la beaulté de m'amye
249. Amy, souffrez que je vous ayme
250. Puis qu'ainsi est que je n'ay plus d'amie
251. Se je my plains, ce n'est pas sans matiere
252. *Confiteor* à vous, ma dame
253. N'allez plus au boys jouer
254. Pour avoir mis la main au bas
255. Une bergerotte
256. Voicy la mort, voicy la mort
257. Il faict bon aymer l'oyselet
258. C'est à grant tort que moy pauvre endure
259. Ne desplaise aux Normans ny à leur compaignie
260. Monsieur de Bacqueville a charge de mille hommes
261. Rosignollet qui chante
262. Doulce memoyre en plaisir consommée [Francis I?]
263. Ce qui souloit en deux se departir
264. Puis que de vous je n'ay aultre visaige [Clément Marot]
265. Las, voulés vous que la personne chante
266. Fuyez ce trou que le mau tac confonde
   Title in text: Rondeau de la verolle
267. O faulce goutte poignante, reumatique
   Title in text: Ballade du pauvre verollé

Nos. 1-32 are all by Clément Marot; see above. Nos 33-236 were all in **1535** or **1537** or both.

237.   UNE AULTRE

En revenant de Sainct Fiacre en Brie...

This is textually identical with **1535,** no. 153, except that the first line has been changed from 'En revenant de Saint Anthoine en Brie' to 'En revenant de Sainct Fiacre en Brie'. See pp. 275-6 above.

238.   UNE AULTRE

                Nous estions troys filles...

   In **1535,** no. 4. See pp. 143-4 above.

239.   NOEL NOUVEAU SUR LE CHANT
       'J'AY VEU LE TEMPS QUE J'ESTOIE À BASAC',
              FAICT PAR CLEMENT MAROT

            Or est Noel venu son petit trac...

   This is a ballade by Clément Marot. **1538** follows the text of
L'Adolescence Clémentine, 1532; cf. Marot's *Oeuvres diverses,* ed.
C. A. Mayer, London, 1966, pp. 157-8. The timbre, 'J'ay veu le temps
que j'estoie à Basac', is in the MS de Bayeux, no. 16.

240.   UNE AULTRE

            Venez, venez, venez, venez...

   This is the chanson of Maistre Pierre du Quignet, in **1535,** no. 30.
See pp. 176-9 above.

241.   UNE AULTRE

                Mon pere m'a mariée...

   In **Nourry,** no. 34. See pp. 118-20 above.

242.   UNE AULTRE

            De retourner, mon amy, je te prie,
            Pour contenter l'esperit de t'amye;
            Car sans cela ayse ne puis avoir,

Triste vivray, je te le fais sçavoir,
Si ne te voy, car j'en ay grant envie.

J'ay triste soing qui veult que je desvye
Si par rigueur à ce tu me desnye.
Helas, amy, remply de grant valeur
J'ay entreprins de mourir le vouloir
Si ne te voy, car j'en ay grant envie.   10

Pour abreger le surplus de ma vie
De larmoyer Desespoir me convie,
Si du retour ne te metz en devoir
Le cueur me fault et ne me puis ravoir
Si ne te voy, car j'en ay grant envie.

This incoherent poem is based on a rondeau published in *Poésies du Roi François Ier...*, ed. A. Champollion-Figeac, Paris, 1847, pp. 165-6. A musical setting was published in Attaingnant's *Trente et quatre chansons musicales,* 1529 (Heartz 5); modern edition in *CMM 20.* Later settings are listed by Daschner.

243.   UNE AULTRE

Il estoit ung beau varlet,
Sur son poing ung oyseau tenoit,
Qui avoit la teste nue:
Je croy que c'est une grue.

'Or me dy, beau valeton,
Cest oyseau est il à vendre?'
'Ouy, dame, en bonne foy!
Mais que vienne à mon entente,
C'est que couche avec vous nue,
Et puis vous donray ma grue.'   10

Voicy sa mere venir,
Qui venoit de ses affaires:
'Qui t'a donné cest oyseau?

Dy le moy, point ne le cele.'
'Ç'a esté ung valeton,
Je ne sçay comme il a nom;
Je croy bien qu'il m'a congnue,
Et puis m'a donné sa grue.'

'Et dea, je t'en croy bien!
Tu seuffre qu'on te le face.   20
Si ton pere le sçavoit,
Toy et moy il nous batteroit
Et despouilleroit toute nue.
Va tost luy rendre sa grue.'

'Valeton qui chosée m'avez,
Deschosez moy, deschosez!
Car j'en ay esté battue
Et despouillée toute nue.'

Le varlet saige et courtoys
Luy a rendu son pucellaige,   30
Ce fut en jouant des rains.
La fille ne plus ne moins
Pucellette l'a rendue,
C'est raison qu'il ait sa grue.

The stanza-structure is irregular.

---

25 *chosée:* other examples of *choser,* in an obscene sense, are
given by Huguet.

244.   UNE AULTRE

Tu as dict que j'en mourres,
Menteuse, menteuse,
Menteuse que tu es,
Tu as dict que j'en mourres.

Je n'aymeray jamais grant homme,
Car le petit frappe de pres et congne, congne.
Tu as dict, &c.

Et le grant est sur le tas qui songe, qui songe.
Tu as dict, &c.

Ma mere a dict que j'en mourray,   10
Mais de moy ne mourut mye,
Car grosse j'en seray d'une belle fille, d'une belle fille.
Tu as dict, &c.

This poem is evidently corrupt. In **1538** the refrain appears at its repetitions as *Tu as dict que j'en mourres / Menteuse que tu es.*

A musical setting *a 4* by Claudin de Sermisy beginning 'Jamais je n'aymeray grant homme' was published in Attaingnant's *Trente et six chansons musicales,* 1530 (Heartz 19); modern edition in *Thirty Chansons.* This may be identical with the unattributed setting *a 4* published in Attaingnant's *Vingt et neuf chansons musicales,* 1530 (Heartz 18), beginning 'Tu disoys que j'en mourroys'.

---

1 *mourres:* probably conditional; indeed, in the *Table* the word appears as *mourroys.*

245.   UNE AULTRE

Les chevaliers preux de la table ronde...

In **La fleur 110,** no. 5; see pp. 35-6 above.

246.   UNE AULTRE

Elle s'en va, elle est presque perie...

In **La fleur 110,** no. 14; see p. 49 above.

247. UNE AULTRE

Est il conclus par ung arrest d'Amours...

See volume I, pp. 208-9, and pp. 50-51 above.

248. UNE AULTRE

En contemplant la beaulté de m'amye
Au joly boys à l'ombre d'ung buisson,
Le rossignol disoit une chanson
Dont de plaisir ma pensée fut ravie.

Las, je passay toute melencolie,
Et delaissay soing, aussi marrisson.
D'amourettes recorday la leçon
Joyeusement, sans aulcune folie.

En escoutant ycelle melodie,
De m'esjouyr je trouvay la façon.   10
A m'amye je levay son pelisson
Et la baisay, dont elle fut resjouye.

Qui veult aymer, il fault bourse garnie,
Ou aultrement ce n'est qu'abusion.
Il fault foncer, c'est la conclusion,
Femme desire estre frisque et jolie.

Gentilz gallans qui avez belle amye,
Je vous supplie, entendez ma raison;
De chasser en tous temps et saison
Malle Bouche est d'amours l'ennemye.   20

Maulgré qu'en ait villaine jalousie,
M'amye et moy soulas nous demerrons;
Et qui qu'en parle, nous nous entraymerons,
En demenant tousjours joyeuse vie.

Rossignollet, par amours je te prie
Qu'il te plaise ung peu me resjouyr;
Je te prometz que j'ay tresgrant desir
D'estre à Rouen pour aller veoir m'amye.

249.   UNE AULTRE

Amy, souffrez que je vous ayme...

See volume I, p. 239.

250.   UNE AULTRE

Puis qu'ainsi est que je n'ay plus d'amie...

See volume I, p. 221.

251.   UNE AULTRE

Se je my plains, ce n'est pas sans matiere...

See volume I, pp. 220-21.

252.   UNE AULTRE

Confiteor à vous, ma dame...

See volume I, pp. 229-30, and volume II, p. 76.

253.   UNE AULTRE

N'allez plus au boys jouer...

See volume I, pp. 253-5.

254. UNE AULTRE

Pour avoir mis la main au bas...

See volume I, p. 245.

255. UNE AULTRE

Une bergerotte...

See volume I, pp. 210-11.

256. UNE AULTRE

Voicy la mort, voicy la mort...

In **La fleur 110,** no. 45; see p. 71 above.

257. UNE AULTRE

Il faict bon aymer l'oyselet...

See volume I, pp. 82-4.

258. UNE AULTRE

C'est à grant tort que moy pauvre endure
Et que je suis de si trescourt tenue.
Plus malheureuse il n'y a sur la nue,
A l'endurer ce m'est peine trop dure.

A musical setting *a 4* by Claudin de Sermisy was published in
Attaingnant's *Chansons nouvelles en musique,* 1528 (Heartz 2); modern
edition in *CMM 20.* Later settings are listed by Daschner.

259.   UNE AULTRE

Ne desplaise aux Normans ny à leur compaignie...

In **1537,** no. 4; see pp. 308-9 above.

260.   UNE AULTRE

Monsieur de Bacqueville a charge de mille hommes...

In **1537,** no. 5; see pp. 310-11 above.

261.   UNE AULTRE

> Rosignollet qui chante,
> Et qu'esse qu'i demande?
> *Helas, my lairrés vous tousjours?*
> *Hau, bergere m'amye,*
> *Je ne vy que d'amour.*
>
> Et qu'esse qu'i demande?
> Et y demande femme.
> *Helas, &c.*
>
> Et y demande femme;
> Ne prenés pas la blanche.   10
> *Helas, &c.*
>
> Ne prenés pas la blanche,
> Car la couleur luy change.
> *Helas, &c.*
>
> Car la couleur luy change;
> Ne prenés pas la rousse.
> *Helas, &c.*

Ne prenés pas la rousse,
Elle est tant orguilleuse.
Helas, &c.   20

Elle est tant orguilleuse;
Prenés moy la brunette.
Helas, &c.

Prenés moy la brunette,
Qui est tant jollyette.
Helas, &c.

Qui est tant jollyette,
Et si est tant aymée.
Helas, &c.

Et si est tant aymée   30
De pere et de mere.
Helas, &c.

De pere et de mere
Et de seur et frere.
Helas, &c.

Musical settings by Clemens and Melle beginning with these
words are listed by Daschner.
1538 adds *bis* against line 1.

262.   UNE AULTRE

Doulce memoyre en plaisir consommée,
O ciel heureux qui cause tel sçavoir,
La fermeté de nous deux tant aymée
Qui à nos maulx as sceu si bien pourveoir;
Or maintenant as perdu ton pouvoir,
Rompant le but de ma seulle esperance,
Servant d'exemple à tous piteux à veoir;
Fini le bien, le mal soubdain commence.

[Francis I?]

On this famous chanson, see Frank Dobbins, 'Doulce mémoire: a study of the parody chanson', *Proceedings of the Royal Musical Association,* 96 (1969-70), 85-101. The possible attribution to Francis I is discussed by Dobbins.

263.   UNE AULTRE

Ce qui souloit en deux se departir
En foy, amour, plaisir, contentement,
Las, maintenant s'est voulu convertir
En trop piteux et soubdain changement.
Je porteray mon malheur doulcement,
Pour à l'ingrat trop de plaisir ne rendre;
Ainsi sera en moy le seul tourment
Au lieu du bien que deux souloient pretendre.

For musical settings, see Heartz and Daschner.

4 **1538** reads *chantement.*

264.   UNE AULTRE

Puis que de vous je n'ay aultre visaige,
Je m'en vois rendre hermite en ung desert
Pour prier Dieu, si ung aultre vous sert,
Autant que moy à vostre honneur soit saige.
Adieu amours, adieu plaisant corsaige,
Adieu ce taing, adieu ses rians yeulx,
Je n'ay pas eu de vous grant advantaige;
Ung mieulx aymant aura peut estre mieulx.

[Clément Marot]

This poem is by Clément Marot and is Chanson 35 in *L'Adolescence Clémentine.* For musical settings, see Heartz and Daschner.

3 **1538** reads *poyer* for *prier.*

265.   UNE AULTRE

Las, voulés vous que la personne chante
De qui le cueur ne faict que souspirer?
Laissés chanter celluy qui se contente,
Et my laissés mon seul mal endurer.

A musical setting by Vermont was published in Attaingnant's
Chansons nouvelles en musique, 1528 (Heartz 2); modern edition in
CMM 20. For further references, see Heartz and Daschner.

266.   RONDEAU DE LA VEROLLE

Fuyez ce trou que le mau tac confonde,
Qui tant a faict mendier en ce monde,
D'honnestes gens mourir à l'hospital,
D'aultres aussi languir sur ung estal;
Fuyez ce trou, car tout mal y habonde.

Jeunes enfans, en qui force redonde,
Si vous aymez chair blanche, noire, blonde,
Gardez vous bien que n'empoignez ce mal,
Fuyez ce trou.

O trou infect, vieille crevasse immunde,   10
Creux concave, caverne furibonde,
Gouffre sans fons, flegecton infernal,
Encontre toy j'ay faict ce doctrinal
A celle fin qu'aulcun ne s'i morfonde.

The only other rondeaux in these collections are 'A tout jamais,
d'un vouloir immuable' by Jean Marot (see volume I, pp. 74-6), and
'Les chevaliers preux de la table ronde' (see above, pp. 35-6). It is
perhaps no coincidence that the principal rhyme here, *-onde,* is the
same as in the latter.

Other chansons on the *verolle* or pox are in **Nourry,** no. 24; **1537,** no. 151; and no. 267 below.

---

4 *estal:* Godefroy gives 'pieu, poteau'; perhaps here a crutch?
12 *flegecton:* Phlegethon, a burning river of fire, one of the five rivers of Hades.

267.   BALLADE DU PAUVRE VEROLLÉ

O faulce goutte poignante, reumatique,
     Orde relique
     Dyabolique
De Naple qui me suyt,
Contre toy fault que ma langue delique
     En rethorique;
     Par ta praticque
Tout plaisir me deffaict.
     De jour, de nuyct,
Desplaisir m'a destruyt   10
     Et m'a seduyt
De joye et de plaisance;
Dont maintesfoys je crie à la minuyt:
'Mauldit soit il qui t'aporta en France!'

Souventesfoys mon mal croit et duplique,
     Et si t'aplique,
     Tant fort me pique
Que je mene gros bruyct;
Alors je dis: 'Mauldit soit la lubricque
     Fille publique   20
     Et la fabricque
Que ce mal m'a conduict,
     Dont le deduyt
Maintenant ne me duyst
     Mais me induyst

> A toute desplaisance.
> Je congnois bien que la mort s'en ensuyt.
> *Mauldit soit il qui t'aporta en France!*
>
> Mieulx eust valu qu'eusse esté barbarique,
>   Turcq tartaricque   30
>   Non hereticque
> Par le soleil qui luyst,
> Pour tout le moins je deviendray ethicque
>   Fol fantastique
>   Ou frenaticque
> Se Dieu ne me reduyt.
>   Plus que biscuit
> Suis fondu et recuyt,
>   Dueil me poursuyt
> A toute diligence,   40
> Je suis destruyt, le monde m'en deffuyt;
> *Mauldit soit il qui t'aporta en France!*

A comic poem with rhymes reminiscent of the Rhétoriqueurs. Other poems on the *verolle* or pox are in **Nourry,** no. 24; **1537,** no. 151; and no. 266 above.

5 *delique:* ?

Fin des Chansons.

S'ensuyt plu= / sieurs belles chansons nouvelles et fort joy= / euses. Avecques plusieurs aultres retirées / des anciennes impressions, comme pourrez / veoir en la Table, en laquelle sont comprin= / ses les premieres lignes des Chansons. / 1543. / [Woodcut] / [Ornament] On les vend à Paris en la rue neufve / nostre Dame à l'enseigne de l'escu de / France. Par Alain Lotrian. /

Paris, Bibliothèque Nationale, Rés. Ye 2720.

In-8° c. 8'5 × 13 cm.; four leaves missing from an original of 104 ff. sign. A⁸-N⁸. 27 lines plus one line of title per page. Blackletter.

This collection is a new edition of **1537.** It has the same number of pages, and with only three known exceptions (see below) the chansons are the same. The exceptions are two chansons that have been replaced by others, and one which is omitted. Although the type has been newly composed, the chansons occupy exactly the same position on the pages as they did in **1537,** suggesting that the compositor copied directly from that collection. Even in the two cases where chansons have been replaced by others, the new ones occupy exactly the same number of lines as the old ones. The chanson that is omitted is the penultimate one and so does not disturb the careful copying from **1537.**

The only known copy is in Paris in the Bibliothèque Nationale. Its earlier history is unknown. In this copy, ff. Biv, B[v], E and Eii are missing. The six remaining leaves of the 'E' gathering have been bound in the wrong order, as follows: E[vi], Eiii, Eiiii, E[v], E[viii] and E[vii]. Perhaps the confusion arose not only from the missing leaves but from wrong foliation: f. xxxiiii (f. E[vii]) is wrongly numbered xxxiii.

Alterations from **1537** may of course have been made on any of the four missing leaves, and there is no way of telling. But in the whole of the rest of the copy, there are only three changes from **1537,** viz:

—ff. xlii verso-xliii: 'M'amye, voulez vous danser' instead of 'Gentilz brodeurs de France' (**1537,** no. 107), which is omitted.

—ff. lxxxi — lxxxii: 'O noble seigneur de Vendosme' instead of 'Qui veult avoir lyesse' (**1537,** no. 192), which is omitted.

—'M'amyette m'a mandé' (**1537,** no. 225) is omitted without being replaced by another chanson.

The title-page is printed in one colour only, and is less ornate than that of either **1535** or **1537.** The *Table* occupies ff. A verso — A[v] verso, and the text of the chansons the whole of the rest of the book, followed by the words 'Fin des Chansons Nouvellement imprimées à Paris par Alain Lotrian'. The book is foliated i (f. A[vi]) to xcix (f. N[viii]).

This collection was frequently referred to by Gaston Paris in his edition of MS Paris 12744, *Chansons du XVe siècle,* Paris, 1875. However, since it is derived from earlier collections, reference should in fact be made to those earlier collections rather than to **1543.**

Contents:

As **1537,** with the following exceptions:

107. M'amye, voulez vous danser
     Refrain: *Et hon, hon, hon, hon ma trongette...*

192. O noble seigneur de Vendosme
     Title in text: Chanson nouvelle faicte et composée sur les entreprinses faicte par monsieur de Vendosme à l'encontre de ses ennemys, sur 'Adieu m'amye, adieu ma rose'

The penultimate chanson in **1537,** 'M'amyette m'a mandé', is here omitted. And so the last chanson here becomes no. 225 instead of 226:

225. Je revenoys de Sainct Gille

107.   AULTRE CHANSON NOUVELLE

M'amye, voulez vous danser
Au son de ma cornemuse?
Non, dist elle, mon amy,
Trop de monde s'i amuse,
Et le son qui est trop hault
Ce n'est pas ce qu'il my fault,
Il me fauldroit ung bourdon.
Et hon, hon, hon, hon ma trongette,
Et hon, hon, hon, hon ma garcette,
Hon, hon, hon, hon, hon, hon,   10
Trop enquerre n'est pas bon.

M'amye, voulez vous danser
Au son de ma chalemye?
Ouy, dist elle, mon amy,
Puis que m'en avez requise.
La gettis dessus le jonc,
Luy levis son cotteron,
Et en apres son pelisson.
Hon hon, &c.

Si tu m'as presté Lyon   20
Et je t'ay presté Paris,
Si ne t'a point semblé bon,
Ne m'en dictz point grand mercys.
Si tu t'en veulx repentir,
Prens Lyon et moy Paris,
Quitte quitte et bons amys.
Et lyre lyre ma trongette, &c.

The *chalemye* of the second stanza has an obscene connotation.
Also in *S'ensuyt plusieurs belles chansons nouvelles,* Paris, Lotrian,
1542.

192. CHANSON NOUVELLE FAICTE ET COMPOSÉE SUR LES
ENTREPRINSES FAICTE PAR MONSIEUR DE VENDOSME
À L'ENCONTRE DE SES ENNEMYS, SUR
'ADIEU M'AMYE, ADIEU MA ROSE'

O noble seigneur de Vendosme,
Capitaine du roy Françoys,
A son pays de Picardie
Tu es le chef à ceste foys.
Prions Jesus le roy des roys
Qu'i te doint bon commencement,
Ainsi que tu le monstre bien
A ton tresnoble advenement.

Quand tu parlas au roy de France
Et qui t'a faict son gouverneur,   10
'Adieu tresnoble roy de France,
Je voys vers le seigneur du Reux
Qui est lieutenant de l'empereur;
Je my en voys hastivement
Pour veoir si je le trouveray
Au grand chasteau de Tourneham.'

Si feit assembler son armée
En equipage triumphant
Et si ont prins leur droicte voye
Pour s'en aller à Tourneham.   20
Mais deux ou troys jours par devant
Ont prins douze ou treize chasteaulx
Et ung grand nombre de clochez
Qui ont esté prins en sursault.

Et puis s'en vindrent à Tourneham
Là où il vint planter son camp,
Mais tous ceulx qui estoient au chasteau
Eurent grand peur soubdainement.
Ilz se rendirent incontinent

Et Vendosme leur fist traicter   30
Qu'ilz s'en yroient en leur pays
Trestous l'espée à leur costé.

Et puis Monsieur de Vendosme
A Montoire voulut aller,
Et de le prendre en faict de guerre
Et de le raser de cap à pié.
Mais du Reux si estoit logé
A une lieue tant seullement,
Dixsept enseignes avec luy
Qui s'enfuyrent incontinent.   40

Vous eussiez veu courir Françoys
Tuant Flamens et Bourguignons,
Et plusieurs qui furent noyés
A leur grande confusion.
Vingt et huyt qui furent menez
A Vendosme pour prisonniers,
Dont trestous bons loyaulx Françoys
Debvons bien Dieu remercier.

This Macgonagall-like poem refers to skirmishes in August 1542 between Antoine de Bourbon, duc de Vendôme, and Imperial troops. It is printed by Picot in his *Chants historiques français*, pp. 130-2, and historical details may be found there on pp. 128-9.

The timbre, 'Adieu m'amye, adieu ma rose', is in *S'ensuyt plusieurs belles chansons nouvelles*, Paris, Lotrian, 1542, and is discussed by Picot in *Chants historiques français*, p. 94.

---

36 *de cap à pié:* from top to bottom. **1543** reads *recapie* (or *recapié*), which makes no sense; *de cap à pié* is an editorial suggestion.

10 *t'a:* **1543** reads *tu*. Altered for the sense.

A NOTE ON *S'ENSUYVENT PLUSIEURS BELLES CHANSONS COMPOSÉES NOUVELLEMENT* (GENEVA, JACQUES VIVIANT, NO DATE)

This collection, referred to in this edition as *Viviant,* has not been included here. Many of its texts are demonstrably corrupt; however, when it includes a version of a chanson in this edition, that version has been taken into account.

The only known copy is now lost. It was part of the collection of J.-C. Brunet, and is no. 349 in the *Catalogue des livres ... de feu M. J.-C. Brunet,* volume I, Paris, 1868. That *Catalogue* says 'ce précieux volume provient de la 2e vente R. Heber, faite à Paris, en 1836'. In 1838 a reprint in gothic type was issued. The original passed into the hands of Lignerolles, and is no. 1335 in the *Catalogue des livres .. de feu M. le comte de Lignerolles,* II, Paris, 1894, pp. 146-7. The Album accompanying that *Catalogue* (a copy is in Paris Bibliothèque Nationale, Rés. Usuels Collect. I, 33) includes a reproduction of the title-page. It then belonged to Baron Vitta, through whose courtesy the Swiss scholar Théophile Dufour saw it in 1899. Dufour gives Vitta's address then as 8, rue Lafond, Lyon. I have been unable to trace the book further. Dufour collated a copy of the 1838 reprint with the original; this copy with Dufour's notes is now in Geneva, Bibliothèque Publique et Universitaire, Hf 5303. My references to *Viviant* are to this copy.

The book contains 45 poems. Many of them are also found in the second part of volume I of this edition, and in **La fleur 110,** but nearly always in inferior and corrupt versions. The fact remains that it is a large early collection, probably of the 1520s, and that some of its chansons are unique.

ADDITIONS AND CORRECTIONS TO *CHANSON VERSE OF THE EARLY RENAISSANCE* [VOLUME I]

On page 35, under 'Scope and principles of this edition', the following statement should be added (it also applies to the present volume II): that all *significant* variants from other printed chanson collections are recorded, but not merely orthographical variants or very minor verbal differences.

The last poem in **90(a)** says that that collection was compiled at Thérouanne. This town in the north of France was sacked by the English in 1513, a military event that may account for the presence of soldiers there with whom the book was perhaps connected.

In volume I, the siglum which I used for *Les chansons nouvellement assemblées*, 1538, was *Marot 1538*. There is in fact scant evidence that Marot had any connection with this publication. The siglum has been replaced in volume II by **1538.**

Page

43   Inset lines 8, 16, and 24.

61   An anonymous musical setting *a* 3 of 'Maugré danger / Pompera Magdalene' is printed in *Das Liederbuch des Johannes Heer von Glarus,* ed. A. Geering and H. Trümpy (Basel, 1967), p. 90, as 'Magie [sic] danger pompera Magdelaine'.

75   For more details on musical settings of 'A tout jamais', see Lawrence F. Bernstein, *'La Courone et fleur des chansons a troys', Journal of the American Musicological Society,* 26 (1973), p. 63.

86   An anonymous musical setting *a* 3 of 'Adieu soulas, tout plaisir et lyesse' is printed in *Das Liederbuch . . .* (see above), p. 89.

90   An anonymous musical setting *a* 3 of 'Se j'ayme mon amy' is printed in *Das Liederbuch* ... (see above), pp. 87-8.

135   Inset bottom line.

169   The words *Il ne me l'a point donnée, Il me l'a bien cher vendue* appear in a chanson by Ninot le Petit in MS Florence 2442, no. 19.

174   Line 5: for *coeur* read *cueur*.

225   Line 1: for *l'aultre* read *l'autre jour*.

247   Last line: for 'no. 17' read 'no. 8'.

255   Dr. Pierre Pidoux informs me that *pouquettes* means the pox and is a word still used in Belgium today.

262   MS London 5242: for 'Add.' read 'Harley'.

INDEX OF CHANSONS

This index covers both volume I and volume II, and supersedes the index in volume I. The principal entries are the first lines (not counting refrains) of the chansons in the text of this edition. Secondary entries include refrains, titles, and timbres. The spelling in each case is that of the first occurrence of the chanson in this edition. The following titles are not included in this index: 'Chanson', 'Chanson nouvelle', 'Autre chanson', 'Autre chanson nouvelle', 'Une autre'.

371

372